“十三五”高等教育教学改革行动计划系列教材 • 经管类专业基础课

Practical Writing

实用文书写作

主编 • 陈苏彬

副主编 • 刘育红 杨建越

電子工業出版社

Publishing House of Electronics Industry

北京 · BEIJING

图书在版编目（CIP）数据

实用文书写作 / 陈苏彬主编. —北京：电子工业出版社，2017.9
ISBN 978-7-121-30277-0

Ⅰ. ①实… Ⅱ. ①陈… Ⅲ. ①汉语－应用文－写作－高等学校－教材 Ⅳ. ①H152.3

中国版本图书馆 CIP 数据核字(2016)第 266733 号

策划编辑：刘淑丽
责任编辑：刘淑丽
印　　刷：北京宏伟双华印刷有限公司
装　　订：北京宏伟双华印刷有限公司
出版发行：电子工业出版社
　　　　　北京市海淀区万寿路 173 信箱　邮编 100036
开　　本：787×1092　1/16　印张：19.75　字数：407 千字
版　　次：2017 年 9 月第 1 版
印　　次：2017 年 9 月第 1 次印刷
定　　价：45.00 元

凡所购买电子工业出版社图书有缺损问题，请向购买书店调换。若书店售缺，请与本社发行部联系，联系及邮购电话：（010）88254888，88258888。
质量投诉请发邮件至 zlts@phei.com.cn，盗版侵权举报请发邮件至 dbqq@phei.com.cn。
本书咨询联系方式：（010）88254199，sjb@phei.com.cn。

前 言

实用文书是从属于文章学中的一个写作分支，也是我国一个古老的写作文种，在漫长的历史发展过程中，伴随着社会的进步，实用文书写作也不断发展、不断完善，并以其独特的实用功能，对推进社会的进步与发展发挥了巨大的作用。但是，在几千年的漫长岁月中，它并没有得到社会的公允评价和应有重视，也没有得到广泛深入的研究和总结。这不仅影响其自身的发展，也妨碍了其文章功能和社会意义的充分发挥。

值得庆幸的是，改革开放以来，随着我国加入世界贸易组织和越来越多的多边国际组织，尤其是进入 21 世纪后，伴随着我国政治体制改革与经济体制改革的深入发展，实用文书作为一个古老的文种，在改革开放的春风里，又焕发出巨大的生命力，实用文书写作已经渗透到社会的各个行业、各个层面，实用文书在社会生活中的巨大作用也日益凸显。同时，实用文书写作的研究也引起了社会各界的重视，实用文书写作的研究如雨后春笋，在全国各高等院校和科研机关蓬勃开展，并且取得了一系列丰硕的研究成果。

但是，实用文书写作在写作实践和理论研究取得丰硕成果的同时，还存在着一些不尽如人意的地方。这主要表现在：一是实用文书写作的理论研究，在研究的深度、力度、创造性上还缺乏一些比较到位、比较权威而且影响力较大的研究成果；二是实用文书写作的实践，也缺少一些真正能对社会的发展与变革产生巨大影响的经典作品。所有这些，不仅影响了实用文书自身的进一步发展，而且也给实用文书写作的进一步深入研究带来了不利的影响，更影响了社会大众对实用文书的使用热情和实用文书的社会影响力的充分发挥。

因此，在本书编写的过程中，我们力求以马列主义辩证唯物主义为指导，坚持理论联系实际，坚持透过现象看本质，对实用文书的理论探索与研究，着力体现角度新颖合理、观点明确透彻、内容锐意拓新、体系有所改进和阐述详尽深刻等特点，并力求从一个新的角度，对实用文书的现象和写作规律进行系统、深刻、全面的研究，为实用文书的理论研究做出贡献。

基于上述原则，本书在编写上着力体现以下特点：

一、在体例编排上，注重理论与实训相结合。本书在编排体例时，既注重对写作知识与规律的介绍，又注重对学生写作水平的实际训练；既编选了文体特点鲜明的例文，又增加了相关链接、问题讨论及写作实践，体现了向“实践性、应用性”倾斜。

二、在内容编写上，坚持实用、够用与前瞻性相结合。在选择实用文书的文种时，以“必需、够用”为前提，以实用为标准，紧扣学生将来的就业需求与岗位应用这一主线，并兼顾未来岗位群的发展和学生的可持续发展的要求，适当扩大编写范围。

三、在例文选择上，注重文章文体标准与社会意义相结合。在选择例文时，既要体现出鲜明的文体特点，又要体现出一定的社会意义。使学生在学会实用文书写作的同时，在心灵上受到洗礼与教育，提高学生的综合素质。

四、在写作实训上，注重学生能力的培养与拓展相结合。在写作实训环节，摒弃了传统的概念、选择、填空、判断等考核方式，增加了相关链接、问题讨论及写作实践，重点培养学生实用文书的写作能力，并致力于拓展学生实用文书的相关知识与实际应用能力。

本书由陈苏彬担任主编，刘育红和杨建越担任副主编。具体编写分工如下：陈苏彬（山西省财政税务专科学校）编写第一章、第三章（第三节）、第四章（第一节）、第五章、第八章（第四节）；刘育红（山西省财政税务专科学校）编写第二章、第三章（第一节、第二节）、第六章；杨建越（山西省财政税务专科学校）编写第七章；范洁（山西省财政税务专科学校）编写第三章（第四节、第五节）、第四章（第四节）；袁虹（山西省财政税务专科学校）编写第四章（第二节、第三节）、第八章（第一节至第三节）；张志强（山西职业技术学院）编写第九章；常靖（太原学院）编写第十章、第十一章。

在长期的实用文书写作教学实践与理论研究的基础上，我们编写了这本《实用文书写作》，希望能对高等院校实用文书写作的教学及社会大众的实用文书写作实践有所帮助。在本书的编写过程中，我们参考和引用了部分党政机关、报刊和互联网上的例文，也借鉴了其他同行的一些研究成果，未能一一注明出处，在此诚致谢意。同时，也热诚希望广大读者以及同行和专家给予批评指导，以期受到更多的教益，在此一并表示诚挚的谢意。

编者
2016 年 7 月

目　录

第一章　实用文书概述……1

第一节　实用文书的基本概念……1

第二节　实用文书的基本要素……4

第三节　实用文书写作的基本思路……8

第四节　实用文书的写作步骤……13

第五节　实用文书写作的基本要求……14

相关链接……16

问题讨论……17

写作实践……17

第二章　法定公务文书……18

第一节　公务文书概述……18

第二节　通知……26

第三节　通报……32

第四节　报告……35

第五节　请示……41

第六节　函……45

相关链接……48

问题讨论……49

写作实践……50

第三章　事务策划文书……52

第一节　计划……52

第二节 总结......58
第三节 策划书......62
第四节 申请书......69
第五节 推荐信......73
相关链接......76
问题讨论......77
写作实践......78

第四章 科研实践文书......79

第一节 申论......79
第二节 毕业论文......97
第三节 毕业设计报告......104
第四节 实习报告......109
相关链接......115
问题讨论......116
写作实践......116

第五章 职场规划文书......121

第一节 求职信......121
第二节 个人履历......128
第三节 竞聘演说词......136
第四节 就职演说词......141
第五节 述职报告......146
相关链接......153
问题讨论......154
写作实践......155

第六章 公关礼仪文书......156

第一节 祝词......156
第二节 欢迎词......161
第三节 欢送词......165
第四节 答谢词......168

第五节 邀请函……172
相关链接……175
问题讨论……177
写作实践……177

第七章 会务工作文书……178

第一节 开幕词……178
第二节 闭幕词……183
第三节 会议报告……188
第四节 会议记录……194
第五节 会议纪要……197
相关链接……202
问题讨论……204
写作实践……204

第八章 信息传播文书……206

第一节 广告文案……206
第二节 消息……214
第三节 企业主页……221
第四节 倡议书……225
相关链接……229
问题讨论……230
写作实践……230

第九章 商务协约文书……232

第一节 合同……232
第二节 意向书……237
第三节 协议书……241
第四节 招标书……245
第五节 投标书……249
相关链接……253
问题讨论……254

写作实践 254

第十章 决策分析文书 255

第一节 市场调查报告 255
第二节 市场预测报告 260
第三节 经济活动分析报告 266
第四节 可行性研究报告 271
相关链接 277
问题讨论 279
写作实践 279

第十一章 财经文书 280

第一节 财务分析报告 280
第二节 税收分析报告 285
第三节 信贷计划执行情况分析报告 289
第四节 审计报告 293
第五节 资产评估报告 299
相关链接 305
问题讨论 307
写作实践 307

参考文献 308

第一章

实用文书概述

学习目标

实用文书是从属于文章学的一个写作分支，是在现实生活中被广大人民群众广泛使用的一种写作文体。它具有悠久的历史，并具有实用和通俗等鲜明的文体特点。本章主要介绍了实用文书的基本要素、写作思路、写作步骤与基本要求。通过学习，使学生对实用文书有基本的了解，为学生全面地学习和掌握各种实用文体的写作打下良好的基础。

第一节 实用文书的基本概念

知识要点

- 实用文书在我国有着悠久的发展历史
- 实用文书是处理日常公私事务时所使用的各种文体的总称
- 实用文书具有实用性、真实性、广泛性和通俗性等特点

一、实用文书的起源与发展

实用文书在我国有着悠久的发展历史。据古籍古传所载，早在公元前 2697 年仓颉造字之后，就出现了在礼仪活动中广为使用的祝词。当时，神农氏为了祝望秋收，在入秋之后便向“八神”作了一篇祝词。祝曰：“土反其宅，水归其壑；昆虫毋作，草木归其泽。”这是最早的只是传说的实用文书了。到殷商时期出现了甲骨文之后，祝词的写作便有了明

确的记载："至于商履，圣敬日跻，玄牡告天，以万方罪己，即郊禋之词也；素车祷旱，以六事责躬，则雩禜之文也。"到了周朝，祝词的内容便有了大的发展，不仅用于祝告神灵、祝告先祖，而且还用于祝告行军作战等行为。春秋时期，卫太子蒯聩从赵鞅讨伐郑胜时，临战前就曾向祖先作了一篇祝词，希求战而"无绝筋、无伤骨、无面伤"。自此以后，随着社会的不断变革，祝词不仅久用不衰，而且逐渐有了发展；不仅使用更加普遍，而且在内容和具体分类上也有较大变化。现在，根据内容划分，祝词可分为祝寿、祝事、祝酒三大类。

再以凭证类的契约来看。这种实用文，早在商周时期就已经形成。随着商业的出现和发展，人们的交换活动日趋频繁。为了保证交换效果，交换者就把洽定的事项刻于竹、木简上，作为凭证，称为契券，亦即现在所称的契约。周朝的契券分为两种：一种叫证券，上刻较多的文字，且竹、木简稍长，为买卖奴隶、牲畜所用；另一种叫剂券，上刻较少的文字，竹、木简也相对短些，为买卖农具、兵器所用。春秋以后，随着社会生活的不断发展，交换活动日渐复杂，又相继出现了买契、卖契。这些契券，由官方经办的称为官契，因为要加盖红色官印，又叫红契；由保人经办的称为私契或白契。同时，根据买卖物的不同，后来又出现了地契、物契、房契、奴契等。随着社会的发展与变革，由契约逐渐衍生出与契约相近的具有凭证和规定作用的许多实用文体，如条约、公约、协约、协定以及经济合同等。

所有这些表明，实用文书在我国有着悠久的历史，它伴随着社会的发展而发展，在长期的社会实践中造就了自己的发展历史：种类由少到多，形式日渐完善，内容日趋丰富，用者更加广泛，在人们日常工作和生活中的作用和地位也越来越显著。

二、实用文书的基本概念

实用文书，顾名思义，就是应对实际需要，用于务实和理事的各种文章，是人们处理日常公私事务时所使用的各种文体的总称。它是随着社会的发展而逐步发展并不断完善起来的，是适应社会需要而产生的具有特殊格式的文章的总称，是机关、团体、企事业单位和人民群众在处理各项公务或日常事务中所使用的一种特殊文体，是国家、社会团体进行经营管理的一种工具，是个人从事社会活动不可缺少的一种书面语言形式。

三、实用文书的特点

实用文书作为一种在社会、政治、经济等方面发挥着重要作用的写作文体，有着自己独特而鲜明的特点，具体表现在以下几个方面：

（一）实用性

实用文书的实用性主要表现在：实用文书不是供欣赏的文学艺术作品，而是一种书面工具，一种可以凭之务实理事的书面工具。即使某些写得极好的实用文书也可以用来品评赏鉴，但这不是主要的，况且也并非作者的本意。一句话，实用文书的“实用”是能够直接作用于受文者的行为并产生具体使用价值的实用。它与文学作品用以影响读者的精神和进行美学教育的作用是不同的。

（二）真实性

实用文书的真实性主要表现在：它所反映的内容都是实实在在的，或者说是“绝对”真实的。这种真实主要包括两个方面：一是写作实用文书的根据必须是真实的；二是文章所传达出的意见必须是真实的。总之，必须是有则有，无则无；是一就是一，是二就是二。实用文书的这种真实根本不同于文学作品的“真实”。文学作品反映的内容虽然也来自实践，也是“真实”的，但那是由作者广泛选取之后又运用艺术手法“创造”出来的另一种“真实”，即“艺术真实”。这种“真实”和原原本本的事实相比，已经有所不同，或者相去甚远。

（三）广泛性

实用文书的广泛性主要表现在两个方面：一是实用文书的行文主体，即写作者，是极广泛的，一般是没有限制的；二是实用文书所传递的内容，是无所不包的，个人的、家庭的、单位的、国家的、政治的、经济的、文化的、教育的，可以说应有尽有，极其广泛。

（四）通俗性

实用文书的通俗性，主要表现在它所反映的内容，一般都是通俗易懂的，具有广泛的群众性。而且所使用的语言，也比较平实、质朴，绝无艰涩之嫌。

四、实用文书的种类

一般来说，文章的分类是为准确认识、深入研究和具体把握文章的写作规律服务的。同样的道理，对于实用文书的分类，当然也就是为准确认识、深入研究和具体把握实用文书的写作规律服务的。

关于实用文书的分类问题，目前还没有社会所公认的统一标准。其中，有按实用文书的写作主体分类的，有按实用文书的内容分类的，也有按实用文书的作用分类的。所有这些分类方法，虽然都有一定的道理，但同时都还有某些偏颇之处。由于本书的内容与篇幅所限，我们不对实用文书的分类这一理论问题做过多的探讨，而只选取了公务文书、求职文书、职场文书、事务文书、会务文书、礼仪文书、专用文书等一些常用的实用文书的写作规律进行论述，以期对高等院校的实用文书写作教学工作和社会大众的实用文书写作实践有所帮助。

第二节 实用文书的基本要素

知识要点

- 实用文书有主题、材料、结构、语言和表达方式五个基本要素

一、实用文书的主题

实用文书的主题，就是实用文书直接表明的基本观点。通常包括对于事务和问题的意见、主张、办法、措施等，是文章所表达的中心思想，是作者的思想、观点、情感、见解在文章中的体现。

实用文书的主题是实用文书的灵魂，是实用文书的全部价值所在。换句话说，一篇实用文书如果没有主题，那就从根本上失去了存在的意义。当然，如果有主题，但却是错误的，也同样不会实现预想的实际效果，有时还会产生负效果。因此，评价一篇实用文书对社会的作用，首先要看它的主题正确与否。古人说写文章要“以意为宗”（萧统《文选序》），“以意为主”（范晔《狱中与诸甥侄书》），都是这个意思。

二、实用文书的材料

实用文书的材料，就是形成和表达实用文书主题的事实根据，一般包括人、物、事件、数字以及情况、问题、意见、时间、地点、方法、措施等。正是这些，构成了实用文书的具体内容。实用文书的材料，是实用文书写作的基础。如果没有材料，实用文书也就不复存在了。实用文书的材料具有以下特点：

（一）真实性

实用文书说到底是务实理事之文。务实，指的就是要面对真实存在的实际事务、实际

问题，当然需要真实。如若不然，由虚假的材料提出的观点并用以理事，那就根本解决不了问题，产生不了好效果，有时甚至还会产生负效果。

（二）典型性

所谓典型性，就是代表性。实用文书的材料，应该是最能反映事物本质的材料，最能够表明主题的材料。否则，实用文书就不会有实用效果，就不会有力量。

（三）时空性

时空性主要是指实用文书的材料是具有时间和空间即场合地域的限制的。例如，要考察甲地当前的情况，那就必须以甲地当前的有关材料为依据，而不能以乙地的情况或甲地以往的情况为依据。

三、实用文书的结构

实用文书的结构就是实用文书内部的组织构造。没有组织构造，实用文书就无其型。如果这样，实用文书同样不会存在。再者，实用文书虽有结构，但如果紊乱不堪，就起不到有效表达主题的作用。实用文书的结构包括以下三方面：

（一）行款格式

这是实用文书的外部格式。一般的实用文书，其行款格式大致包括标题、称谓、正文、落款。其中，公务文书还包括秘密等级、紧急程度、发文字号和抄送机关等要素。

（二）篇章结构

这是实用文书的内部组织结构，一般包括开头、结尾、层次、段落、过渡、照应。

1. 开头

实用文书的开头方式有：说明式，即文章的开头先对关于主题或对象的有关情况作简要的说明，以便顺利地提起下文；引叙式，即为了表达主题的需要，开头先引用有关现成的资料，以此作为提起下文的根据；颂问式，即开头先写出表敬的问语或就主题的表达提出设问；概述式，即开头先对表达对象作简要的概述；结论式，即开头先写出情况的结论，然后再作具体说明或论述；目的式，即开头直接写出写作目的等。

2. 结尾

实用文书的结尾方式有：说明式，即在结尾对有关情况或问题进行必要的交代，以引起读者的注意；颂祝式，即在结尾对对方表示敬颂或愿望；请求式，即在结尾写上请求对方满足某种愿望的话；总结式，即在结尾对所表达的主题进行简要的总结；呼应式，即在结尾写上与开头相照应的话语。

3. 层次

所谓层次，是指对文章内容按性质所进行的分类及次序安排。实用文书的层次形式可以分一层式或多层式。一层式，即文章中只有一种性质的内容；多层式，即文章中有两种或两种性质以上的内容。实用文书层次的安排，常用的有五种方法：总分式、分总式、总分总式、递进式、并列式。总分式，就是对各种性质的内容先进行总说，然后再逐一分说；分总式，就是逐一分说各种性质的内容，最后再进行总说；总分总式，就是先对各种性质的内容进行总说，然后再逐一分说，最后再进行一次总说；递进式，就是按一定的事理顺序即逻辑顺序安排各种性质内容的顺序；并列式，对性质上没有必然联系的各项内容的顺序，进行灵活的安排。

4. 段落

所谓段落，是指表达一定内容的语言单位。其标志是首句从空两格写起。有时，一段的第一句话就是这一段内容的撮要。实用文书的段落的特点是：有时一篇就是一段，但在多数情况下，一篇有若干段。有的段落只有简单的一句话，而且仅是一个单句；有的段落有若干句。实用文书段落的划分从属于内容层次的划分和安排。

5. 过渡

所谓过渡，是指从一个内容转换为另一个内容时，所采取的一种语言衔接手段。实用文书的过渡，通常是借助联结性词语。

6. 照应

所谓照应，是指行文过程中，后与前的呼应。实用文书的照应有两种情况：一种是正文开头与标题的照应，另一种是结尾与开头的照应。正确地运用照应的手段，有利于形式结构的严谨统一。

（三）逻辑结构

所谓文章的逻辑结构，主要是指论事说理的层次。实用文书的逻辑结构与一般文章的逻辑结构基本相同。归纳起来看，实用文书的逻辑结构有三种：

1. 演绎式逻辑结构

所谓演绎式逻辑结构，就是从一般推及个别的思维形式。

2. 归纳式逻辑结构

所谓归纳式逻辑结构，就是从个别推及一般的思维形式。

3. 演绎式逻辑结构与归纳式逻辑结构兼而使用的逻辑结构

这种兼用型的逻辑结构，常常用于以总分方式安排内容层次的实用文书。

四、实用文书的语言

语言是人类交际的工具。书面语言是构成文章的基本要素。由此可知，实用文书的语言就是构成实用文书的基本要素。换句话说，没有语言，就不会有实用文书的出现；而没有好的语言，当然也就不会有好的实用文书出现。

实用文书对语言的要求是准确、通俗、明白、生动、庄重。所谓准确，就是指一词一句、一个概念、一个推理、一个判断，都必须有具体事物，并且有确定的含义。因为，实用文书是务实理事之文，如果语言不准确，语出歧义、指事失实，推理判断有误，主题就得不到正确的表达，文章就达不到预想的效果。所谓通俗，就是指语言要大众化，容易明白，便于理解。从反面说，就是不使用生僻晦涩的字、词，不造欧化的句子，不造绕口的句子，避免关系过于复杂的句子。因为，实用文书的对象主要是社会大众，如果不通俗易懂，就难以被人接受。人们不接受，效果当然也就无从谈起。所谓明白，就是指语言要清晰，使读者能够明白其意，说什么，写什么，要清清楚楚，让人一看便知。从反面说，就是不绕弯子、不故弄玄虚、不模棱两可和不含糊其词。所谓生动，就是要精练，要新鲜，要活泼，要形象。所谓庄重，就是指语气要郑重、严肃，要合乎规范。从反面说，就是不随便，不油滑。因为，实用文书具有管理作用，可以作依凭，可以传信息，也可以定规约，所有这些，都是郑重而严肃的事情，因而作为其表达媒介的语言，当然就需要庄重、严肃。否则，就会影响文章应有作用的发挥。当然，这是就实用文书语言的总体情况而言的，并不是无论哪一个具体文种，不管什么具体情况，一律都需如此。事实上，具体到每一个文种，都必然有其所侧重的方面。

五、实用文书的表达方式

所谓表达方式，是指与写作目的和文章主题相适应的语言表达方式。实用文书的表达方式，是为实现写作目的和表现文章主题所采用的语言手段，是实用文书不可或缺的必要因素。实用文书的表达方式主要有以下几种：

（一）说明

所谓说明，就是解说或介绍事物性状、成因、功能、关系以及人物基本情况、行为特点的语言表达方式。在实用文书中，说明主要是事务性的，其次是知识性的。说明的主要对象是事，其次是物。说明这种表达方式在实用文书中的作用是解说写作目的及规范条款，介绍事物特征、基本情况以及发展变化等。

（二）叙述

所谓叙述，就是反映事物发展变化过程的表达方式。在实用文书中，叙述的作用主要是对事件的整体进行勾画，对事件的原委加以介绍，对事物的发展变化过程进行反映。

（三）议论

所谓议论，通常是指作者为表明自己的见解、主张、态度，通过事实材料和理论材料进行分析、评价和阐明时所使用的表达方式。议论的主要作用，集中到一点就是直接表达作者对事物的认识的一种证明。

（四）夹叙夹议

所谓夹叙夹议，就是以叙述为主，以议论为辅，从而将两者结合使用的一种方法。这种方式，最大的特点和作用是可以把叙述和论证有机地结合起来。

第三节 实用文书写作的基本思路

知识要点

- 实用文书的写作有其独特的基本思路
- 实用文书的写作思路为：确定主题、选择文种、处理材料、研究结构、选择语言和表达方式

一、主题的确定与表达

实用文书写作的第一步是确定主题以及如何表达主题。

（一）主题的确定

主题的确定，来自写作者对事物包括各种各样的问题感知后的研究判断。主题的正确

与否，当然在于这“研究判断”的正确或是错误。为通过正确地研究判断达到确定正确的主题的目的，必须要解决以下几个问题：

1. 要在理智的务实过程中研究和确定主题

这里主要有三层意思：一是深刻地了解和把握客观实际；二是客观地反映实际或具体事实；三是在把握事实本质的基础上提出问题，进行判断，从而确定主题。

2. 要在马克思主义原理、党和国家的方针政策指导下确定主题

这里包括两层意思：一是研究问题的方法要符合马列主义的基本原理，如调查研究、具体问题具体分析、看问题要全面等历史唯物主义和辩证唯物主义的观点；二是主题所包含的意见、方法、措施等，要符合党和国家的方针或与现行的规章制度相协调，要符合马克思主义的理论。

3. 要使所确定的主题具有可行性

实用文书是为解决问题的，但务实理事，提出意见、方法、措施，即确定主题是一回事，而有没有可能实现又是一回事。生活和工作中常有这样的情况：为解决某一问题，所提的方法是好的，但就是眼前不具备落实的条件，因而也就解决不了问题。一个重要的原因，就是确定主题时没有充分研究它的可行性。一般来说，具备可行性的主题，才是能够落实的主题，才是能够直接产生实用价值的主题。

（二）主题的表达

1. 主题的表达要集中单一

主题的表达要集中单一就是指：一篇实用文书只应该有一个主题，即围绕一件事并指出解决相应问题的意见、方法、措施。

2. 主题的表达要明确

所谓明确，就是要明白、要确切，便于读者了解主题，而不能含糊其词，似是而非，让人无法捉摸。

3. 主题的表述要周严

所谓周严，就是指事理要合理。从反面说，表达意见、方法、措施时不能有矛盾，不能有漏洞。

4. 要在实用文书全部结构中表达主题

这就是说，不仅在正文的主体中要充分表达主题，而且在标题、开头和结尾等部分，也都要表现主题。

二、文种的辨析与选择

确定了主题及表达原则之后，第二步工作就是要正确地选择和使用实用文书的具体文种，因为实用文书既然在实践中逐渐形成了各个具体的文种，那么，每一个文种都有自己的特性，都是各司其职的。在具体使用时，必须注意这一点。这就是说，写作实用文书，只解决了主题的问题还不行，还必须解决文种的选择和使用问题。为解决这个问题，一般应该从以下几个方面入手：

（一）正确地辨析具体文种的性质特点

在具体使用文种时，不仅要具体了解准备选择的文种的具体特点及功用，还应该与相类似的文种加以比较，然后再确定所应该使用的文种。

（二）根据行文主体的身份、级别或规格选择所适用的文种

从实用文书的起源来看，每一文种都是由作者根据自己的情况发明创造的。什么人写什么文，什么文适用什么人，早已相沿成习。并且，有的文种还特别地规定了使用的对象。因此，选择文种必须根据行文主体的身份、级别或规格选择所适用的文种。

三、材料的研究和处理

实用文书的材料就是产生并形成实用文书的具体事实。但这绝不等于说，可以不对材料进行认真的研究和处理，不管什么材料都能产生正确的主题，不管什么材料都可以写入文章和用以表现主题，不管怎样安排都能积极地为表现主题服务。实践证明，没有对于材料的研究和处理，要想实现好的效果是绝对不可能的。所谓对材料的研究和处理，主要是做好以下几个方面的工作：

（一）占有和鉴别材料

形成和表达实用文书主题的材料，通常有以下几种：一是作者直接从具体实践活动如生活、工作、交际中所亲身感知的；二是已经通过各种方式积累的；三是临时从书刊资料中查询的。不管哪种材料，实际上都是通过调查研究取得的，但要使用调查研究得来的有价值的材料来形成和表现主题，就必须注意对所获得的材料进行鉴别：其一，区别材料的真伪，即把虚假的材料排除出去，而只保留那些真实的材料，即客观地反映事物本来面目的材料；其二，区别材料的全面与片面，即哪些是能够反映事物的全面的材料，哪些是不完全的片面的材料；其三，区别材料的具体与笼统，即哪些材料是具体的，哪些是笼统的。

（二）整理与选择材料

整理材料包括两个方面：一是对掌握的材料进行分类综合，使之系统化；二是对虽然片面、笼统但却是真实的和有用的材料，要通过相应的工作，如通过针对性的调查工作，使之完全和具体起来。并且，具体使用材料的时候，还要进行适当的判断与选择。选择材料必须坚持正确的原则：其一，要根据表达主题的需要选择材料；其二，要选择典型的和新鲜活泼的材料；其三，要选择具体的全面的材料。

（三）合理地安排材料

实用文书材料的安排，要遵循以下两个原则：一是要根据表达主题的需要决定材料的详略。一般来说，最能表达主题的材料安排得要详细些，其余则要简略些。二是要根据文种的具体性质特点来安排材料，因为不同文种在表达内容上有不同的要求。

四、结构的研究与选择

实用文书的内部结构包括篇章结构和逻辑结构两个内容，在具体安排实用文书的结构时，要遵循以下原则去研究和安排：一是要根据不同文种的特点和要求去安排结构；二是要根据主题的具体需要去安排结构；三是要根据写作者自身的成功经验去安排结构。

五、语言的研究与选择

在实用文书写作过程中，研究语言的目的是正确地选择合适的语言以充分地表达主题。语言研究主要应该解决以下几个问题：

（一）明确不同文种对于语言有不同的要求

实用文书的文种不同，对语言有不同的要求。例如，询问事项的书信或公函所需要的是平等、和蔼、善意的商洽性语言；祝词、欢迎词所需要的是诚恳、热情的敬颂性语言；学术论文、毕业论文所需要的是论证说明性语言。

（二）明确不同行文主体对于语言的使用有不同的要求

实用文书的行文对象不同，对语言的使用也有不同的要求。例如，同是书信，晚辈给长辈写信，所用的语言应该充分注意“尊敬”的特殊需要；而长辈给晚辈写信则不需如此，仅仅考虑到“尊重”就可以了。

（三）明确不同主题对语言的要求会有所区别

实用文书的主题不同，对语言也有不同的要求。例如，主题是回答对方关于某一工作问题的询问的，则只使用说明性的语言；主题是表达对对方的爱慕之情的，则可以使用抒情性的语言；主题是向公众公布具体事项的，其语言就相当严肃、庄重。

（四）明确不同语言表达方式会产生不同的语言效果

实用文书的语言表达方式不同，会产生不同的语言效果。例如，一句话、一段话，都有其内容的重点。为了突出重点，既可以把表达重点的词语放在靠前的位置，即修辞上的“重点前提”，也可以把表达重点内容的词语放在靠后的位置，即“重点后置”，而把表达重点内容的词语放在不前不后的位置则是欠妥的。

在对语言作了如上的研究分析之后，就可以对语言进行选择了，即只要把需要和上述分析结合起来考虑，适合的具体语言就可以具体地确定。

六、表达方式的研究与选择

所谓表达方式，是指与表达写作目的、主题需要及反映对象相适应的使用语言的具体手段。这些手段有叙述、说明、议论、抒情和描写五种。要选择恰当的语言表达方式为主题服务，应该注意以下几个问题：

（一）要了解每一种表达方式的具体含义及其要求

例如，所谓叙述，就是对事情过程、人物行为具体情况的客观表述。叙述又细分为顺叙、倒叙、插叙、详叙和略叙等。叙述的要求是人称得当、线索清晰、交代分明、过渡自然和连贯紧密。

（二）要研究不同表达方式所产生的具体表达效果

例如，叙述能够把事件的时间、地点、背景及经过交代清楚，把人物的经历及事迹介绍出来，为议论提供证明的材料；说明能够把事物的形状、性质、特征和关系等解说清楚，把人物的特点和成绩表述明白。

（三）不同的写作目的和主题需要不同的表达方式

例如，写作合同或说明书，需要使用说明的表达方式；写作学术论文，需要使用议论的表达方式；写作某些书信，则需要综合使用叙述、说明、抒情和议论等多种表达方式。

有了以上的具体研究，为一篇实用文书选择具体的表达方式的问题就容易解决了。因为，从总的方面来说，表达方式还是服从于写作目的和表现主题的需要的。为一篇实用文书选用什么样的表达方式，只要依照写作目的、主题内容和上述几种情况加以综合考虑，问题就迎刃而解了。

第四节 实用文书的写作步骤

知识要点

➤ 实用文书的写作分四个步骤：酝酿构思、起草文稿、修改文稿、审定文稿

一、酝酿构思

实用文书是因事而生、因用而行。当人们由事情的启迪，由需要的促使产生了写作实用文书的意向的时候，远不能马上提笔就写文章，总要先对将要写的文稿进行一番考虑、研究和设计，最后为提笔拟稿拿出一个具体方案。这些工作，就是酝酿构思或准备工作。

酝酿构思是写作实用文书的第一个步骤。实用文书的写作实践证明：酝酿构思的工作是起草文稿的基础。有无这个基础以及这个基础的情况如何，直接关系到能否顺利起草文稿、能否起草出高质量的文稿的问题。

酝酿构思阶段，要做好以下几方面工作：一是要明确写作目的及文章主题；二是要选好文种及语言表达方式；三是要做好材料的准备工作；四是要确定行文的具体思路；五是要拟定具体的写作提纲。

二、起草文稿

酝酿构思完成后，就要起草文稿。这里所说的文稿或草稿，是相对于正式使用的实用文书来说的。一般来说，草稿是正式文稿的基础，如果草稿质量比较高，修改就会比较容易，写出正式使用的实用文书也就快得多。反之，问题就比较麻烦。为了写好草稿，应该注意以下几个问题：一是严格按照既定的提纲写作，一般情况下不宜脱纲行文；二是在内容上力求做到具体充实，为修改提供较好的基础；三是尽可能做到一气呵成，使文章在内容衔接上能够自然连贯；四是尽量提高草稿的质量，给修改工作带来方便，并尽量节省修改的时间，也会提高正式文稿的质量。

三、修改文稿

文稿之所以要修改，就是因为它通常会存在某些不足。或者说，一稿定型的文章，是并不多见的。这主要因为，实用文书常常是因事因用而作，特别是有时是按指令而作，一般都是“急茬活”，拟稿者或者因为时间紧，或者习惯于一气呵成，不能有过多时间在那里精雕细刻，因而往往容易写得粗糙或出现漏洞，这是其一。其二，由于起草者的知识面的限制或一时的疏忽，可能在知识等方面存在不足或问题。其三，特殊地说，用以处理公事的实用文书都是反映单位的集体意志的，一个人拟写的草稿更有必要进行集体的修改。

实用文书草稿的修改，要从以下几个方面入手：一是看主题是否明确与正确；二是看文种是否恰当与合适；三是看材料是否真实、典型与具体；四是看结构是否合理；五是看语言是否符合实用文书与文种的要求；六是看表达方式是否适合写作目的与文章主题。

四、审定文稿

审定文稿，是决定文稿能否以正式文章付诸正式使用的关键一步。也正因为如此，审定文稿必须要慎之又慎，严之又严，力图做到准确无误。在审定文稿时应从以下几个方面入手：一是严把政治关，看文稿在政治上、政策上是否符合要求；二是严把事实关，看文稿在材料选择上是否真实、典型和具体；三是严把文面关，看文稿在用字、书写、卷面等方面是否合乎规范。

第五节 实用文书写作的基本要求

知识要点

- 实用文书写作的基本要求包括：提高实用文书写作者的写作素养；坚持实用文书写作的基本标准；坚持系统而科学的实用文书写作训练；把握实用文书写作的发展趋势

一、提高实用文书写作者的写作素养

（一）认真学习理论，掌握方针政策

实用文书写作主体要认识并把握客体、载体和受体，都离不开马克思主义理论。因为，

马克思主义的辩证唯物主义和历史唯物主义，揭示了宇宙间万事万物的发展规律，阐释了人类思维反映客观世界的基本原理。因此，实用文书写作，一方面，必须认真学习马克思主义、毛泽东思想的基本理论，学习邓小平理论，掌握实用写作的指导思想。另一方面，必须认真学习并掌握党和国家的路线、方针、政策和有关法令、法规、规章、制度，运用马克思主义的立场、观点和方法，不断提高政策水平。

（二）加强语文基础，提高写作水平

首先，要学习综合运用语法、逻辑和修辞知识，继续培养叙述、说明和议论的能力，不断提高运用语言的水平。其次，必须掌握写作基础理论知识。写作基础理论知识是古今中外文章大师实践经验的结晶，是经过反复实践、反复总结提炼和反复验证的理论，对于指导写作活动具有重要作用。掌握基础理论知识，其目的是为了指导写作实践，把理论知识转化为写作能力。没有正确理论指导的实践是盲目的、不科学的，写作能力也难以提高。

二、坚持实用文书写作的基本标准

总结国内外研究实用文书写作的成果和写作实践经验，写好实用文书的基本标准，可以概括为“实”“准”“简”三个字。

“实”，就是内容实事求是，文风朴实。实用文书是用来办事的、据以解决问题的文章，因而，它最讲实实在在。即内容要符合党和国家的路线、方针、政策、法律、法令和上级有关规定，事实要可靠，要准确无误，判断要符合实际，办法要切实可行。总之，实用文书一定要反映客观实际，做到文如其事，来不得半点虚假。

“准”，就是语言表达要准确。语言准确有两方面的内容：一是要正确反映客观事物，用词恰如其分，语序有逻辑性；二是文面上要正确无误，合乎规范。

“简”，就是简短、简明和简练。简短是务必禁绝一切套话、空话、废话，使实用文书内容简短；简明是要求简要明了，要尽可能分条分项写作，使实用文书条理清楚、层次分明；简练是要求遣词造句精练，竭力将可有可无的字、句、段删去，做到“文约而事丰”。

写作实用文书要达到“基本标准”，必须着重培养三种基本能力，即调查研究能力、分析综合能力和平实、准确、简练的语言表达能力。因为善于调查研究，搜集大量的信息，掌握第一手材料，才能为内容的“实”、表达的“准”提供物质基础；善于分析综合，抓住事物的本质，认识事物的内在联系，实用文书才能做到“准”和“简”；而要把调查研究和分析综合的结果实事求是地表达出来，没有准确、简练的语言表达是不可能的。

三、坚持系统而科学的实用文书写作训练

实用文书写作是一门具有综合训练性质的智能课程。知识要转化为能力，必须经过严格的、系统的、反复的训练，才能实现。因此，在学习过程中，要坚持系统而科学的实用文书写作训练，要根据实用文书的写作规律，联系学生的知识、生活实际和工作实际，由浅入深，循序渐进，做到思维和语言、范文评析、说与写相结合；训练题目要体现针对性、实用性和阶梯性；训练步骤要先单项，后综合，分合相济，反复实践。这样，才能真正提高实用文书的写作水平。

四、把握实用文书写作的发展趋势

当今世界各国文化、政治制度、经济体制不同，实用文书的发展趋势大不一样，但也有共同之处。只有把握和了解了实用文书写作的发展趋势，才能更好地学习和写作实用文书。概括起来，实用文书的发展趋势体现在以下四个方面：一是文种的发展和社会发展联系越来越紧密，趋于多样化与丰富化；二是体式规范和国际越来越接轨，趋于国际化；三是写作手段越来越现代化，趋于电脑化；四是传输阅读越来越便捷，趋于网络化。

相关链接

链接 1

古代应用文佳作

秦汉时期：李斯《谏逐客书》、晁错《论贵粟疏》、司马迁《报任安书》、诸葛亮《出师表》、曹操《让县自明本志令》

唐宋时期：魏征《谏太宗十思疏》、王安石《答司马谏议书》、文天祥《指南录后序》

明清时期：海瑞《治安疏》、袁枚《祭妹文》、林觉民《与妻书》

链接 2

实用文书写作时常用的习惯用语

用语名称	作　用	常用特定用语
开端用语	用于文章开头，表示发语、引据	为、为了、查、兹、兹因、兹有、兹定于、接、顷接、根据、据、遵照、依照、按照、鉴于、关于、随着

续表

用语名称	作　用	常用特定用语
称谓用语	用于表示人称或对单位的称谓	第一人称：我、我单位、本人、本公司 第二人称：你、你局、贵公司、贵方 第三人称：他、该公司、该项目
引叙用语	用于复文引据	悉、近悉、收悉、接、顷接、据
拟办用语	用于审批、拟办	责成、交办、试办、办理、执行
经办用语	用于表明进程	经、业经、已经、兹经、即经
过渡用语	用于承上启下	鉴于、为此、对此、为使、对于、关于、如下
期请用语	用于表示期望、请求	请、恳请、拟请、特请、报请、如蒙、希、望、尚望、切望、希予
征询用语	用于征请、询问	当否、妥否、可否、如无不当、如无不妥、是否可行
结尾用语	用于结尾，表示收束	上行：当否，请批复；可否，请指示；特此报告；以上报告，请审核 平行：为盼、为荷、特此函达；尚望函复 下行：为要；为宜；希遵照执行；特此通知；此复

问题讨论

一、实用文书写作常用的表达方式与一般文章写作有什么不同？

二、学习实用文书的现实意义是什么？

写作实践

一、请举例分析实用文书语言与文学语言的区别。

二、请结合自己的学习和工作实际，谈谈学习实用文书的重要性。

第二章

法定公务文书

学习目标

法定公务文书是党政机关、社会团体和企事业单位等在公务活动中，按照特定的规范体式和处理程序而形成和使用的具有法定效力的文书，是依法行政和进行公务活动的重要工具。本章重点介绍党政机关公文的概念、特点、行文规则与格式要求，以及常用公文的写作。通过学习，使学生明确党政机关公文的规范格式，熟练掌握常用公文的写作方法与技巧，提高处理日常公务的能力。

第一节 公务文书概述

知识要点

- 公务文书，简称公文，狭义的公文专指党政机关公文
- 公文具有作者的法定性、内容的政治性、效力的权威性、体式的规范性和效用的时间性等特点
- 公文的行文规则是各级党政机关在公文处理过程中需要共同遵守的制度和准则
- 党政机关公文格式要素的编排规则，可以使公文处理工作实现科学化、规范化

一、公文的概念

公务文书，简称公文，其概念有广义和狭义之分。广义的公文是指党政机关、社会团体和企事业单位等在公务活动中，按照特定的规范体式和处理程序而形成和使用的具有法

定效力的文书，是依法行政和进行公务活动的重要工具。狭义的公文则专指党政机关公文，属于法定文书。

中共中央办公厅、国务院办公厅于 2012 年 4 月 16 日发布、2012 年 7 月 1 日起施行的《党政机关公文处理工作条例》规定："党政机关公文是党政机关实施领导、履行职能、处理公务的具有特定效力和规范体式的文书，是传达贯彻党和国家的方针政策，公布法规和规章，指导、布置和商洽工作，请示和答复问题，报告、通报和交流情况等的重要工具。"

二、公文的特点

（一）作者的法定性

公文有法定的作者，即依法成立并能以自己的名义行使权利和承担义务的组织机构及其法定代表人。公文代表的是法定机关，体现法定机关的职权和意图。有的公文以国家领导人或机关首长的名义发布，仅仅是制发机关领导人行使自己职权的一种表现。

（二）内容的政治性

公文往往反映了党和国家的政治意向、指挥意志、行动要求和人民群众的根本利益，所以公文具有鲜明的政治性与政策性。各级党政机关、社会团体、企事业单位都负有传达、贯彻、执行党和国家方针政策的责任，并且行文必须与党和国家的方针政策相一致。

（三）效力的权威性

公文作为党政机关实施领导、履行职能、处理公务的重要工具，具有法定的权威性。国家政权赋予发文机关以法定的地位和职权，因此，公文一经签发公布，就在特定的时间和空间范围内，产生了法定的效力和权威，必须遵照执行。

（四）体式的规范性

规范性是公文权威性的具体体现，也是公文处理的客观需要。公文体式的规范包括公文种类、行文规则、公文格式、公文处理程序等，在撰写、处理公文时必须严格遵守这些规定，不能随心所欲、各行其是，这样，有利于维护公文的权威性，也有利于公文处理工作的科学化、规范化、制度化，提高办事效率。

（五）效用的时间性

公文的效用具有一定的时间性。公文是为解决现实问题、完成实际任务而制发的，一般要求限期传达执行。因此，撰制者和执行者一定要有强烈的时效观念，要快写、快发、快处理，以提高办事效率。

三、公文的种类

按照《党政机关公文处理工作条例》规定，我国党政机关公文主要有15种：

（1）决议。适用于会议讨论通过的重大决策事项。

（2）决定。适用于对重要事项作出决策和部署、奖惩有关单位和人员、变更或者撤销下级机关不适当的决定事项。

（3）命令（令）。适用于公布行政法规和规章、宣布施行重大强制性措施、批准授予和晋升衔级、嘉奖有关单位和人员。

（4）公报。适用于公布重要决定或者重大事项。

（5）公告。适用于向国内外宣布重要事项或者法定事项。

（6）通告。适用于在一定范围内公布应当遵守或者周知的事项。

（7）意见。适用于对重要问题提出见解和处理办法。

（8）通知。适用于发布、传达要求下级机关执行和有关单位周知或者执行的事项，批转、转发公文。

（9）通报。适用于表彰先进、批评错误、传达重要精神和告知重要情况。

（10）报告。适用于向上级机关汇报工作、反映情况，回复上级机关的询问。

（11）请示。适用于向上级机关请求指示、批准。

（12）批复。适用于答复下级机关请示事项。

（13）议案。适用于各级人民政府按照法律程序向同级人民代表大会或者人民代表大会常务委员会提请审议事项。

（14）函。适用于不相隶属机关之间商洽工作、询问和答复问题、请求批准和答复审批事项。

（15）纪要。适用于记载会议主要情况和议定事项。

四、公文的行文规则

行文规则是各级党政机关在公文处理过程中需要共同遵守的制度和准则，用以保证机关工作正常秩序，促使公文迅速、准确传递和尽快发挥效力。《党政机关公文处理工作条例》中明确作出以下规定。

第一，行文应当确有必要，讲求实效，注重针对性和可操作性。

第二，行文关系根据隶属关系和职权范围确定。一般不得越级行文，特殊情况需要越级行文的，应当同时抄送被越过的机关。

第三，向上级机关行文，应当遵循以下规则：

（1）原则上主送一个上级机关，根据需要同时抄送相关上级机关和同级机关，不抄送下级机关。

（2）党委、政府的部门向上级主管部门请示、报告重大事项，应当经本级党委、政府同意或者授权；属于部门职权范围内的事项应当直接报送上级主管部门。

（3）下级机关的请示事项，如需以本机关名义向上级机关请示，应当提出倾向性意见后上报，不得原文转报上级机关。

（4）请示应当一文一事。不得在报告等非请示性公文中夹带请示事项。

（5）除上级机关负责人直接交办事项外，不得以本机关名义向上级机关负责人报送公文，不得以本机关负责人名义向上级机关报送公文。

（6）受双重领导的机关向一个上级机关行文，必要时抄送另一个上级机关。

第四，向下级机关行文，应当遵循以下规则：

（1）主送受理机关，根据需要抄送相关机关。重要行文应当同时抄送发文机关的直接上级机关。

（2）党委、政府的办公厅（室）根据本级党委、政府授权，可以向下级党委、政府行文，其他部门和单位不得向下级党委、政府发布指令性公文或者在公文中向下级党委、政府提出指令性要求。需经政府审批的具体事项，经政府同意后可以由政府职能部门行文，文中须注明已经政府同意。

（3）党委、政府的部门在各自职权范围内可以向下级党委、政府的相关部门行文。

（4）涉及多个部门职权范围内的事务，部门之间未协商一致的，不得向下行文；擅自行文的，上级机关应当责令其纠正或者撤销。

（5）上级机关向受双重领导的下级机关行文，必要时抄送该下级机关的另一个上级机关。

第五，同级党政机关、党政机关与其他同级机关必要时可以联合行文。属于党委、政府各自职权范围内的工作，不得联合行文。

党委、政府的部门依据职权可以相互行文。

部门内设机构除办公厅（室）外不得对外正式行文。

五、公文的格式

公文格式，即公文规格样式，指公文中各个组成部分的构成方式。按照《党政机关公文处理工作条例》有关规定，国家质量监督检验检疫总局、国家标准化管理委员会发布了《党政机关公文格式》国家标准（GB/T9704—2012），对公文用纸、印刷装订、格式要素、式样等作出了具体规定，特别是首次统一了党政机关公文格式要素的编排规则，使党政机关公文的表现形式更加规范，有利于进一步提高各级党政机关公文的制作水平和质量，推动党政机关公文处理工作实现科学化、规范化。

（一）公文用纸、版面与印制装订要求

公文用纸采用国标 A4 型纸，其成品幅面尺寸为：210mm × 297mm。其版面要求为：公文用纸天头（上白边）为 37mm ± 1mm，公文用纸订口（左白边）为 28mm ± 1mm，版心尺寸为 156mm × 225mm。如无特殊说明，公文格式各要素一般用 3 号仿宋体字。一般每面排 22 行，每行排 28 个字，并撑满版心，公文中文字的颜色均为黑色。特定情况可以作适当调整。

公文版面要干净无底灰，字迹清楚，尺寸标准，双面印刷，页码套正。公文应当左侧装订，不掉页。无坏钉、漏钉、重钉，钉脚平伏牢固。

（二）公文格式各要素编排规则

党政机关公文版心内的公文格式各要素划分为版头、主体、版记、页码四部分。公文首页红色分隔线以上的部分称为版头；公文首页红色分隔线（不含）以下、公文末页首条分隔线（不含）以上的部分称为主体；公文末页首条分隔线以下、末条分隔线以上的部分称为版记。页码位于版心外。

1. 版头

（1）份号。份号指公文印制份数的顺序号。涉密公文应当标注份号。

如需标注份号，一般用 6 位 3 号阿拉伯数字，顶格编排在版心左上角第一行。

（2）密级和保密期限。密级和保密期限指公文的秘密等级和保密的期限。涉密公文应当根据涉密程度分别标注“绝密”“机密”“秘密”和保密期限。

如需标注密级和保密期限，一般用 3 号黑体字，顶格编排在版心左上角第二行；保密期限中的数字用阿拉伯数字标注。

（3）紧急程度。紧急程度指公文送达和办理的时限要求。根据紧急程度，紧急公文应当分别标注“特急”“加急”，电报应当分别标注“特提”“特急”“加急”“平急”。

如需标注紧急程度，一般用 3 号黑体字，顶格编排在版心左上角；如需同时标注份号、

密级和保密期限、紧急程度，按照份号、密级和保密期限、紧急程度的顺序自上而下分行排列。

（4）发文机关标志。发文机关标志由发文机关全称或者规范化简称加“文件”二字组成，也可以只使用发文机关全称或规范化简称。联合行文时，发文机关标志可以并用联合发文机关名称，也可以单独用主办机关名称。

发文机关标志居中排布，上边缘至版心上边缘为 35mm，推荐使用小标宋体字，颜色为红色，以醒目、美观、庄重为原则。联合行文时，如需同时标注联署发文机关名称，一般应当将主办机关名称排列在前；如有“文件”二字，应当置于发文机关名称右侧，以联署发文机关名称为准上下居中排布。

（5）发文字号。发文字号由发文机关代字、年份、发文顺序号组成。联合行文时，使用主办机关的发文字号。

编排在发文机关标志下空二行位置，居中排布。年份、发文顺序号用阿拉伯数字标注；年份应标全称，用六角括号“〔 〕”括入；发文顺序号不加“第”字，不编虚位（1 不编为 01），在阿拉伯数字后加“号”字。上行文的发文字号居左空一字编排，与最后一个签发人姓名处在同一行。

（6）签发人。上行文应当标注签发人姓名。

由“签发人”三字加全角冒号和签发人姓名组成，居右空一字，编排在发文机关标志下空二行位置。“签发人”三字用 3 号仿宋体字，签发人姓名用 3 号楷体字。如有多个签发人，签发人姓名按照发文机关的排列顺序从左到右、自上而下依次均匀编排，一般每行排两个姓名，回行时与上一行第一个签发人姓名对齐。

（7）版头中的分隔线。发文字号之下 4mm 处居中印一条与版心等宽的红色分隔线。

2. 主体

（1）标题。标题由发文机关名称、事由和文种组成。

一般用 2 号小标宋体字，编排于红色分隔线下空二行位置，分一行或多行居中排布；回行时，要做到词意完整，排列对称，长短适宜，间距恰当，标题排列应当使用梯形或菱形。

（2）主送机关。主送机关指公文的主要受理机关，应当使用机关全称、规范化简称或者同类型机关统称。

编排于标题下空一行位置，居左顶格，回行时仍顶格，最后一个机关名称后标全角冒号。如主送机关名称过多导致公文首页不能显示正文时，应当将主送机关名称移至版记。

（3）正文。正文是公文的主体，用来表述公文的内容。

公文首页必须显示正文。一般用3号仿宋体字，编排于主送机关名称下一行，每个自然段左空二字，回行顶格。文中结构层次序数依次可以用“一、”“(一)”“1.”“(1)”标注；一般第一层用黑体字，第二层用楷体字，第三层和第四层用仿宋体字标注。

（4）附件说明。附件说明指公文附件的顺序号和名称。

如有附件，在正文下空一行左空二字编排“附件”二字，后标全角冒号和附件名称。如有多个附件，使用阿拉伯数字标注附件顺序号（如“附件：1.××××××”）；附件名称后不加标点符号。附件名称较长需回行时，应当与上一行附件名称的首字对齐。

（5）发文机关署名、成文日期和印章。发文机关署名，署发文机关全称或者规范化简称。成文日期，署会议通过或者发文机关负责人签发的日期。联合行文时，署最后签发机关负责人签发的日期。印章，公文中有发文机关署名的，应当加盖发文机关印章，并与署名机关相符。有特定发文机关标志的普发性公文和电报可以不加盖印章。

① 加盖印章的公文。成文日期一般右空四字编排，印章用红色，不得出现空白印章。

单一机关行文时，一般在成文日期之上、以成文日期为准居中编排发文机关署名，印章端正、居中下压发文机关署名和成文日期，使发文机关署名和成文日期居印章中心偏下位置，印章顶端应当上距正文（或附件说明）一行之内。

联合行文时，一般将各发文机关署名按照发文机关顺序整齐排列在相应位置，并将印章一一对应、端正、居中下压发文机关署名，最后一个印章端正、居中下压发文机关署名和成文日期，印章之间排列整齐、互不相交或相切，每排印章两端不得超出版心，首排印章顶端应当上距正文（或附件说明）一行之内。

② 不加盖印章的公文。单一机关行文时，在正文（或附件说明）下空一行右空二字编排发文机关署名，在发文机关署名下一行编排成文日期，首字比发文机关署名首字右移二字，如成文日期长于发文机关署名，应当使成文日期右空二字编排，并相应增加发文机关署名右空字数。

联合行文时，应当先编排主办机关署名，其余发文机关署名依次向下编排。

③ 加盖签发人签名章的公文。单一机关制发的公文加盖签发人签名章时，在正文（或附件说明）下空二行右空四字加盖签发人签名章，签名章左空二字标注签发人职务，以签名章为准上下居中排布。在签发人签名章下空一行右空四字编排成文日期。

联合行文时，应当先编排主办机关签发人职务、签名章，其余机关签发人职务、签名章依次向下编排，与主办机关签发人职务、签名章上下对齐；每行只编排一个机关的签发人职务、签名章；签发人职务应当标注全称。

签名章一般用红色。

④ 成文日期中的数字。用阿拉伯数字将年、月、日标全，年份应标全称，月、日不

编虚位（1 不编为 01）。

⑤ 特殊情况说明。当公文排版后所剩空白处不能容下印章或签发人签名章、成文日期时，可以采取调整行距、字距的措施解决。

（6）附注。附注指公文印发传达范围等需要说明的事项。

如有附注，居左空二字加圆括号编排在成文日期下一行。

（7）附件。附件指公文正文的说明、补充或者参考资料。

附件应当另面编排，并在版记之前，与公文正文一起装订。“附件”二字及附件顺序号用 3 号黑体字顶格编排在版心左上角第一行。附件标题居中编排在版心第三行。附件顺序号和附件标题应当与附件说明的表述一致。附件格式要求同正文。

如附件与正文不能一起装订，应当在附件左上角第一行顶格编排公文的发文字号并在其后标注“附件”二字及附件顺序号。

3. 版记

（1）版记中的分隔线。版记中的分隔线与版心等宽，首条分隔线和末条分隔线用粗线（推荐高度为 0.35mm），中间的分隔线用细线（推荐高度为 0.25mm）。首条分隔线位于版记中第一个要素之上，末条分隔线与公文最后一面的版心下边缘重合。

（2）抄送机关。抄送机关指除主送机关外需要执行或者知晓公文内容的其他机关，应当使用机关全称、规范化简称或者同类型机关统称。

如有抄送机关，一般用 4 号仿宋体字，在印发机关和印发日期之上一行、左右各空一字编排。“抄送”二字后加全角冒号和抄送机关名称，回行时与冒号后的首字对齐，最后一个抄送机关名称后标句号。

如需把主送机关移至版记，除将“抄送”二字改为“主送”外，编排方法同抄送机关。既有主送机关又有抄送机关时，应当将主送机关置于抄送机关之上一行，之间不加分隔线。

（3）印发机关和印发日期。印发机关和印发日期指公文的送印机关和送印日期。

印发机关和印发日期一般用 4 号仿宋体字，编排在末条分隔线之上，印发机关左空一字，印发日期右空一字，用阿拉伯数字将年、月、日标全，年份应标全称，月、日不编虚位（1 不编为 01），后加“印发”二字。

版记中如有其他要素，应当将其与印发机关和印发日期用一条细分隔线隔开。

4. 页码

页码，指公文页数顺序号。一般用 4 号半角宋体阿拉伯数字，编排在公文版心下边缘之下，数字左右各放一条一字线；一字线上距版心下边缘 7mm。单页码居右空一字，双页码居左空一字。公文的版记页前有空白页的，空白页和版记页均不编排页码。公文的附件与正文一起装订时，页码应当连续编排。

（三）公文的特定格式

1. 信函格式

发文机关标志使用发文机关全称或者规范化简称，居中排布，上边缘至上页边为30mm，推荐使用红色小标宋体字。联合行文时，使用主办机关标志。发文机关标志下4mm处印一条红色双线（上粗下细），距下页边20mm处印一条红色双线（上细下粗），线长均为170mm，居中排布。如需标注份号、密级和保密期限、紧急程度，应当顶格居版心左边缘编排在第一条红色双线下，按照份号、密级和保密期限、紧急程度的顺序自上而下分行排列，第一个要素与该线的距离为3号汉字高度的7/8。发文字号顶格居版心右边缘编排在第一条红色双线下，与该线的距离为3号汉字高度的7/8。标题居中编排，与其上最后一个要素相距二行。第二条红色双线上一行如有文字，与该线的距离为3号汉字高度的7/8。首页不显示页码。版记不加印发机关和印发日期、分隔线，位于公文最后一面版心内最下方。

2. 命令（令）格式

发文机关标志由发文机关全称加“命令”或“令”字组成，居中排布，上边缘至版心上边缘为20mm，推荐使用红色小标宋体字。发文机关标志下空二行居中编排令号，令号下空二行编排正文。签发人职务、签名章和成文日期的编排见以上相关要素说明。

3. 纪要格式

纪要标志由“×××××纪要”组成，居中排布，上边缘至版心上边缘为35mm，推荐使用红色小标宋体字。标注出席人员名单，一般用3号黑体字，在正文或附件说明下空一行左空二字编排“出席”二字，后标全角冒号，冒号后用3号仿宋体字标注出席人单位、姓名，回行时与冒号后的首字对齐。标注请假和列席人员名单，除依次另起一行并将“出席”二字改为“请假”或“列席”外，编排方法同出席人员名单。纪要格式可以根据实际制定。

第二节 通知

知识要点

➤ 通知适用于发布、传达要求下级机关执行和有关单位周知或者执行的事项，批转、

转发公文

- 通知具有广泛性、执行性和时效性等特点
- 通知的正文一般包括通知缘由、通知事项和结尾三部分
- 写作通知时，要求行文符合规范，内容符合实际，主旨明确，结构条理，语言准确

一、通知的概念

通知适用于发布、传达要求下级机关执行和有关单位周知或者执行的事项，批转、转发公文。通知属于下行文，是要求下级机关办理、执行或周知有关事项的公文。通知的适用范围广，使用频率高，是党政机关处理公务时常用的文种。

二、通知的特点

（一）广泛性

通知的广泛性体现在使用主体的广泛性和通知内容的广泛性。首先，通知不受发文机关级别高低的限制，所有党政机关、企事业单位和社会团体都可以发布通知。其次，无论是党政领导机关的重大决策，还是日常行政事务，都可以用通知来部署或知照。

（二）执行性

通知往往由上级机关用来发布规章、部署工作、传达指示等，要求下级机关遵照执行或参考执行，对收文机关有明显的约束力，体现出较强的权威性和指挥、指导作用。

（三）时效性

通知是一种制发快捷、运用灵活方便的公文文种，具有较强的时效性。通知事项大多具有较明确的时间限制，通常要求收文机关在规定的时间内办理、执行或知晓，不容拖延。

三、通知的种类

根据内容与性质的不同，通知可分为颁转性通知、事务性通知和知照性通知三类。

（一）颁转性通知

颁转性通知指用于颁布法规、规章性文书和转发、批转其他机关公文的通知，包括发布性通知、批转性通知和转发性通知。颁转性通知由通知文本和被颁转的文书两部分组成，

属于复合型公文，被颁转文书不可视为附件。

（1）发布性通知。发布性通知也称印发性通知，指发布法规、规章或印发本系统、本机关制定的非规章类文书时所使用的通知。

（2）批转性通知。批转性通知指上级机关批转下级机关公文时所使用的通知。

（3）转发性通知。转发性通知指转发上级机关或不相隶属机关公文时所使用的通知。

（二）事务性通知

事务性通知指用于上级机关向下级机关传达指示、安排部署有关工作或规定某些事项，要求下级机关办理或执行的通知，包括指示性通知、部署性通知、会议通知等。

（1）指示性通知。指示性通知指上级机关向下级机关传达有关指示或精神，要求下级机关执行时所使用的通知。

（2）部署性通知。部署性通知指上级机关安排部署有关工作或规定某些事项时所使用的通知。

（3）会议通知。会议通知指上级机关召开较重要的会议，并提出相关与会要求时所使用的通知。

（三）知照性通知

知照性通知指上级机关向下级机关宣布或告知有关事项，一般不要求办理或执行的通知。这类通知的作用主要是知照意图或情况，如设置或撤并机构、启用或作废印章、任免干部、变更机关名称、迁移办公地点等。

四、通知的结构与写法

通知通常由标题、主送机关、正文和落款组成。

（一）标题

通知的标题一般由发文机关名称、事由和文种构成，如《国务院关于全面建立临时救助制度的通知》。有时根据实际情况，可在文种前加“联合”“紧急”“补充”等词语，如《广东省财政厅关于省直党政机关和事业单位差旅费管理问题的补充通知》等。

批转、转发性通知的标题，通常表述为：“×××批转（转发）×××关于××××××的通知”，如《国务院批转发展改革委关于2015年深化经济体制改革重点工作意见的通知》《广东省人民政府转发国务院关于改革和完善国有资产管理体制若干意见的通知》。批转、转发性通知的标题在引用被批转、被转发文件时，应压缩相同或重复的词语或文种，以免整个标题繁杂冗长。

（二）主送机关

主送机关即通知要送达的部分或全部下级机关，顶格书写其全称、规范化简称或统称。

（三）正文

通知的正文一般包括通知缘由、通知事项和结尾三部分。

1. 通知缘由

通知的开头一般应简明扼要地交代通知的目的、原因、依据等。如果通知所涉内容较少，可以采取篇段合一式，直接承接通知事项；如果所涉内容较多，可以"现将有关事项通知如下"等惯用语引出下文。

2. 通知事项

这是通知的核心内容，要明确交代上级机关传达要求下级机关遵守或周知的具体事项。作为通知的主体，通常采用分条列项的方式行文，简明扼要，一目了然，便于遵照执行。

3. 结尾

结尾包括执行要求和惯用的结束语。通知的结尾通常要对受文单位提出贯彻执行通知的希望或要求，这部分内容可以单独成段，突出强调，也可以根据通知内容，调整到通知事项中。通知常用的结束语有"请认真贯彻执行，并将情况及时上报""特此通知"等，也可省略不写。

通知的种类较多，正文的内容与写法不尽相同，以下就常见的几类通知进行具体介绍。

1. 发布、印发性通知

发布、印发性通知的正文通常比较简短明确，主要写明被发布或被印发的法规、规章、非规章类文书等的名称，并提出下级机关执行的要求即可。常见的特定表述为："现将《××××××》（法规、规章等）印发给你们，请认真贯彻执行"。有时，也可以简要交代发文的目的、依据及其重要性。

2. 批转、转发性通知

批转、转发性通知的正文通常比较简短明确，主要写明被批转或被转发文件的名称，要求下级机关执行即可，批转性文件要表明"同意"等意见。常见的特定表述为："×××（上级机关名称）同意×××（下级机关名称）的《××××××》（××〔××××〕×号），现转发给你们，请遵照执行"，或"现将×××（上级机关或不相隶属机关名称）的

《××××××》(××〔××××〕×号)转发给你们，请认真贯彻执行”。如果确有必要，可以针对性地阐释批转或转发该文件的目的与意义，并作出明确指示或要求。

3. 指示、部署性通知

开头通常交代指示或部署有关工作的目的、依据、缘由等，然后以承启句“现将有关事项通知如下”领起下文。主体部分就指示或部署内容作具体阐述，可以提出开展工作的指导原则、指示性意见或部署有关任务、相应措施，然后针对性地提出具体执行要求或号召、希望。

4. 会议通知

会议通知的开头一般交代召开会议的目的、缘由以及名称等，然后以承启句“现将有关事项通知如下”领起下文。通知事项通常包括以下内容：① 会议的主要内容或议程；② 会议的时间、地点(包括报到的时间、地点)；③ 参会单位或人员的条件、名额；④ 出席会议的准备工作，如提交资料、发言材料等；⑤ 其他有关事项，如会务费、食宿安排、交通安排等；⑥ 会议承办单位的联系人与联系方式等。以上内容可根据会议的规模、性质等情况进行调整增删。

(四) 落款

在正文后的落款处，应签署发文机关名称和成文日期，并加盖印章。

五、通知的写作要求

(一) 行文要讲求实效，符合规范

制发通知应当确有必要，讲求实效，严禁随意滥发，要严格控制发文数量，符合发文规范，注重针对性和可操作性。

(二) 内容要符合实际

通知的内容必须符合国家法律法规，符合党和国家的方针政策以及上级机关的文件指示精神，还要合乎本地区、本单位的实际情况。

(三) 主旨明确，结构条理，语言准确

通知是需要下级机关贯彻执行有关事项的公文。因此，写作通知时，主旨要明确，内容要具体，结构要条理清晰，逻辑性强，语言要准确精练、明确肯定。只有这样，才便于收文机关在执行、办理中不出现偏差或错误。

例文

财政部　海关总署　国家税务总局
关于跨境电子商务零售进口税收政策的通知

各省、自治区、直辖市、计划单列市财政厅（局）、国家税务局，新疆生产建设兵团财务局，海关总署广东分署、各直属海关：

为营造公平竞争的市场环境，促进跨境电子商务零售进口健康发展，经国务院批准，现将跨境电子商务零售（企业对消费者，即B2C）进口税收政策有关事项通知如下：

一、跨境电子商务零售进口商品按照货物征收关税和进口环节增值税、消费税，购买跨境电子商务零售进口商品的个人作为纳税义务人，实际交易价格（包括货物零售价格、运费和保险费）作为完税价格，电子商务企业、电子商务交易平台企业或物流企业可作为代收代缴义务人。

二、跨境电子商务零售进口税收政策适用于从其他国家或地区进口的、《跨境电子商务零售进口商品清单》范围内的以下商品：

（一）所有通过与海关联网的电子商务交易平台交易，能够实现交易、支付、物流电子信息“三单”比对的跨境电子商务零售进口商品；

（二）未通过与海关联网的电子商务交易平台交易，但快递、邮政企业能够统一提供交易、支付、物流等电子信息，并承诺承担相应法律责任进境的跨境电子商务零售进口商品。

不属于跨境电子商务零售进口的个人物品以及无法提供交易、支付、物流等电子信息的跨境电子商务零售进口商品，按现行规定执行。

三、跨境电子商务零售进口商品的单次交易限值为人民币2 000元，个人年度交易限值为人民币20 000元。在限值以内进口的跨境电子商务零售进口商品，关税税率暂设为0%；进口环节增值税、消费税取消免征税额，暂按法定应纳税额的70%征收。超过单次限值、累加后超过个人年度限值的单次交易，以及完税价格超过2 000元限值的单个不可分割商品，均按照一般贸易方式全额征税。

四、跨境电子商务零售进口商品自海关放行之日起30日内退货的，可申请退税，并相应调整个人年度交易总额。

五、跨境电子商务零售进口商品购买人（订购人）的身份信息应进行认证；未进行认证的，购买人（订购人）身份信息应与付款人一致。

六、《跨境电子商务零售进口商品清单》将由财政部商有关部门另行公布。

七、本通知自2016年4月8日起执行。

特此通知。

财政部　海关总署　国家税务总局

2016 年 3 月 24 日

（资料来源：http:www.chinatax.gov.cn/n810341/n810755/c2044092/content.html）

第三节　通报

知识要点

- 通报适用于表彰先进、批评错误、传达重要精神和告知重要情况
- 通报具有真实性、典型性、及时性等特点
- 通报的正文一般包括通报缘由、分析评价、处理决定、希望要求和结尾五部分
- 写作通报时，要求观点鲜明、结构清晰、叙议结合、详略得当、分析准确、评价中肯

一、通报的概念

通报适用于表彰先进、批评错误、传达重要精神和告知重要情况。通报属于下行文，是公务活动中适用范围比较广、使用频率比较高、运用比较灵活的一个文种。通报的目的是通过表扬好人好事，批评错误和歪风邪气，传达重要情况与事项，起到激励先进、吸取教训、交流信息、提高认识的作用，以推动工作的进一步开展。

二、通报的特点

（一）真实性

真实是通报的生命。通报的任何情况、事实都必须是真实的，要言之有据，实事求是地反映，不能夸张或虚构。因此，写通报时，必须经过调查研究，对所涉事实进行反复认真核实，确定准确可靠之后，方可行文。

（二）典型性

通报的内容往往是结合工作实际，选取具有典型意义的事件和人物，或具有普遍意义的重要情况，有针对性地进行宣传、介绍，这样才具有典型性和说服力。事例越典型，其警示和借鉴意义越大。

（三）及时性

通报的内容往往与当时的工作背景或普遍存在的问题与现象有密切联系，对工作具有积极的指导意义和促进作用，因此，必须抓住时机适时通报，以免时过境迁，失去其沟通情况、宣传教育的作用。

三、通报的种类

根据内容与性质的不同，通报可分为表彰性通报、批评性通报和情况通报。

（1）表彰性通报。表彰性通报用于表彰先进单位或个人、介绍先进事迹、推广典型经验的通报。

（2）批评性通报。批评性通报用于批评有关单位或个人的错误事实或工作事故的通报。

（3）情况通报。情况通报用于传达重要精神或沟通重要情况的通报。

四、通报的结构与写法

通报通常由标题、主送机关、正文和落款组成。

（一）标题

通报的标题一般由发文机关、事由和文种三要素构成，如《广东省人民政府关于表彰2014年广东省专利奖单位和个人的通报》。

（二）主送机关

即通报要送达的部分或全部下级机关，顶格书写其全称、规范化简称或统称。

（三）正文

通报的正文一般包括通报缘由、分析评价、处理决定、希望要求和结尾五部分。

（1）通报缘由。通报的开头一般简要交代通报的缘由，或采用叙述的表达方式，如实客观地概述基本情况或事实。

（2）分析评价。这是通报的重点，是之后处理决定的重要依据。可以采用议论的表达方式，针对有关事实的意义或性质进行客观准确的分析评价。

（3）处理决定。在分析评价的基础上，交代表彰决定、处理意见或说明存在的问题。

（4）希望要求。这部分可以提出希望要求或发出号召。这是发文的最终目的，也是全文主旨的归结点，应该写得有针对性。

（5）结尾。通报的结尾通常以“特此通报”等惯用语作结，也可省略不写。

以下针对不同种类的通报进行具体介绍。

（1）表彰性通报。表彰性通报的开头通常是简明扼要地介绍被表彰单位或个人的先进事迹或经验，要写明时间、地点、单位名称或人物姓名、基本事实或过程。接着，在介绍先进人物或典型事迹的基础上，针对性地进行分析评价，揭示先进事迹的性质和积极意义，点明表彰理由。评价要准确到位，并突出强调与通报目的相一致的性质或意义。然后，写明由何机关给予被表彰对象以何种表彰或奖励决定。最后，表明对被表彰者的勉励与期望和对广大干部与群众的号召与希望。

（2）批评性通报。批评性通报的开头要介绍错误事实或事故的基本情况。如果是对单位或个人的错误或事故进行处理，要写明有关单位与人员的基本情况，然后对错误事实的时间、地点、过程、结果等进行叙述。如果是针对某一普遍存在的问题进行通报，要选择有代表性的事实进行综合叙述。接着，针对错误事实或事故进行分析评价，侧重于分析错误的原因、性质、严重程度以及造成的后果与影响，揭示其根源和危害。然后，写明由何机关给予被批评对象以何种处分决定或处理意见。最后，写明从错误事实中吸取的教训，并提出告诫或重申纪律，以便受文单位能够高度重视，认清性质，并采取防范措施。

（3）情况通报。情况通报的开头要交代通报有关工作情况的目的、原因和背景等，并概述基本情况或有关事实。接着，针对有关工作情况，阐释具体做法，总结成绩经验。然后，承接上文，顺势指出工作中存在的问题。最后，指出解决问题的方法措施或提出今后工作的意见要求。

（四）落款

在正文后的落款处，应签署发文机关名称和成文日期，并加盖印章。

五、通报的写作要求

（一）观点鲜明，结构清晰

通报的观点一定要鲜明，提倡什么，反对什么，要是非分明，忌含糊其词。无论何种通报，都要遵循基本的写作思路，以体现各层次之间的逻辑联系，使结构条理清晰，逻辑严密。

（二）叙议结合，详略得当

写通报需叙议结合，以叙事为主，辅之以分析议论。在行文时，要注意详略得当，既突出重点，又使篇章结构平衡合理，其中，对基本情况进行简明扼要的概述即可，不必长篇大论，展开叙述。

（三）分析准确，评价中肯

写通报时，对事实的分析要客观准确，评价要中肯到位，有说服力。语言要简洁庄重，措辞要慎重严谨，恰如其分，不能出现过誉或贬低的现象。

例文

山东省人民政府关于授予姜言泉等20名同志荣誉称号的通报

各市人民政府，各县（市、区）人民政府，省政府各部门、各直属机构，各大企业，各高等院校：

近年来，全省广大科技工作者认真贯彻落实党的十八大和十八届三中、四中全会精神，深入实施创新驱动发展战略，不断提高自主创新能力，为促进我省经济发展方式转变、建设经济文化强省作出了积极贡献。为大力弘扬尊重劳动、尊重知识、尊重人才、尊重创造的良好风尚，充分调动和激发广大科技人员创新创业的积极性和创造性，进一步发挥先进模范人物的示范带动作用，根据《山东省科学技术奖励办法》的有关规定，省政府确定：授予山东高速青岛公路有限公司姜言泉、山东电力集团公司检修公司高森、华纺股份有限公司王力民、天润曲轴股份有限公司孙海涛、齐鲁制药有限公司范传文、潍柴动力股份有限公司孙少军、山东黄金集团有限公司陈玉民、青岛海尔特种电器有限公司刘占杰、阳谷祥光铜业有限公司周松林9位同志"山东省劳动模范"荣誉称号；授予山东大学曲音波、王继扬、程林，山东农业大学崔治中，山东省农业厅王金宝，泰山学院秦梦华，中国海洋大学吴德星，山东科技大学曾庆良、卢新明，山东棉花研究中心董合忠，山东省科学院海洋仪器仪表研究所王军成11位同志"山东省先进工作者"荣誉称号。

希望受表彰的同志谦虚谨慎，戒骄戒躁，再接再厉，不断取得新的更大成绩。全省广大科技工作者要以先进模范人物为榜样，科学务实，潜心钻研，勇于创新，大力推进创新型省份建设，为加快建设经济文化强省、全面建成小康社会作出新的更大贡献。

山东省人民政府

2015年2月5日

（资料来源：http://www.shandong.gov.cn/art/2015/2/10/art_285_6881.html）

第四节 报告

知识要点

- 报告适用于向上级机关汇报工作、反映情况，回复上级机关的询问
- 报告具有陈述性、单向性和事后性等特点
- 报告的正文一般包括报告缘由、报告事项和结尾三部分
- 写作报告时，要求情况真实、陈述客观、重点突出、结构条理

一、报告的概念

报告适用于向上级机关汇报工作、反映情况，答复上级机关的询问。报告是党政机关普遍使用的一种重要的上行文，是建立上下级之间正常工作关系的重要工具。报告既是上级机关了解下情，制定方针政策、做出决策或协调工作的重要依据，也是下级机关及时取得上级机关对工作的支持与指导的重要途径。

二、报告的特点

（一）陈述性

报告用于向上级机关汇报工作、反映情况，要以具体的事实、情况和准确的数据作为汇报的主要内容，因此，可以采用叙述的表达方式，具体陈述本单位贯彻执行各项方针政策的情况，反映工作中遇到的实际问题以及解决办法。

（二）单向性

报告是下级机关向上级机关汇报工作、反映情况，答复上级机关询问时使用的单向行文，目的是为上级机关提供有关工作情况，让上级机关及时了解下情，一般不需要上级机关给予批复和反馈。

（三）事后性

报告是下级机关就本单位某一阶段的工作情况、工作进展或工作中出现的新情况、新问题及时向上级呈报，主要在工作完成或事情发生后，向上级机关汇报，属于事中或事后行文。

三、报告的种类

（一）根据内容所涉范围的不同，报告可分为综合性报告和专题性报告

（1）综合性报告。综合性报告是向上级机关汇报本地区、本单位全面工作或情况的报告。

（2）专题性报告。专题性报告是向上级机关汇报某项工作、某方面情况或某个活动的报告。

（二）根据内容与性质的不同，报告可分为工作报告、情况报告、答复报告和报送报告

（1）工作报告。工作报告是下级机关向上级机关汇报一定时期工作情况的报告。

（2）情况报告。情况报告是下级机关向上级机关汇报工作中出现的重大情况、特殊情况或突发事件的报告。

（3）答复报告。答复报告是下级机关针对上级机关提出的问题或询问的事项而给予答复的报告。

（4）报送报告。报送报告是下级机关向上级机关报送文件、物件时所使用的报告。

四、报告的结构与写法

报告通常由标题、主送机关、正文和落款组成。

（一）标题

报告的标题一般由发文机关、事由和文种三要素构成，如《江苏省国土资源厅关于支持四川灾区抗震救灾工作情况的报告》。

（二）主送机关

顶格书写报告主送的上级机关的全称或规范化简称。

（三）正文

报告的正文一般包括报告缘由、报告事项和结尾三部分。

1. 报告缘由

报告的开头一般应简明扼要地交代报告的目的、依据、缘由等，也可以概括说明报告的背景、意义、报告的基本内容等。如果是答复报告，则要在开头引述来文，表明答复缘由。然后以表过渡的惯用语，如“现将有关情况报告如下”引出下文。

2. 报告事项

这是报告的核心内容，要详细具体地叙述报告事项。它一般包括两方面内容：一是工作情况及问题；二是进一步开展工作的意见。

不同类型报告的正文，其报告事项的内容可以有所侧重。工作报告主要从工作的基本情况、主要做法、成绩经验、存在问题等方面进行具体陈述，在此基础上，重点提出下一步工作安排意见。情况报告应首先介绍情况，包括所反映的事件或问题的时间、地点、经过与结果等。然后分析情况，要指出所反映问题的性质以及产生的原因、造成的影响等；如果反映的情况是事故，还要分清责任。最后提出处理意见与防范措施。答复报告应针对上级机关的询问和要求，进行明确具体的答复。报送报告则说明报送的文件或物件的名称、数量即可。

3. 结尾

报告的结尾通常以惯用的结束语如“特此报告”“以上报告，请审阅”等作结。

（四）落款

在正文后的落款处，应签署发文机关名称和成文日期，并加盖印章。

五、报告的写作要求

（一）情况真实，陈述客观

报告要客观全面地汇报工作情况或问题，要实事求是，用事实说话，以实现报告下情上达和提供决策依据的作用。分析要得当有据，避免脱离实际，大发议论或空洞说理。

（二）重点突出，结构条理

报告以叙述事实为主，但针对性要强，要抓住主要问题，重点突出，详略得当，不必事无巨细，面面俱到。陈述时，要有条不紊，结构清晰，体现内在的逻辑性。

（三）报告及时，主送明确

报告需根据报告制度、上级要求或实际情况及时呈报，不要拖延。报告原则上只报一个直接上级机关或主管部门，必要时可抄报有关的上级机关。报告中可以提设想或建议，但不得夹带请示事项。

例文

连云港市旅游局关于 2014 年度推进依法行政工作情况的报告

市政府：

2014 年，在市委市政府和省旅游局的正确领导下，在市法制办的关心指导下，根据《连云港市 2014 年推进依法行政工作要点》，结合全市旅游行业实际，我局高度重视，大力推进依法行政工作，坚持依法治旅、执法为民，依法行政工作取得良好成效，推动了我市旅游业健康快速发展。现将 2014 年度推进依法行政工作情况汇报如下：

一、以《旅游法》为引领，全面推进依法行政工作

《旅游法》颁布实施一年来，标志着旅游业进入了依法兴旅、依法治旅的新阶段，这是我国旅游业发展进程中的一件具有里程碑意义的大事，意义十分深远。按照《旅游法》的要求，我局高度重视，抓住机遇，运用多种方式，开展学习宣传贯彻工作，不断加强配套制度建设，进一步增强旅游从业人员依法经营的意识，提升旅游行政管理人员的依法行

政水平。为保证依法行政工作有效开展，我局进一步强化组织领导，建立健全主要领导挂帅的依法行政工作领导小组及专项工作机构，严格落实行政执法责任制，保障各项工作有效落实。同时，结合市法制办的要求和局行政管理工作实际情况，我局研究制定了全年依法行政工作目标，与局业务工作同部署、同落实，并印发了《市旅游局 2014 年推进依法行政工作要点》，要求各县区旅游管理部门积极转变政府职能，规范行政决策行为，加强旅游执法监管，推进政务公开，完善保障制度等，推动了旅游行业依法行政工作有序开展。

二、规范行政执法，积极提升依法行政水平

（一）规范行政决策程序。严格执行市政府关于重大行政决策的系列文件，坚持公众参与、专家论证、风险评估、合法性审查、集体讨论决定等程序，切实推进行政决策科学化、民主化、制度化、规范化。完善重大决策听证制度，扩大听证范围，规范听证程序，制作听证报告，听证意见作为决策的重要参考。切实推进行政决策科学化、民主化、法治化。

（二）规范行政执法行为。一是严格落实行政执法人员各项制度。年初组织了持证人员签订了行政执法责任制，学习相关考评制度、监督制度和行政执法过错追究制度，进一步加强对行政执法人员的教育培训，确保行政执法人员严格执法、规范执法、公正执法、文明执法。二是结合工作实际，适时开展普法培训班。组织全市旅游系统执法人员和行业单位负责人开展旅游法律法规学习，要求执法人员严格按照法定职责和权限开展行政执法活动，做到有法必依、执法必严、违法必究，提升行政执法人员的法律素养。

（三）做好规范性文件制定和备案工作。认真执行《连云港市规范性文件制定和备案管理办法》，严格按照程序开展规范性文件制定和备案工作。修订印发了《连云港市市级旅游特色街区评定办法（试行）》和《连云港市市级旅游特色街区评定技术规范（试行）》。积极推行规范性文件听证制度，保障规范性文件的制定适应时代需要、符合人民意愿、切实解决问题。认真执行规范性文件网上报送备案制度，完善备案审查程序。积极探索专家点评、专家参与实质性审查等新模式，全面提高规范性文件报备率、及时率和规范率，认真开展规范性文件清理工作。

（四）开展规范基层行政执法活动。根据市纪委、市监察局、市法制办联合下发的《关于印发〈连云港市规范基层行政执法专项行动工作方案〉的通知》精神，我局开展了规范基层行政执法专项活动，研究制定并下发了《连云港市旅游局规范行政执法专项行动工作方案》，具体部署相关工作。通过规范行政执法行为，加大旅游执法力度，依法保障旅游安全，强化法治宣传，开展自查自纠，提升了全市旅游行业依法行政水平，促进了我市旅游业健康快速发展。

三、加强执法检查，推动依法行政工作有效落实

（一）开展旅游市场执法检查。今年以来，我局多次会同市安监、质监、消防、卫生、

交管等部门开展了旅游市场联合执法检查活动，对我市46家A级景区、44家星级饭店、113家旅行社、41家乡村旅游区（点）等旅游行业单位进行了检查，检查我市重点景区有无最大承载量标识，有无流量控制、预警及应急措施，星级饭店是否严格保障食品卫生安全，旅行社是否按照规定签订旅游合同等内容。对于检查发现的问题，要求有关单位限期整改，营造了安定和谐的旅游环境；今年共检查导游367人次，处理违规导游32人，其中有1人因没有参加年检被一次性扣除10分。有力地净化了导游服务市场。

（二）开展旅游服务合同专项整治。为加强对旅游服务合同的监管，切实维护旅游消费者和经营者的合法权益，我局会同市工商部门开展了旅游合同专项整治活动。主要内容是检查旅游企业是否按照《旅游法》的要求，明确合同双方权责义务；是否完全使用由工商、旅游管理部门制定的规范的旅游合同《示范文本》；是否有内容不明确、不翔实，概念含糊不清问题。通过开展旅游合同专项整治行动，重点清理、查处合同未明确双方权责义务的行为，坚决整治各类“霸王条款”，进一步规范了旅游服务合同。

（三）依法保障旅游安全。按照法律法规的有关要求，坚持“安全第一、预防为主、综合治理”的工作方针，严格落实旅游安全责任，健全旅游安全管理机制。加大旅游行业安全专项整治力度，积极会同市有关部门，开展了旅游安全联合检查，检查部分旅游行业单位，主要检查旅游行业单位的安全制度、消防设备、食品卫生、客用车辆、游乐设施等方面的情况。从检查情况看，绝大多数旅游单位能够按照《旅游法》及有关要求，严格落实安全责任制度，积极开展旅游安全自查自纠。但也有个别单位存在安全意识淡薄，安全器材维护更新不及时等问题，对于存在的问题，检查组要求立即整改到位，有效保障了旅游行业安全有序。

四、注重学习宣传，建设良好法治环境

（一）宣传活动形式多样。一是开展《旅游法》专题宣传活动。利用5·19旅游日期间组织各县区旅游局、A级旅游景区、星级饭店、旅行社、旅游学校等相关单位对新《旅游法》的宣传。二是旅游进社区宣传。指定了部分旅行社拓展业务到社区宣传《旅游法》活动。三是充分利用报纸、电视、网络等新闻媒体，大力开展旅游法律法规宣传，广泛传播旅游法律知识，提高人民群众知法守法能力。

（二）学习活动成效显著。一是长效开展法制学习活动。我局利用每周五下午集中学习时间，多次组织全体机关干部职工学习《旅游法》等各类旅游法律法规，促进领导干部带头学法用法，推进依法行政。为增强学习效果，我局还向各县区旅游局及相关旅游行业单位发放了1 000套《旅游法》读本。二是认真落实领导干部任前法律知识考试制度。不断提升领导干部依法解决问题的能力。

五、2015 年依法行政工作打算

今年，由于领导重视，措施得力，我局依法行政工作取得了较好的成绩，但我们也认识到存在个别行政执法人员依法行政能力还需提升、旅游行政执法力度有待加强等不足之处。2015 年，我们要认真总结经验，推进依法行政，促进我市旅游业实现跨越式发展。

一是继续按照《旅游法》的要求，坚持依法治旅。（略）

二是继续规范行政执法，强化执法监管。（略）

三是继续加大法制宣传教育力度。（略）

四是继续推动依法行政工作创新。（略）

连云港市旅游局

2015 年 1 月 8 日

（资料来源：http://xxgk.lyg.gov.cn/xxgk/jcms_files/jcms1/web45/site/art/2015/2/5/art_38721_79919.html）

第五节 请示

知识要点

- 请示适用于向上级机关请求指示、批准
- 请示具有针对性、单一性和期复性等特点
- 请示的正文一般包括请示缘由、请示事项和结尾三部分
- 写作请示时，要求请示理由充分全面，请求具体合理，结构条理清晰，用语明确得体

一、请示的概念

请示适用于向上级机关请求指示、批准。请示是上行文，凡是下级机关在工作中遇到新情况、新问题却无章可循有待上级机关指示的，对有关方针、政策、法规的认识不明确需请上级机关解释或重新审定的，遇到本机关职权范围内很难克服或无力克服的困难需请上级机关支持、帮助的，超出本机关的工作职权范围须经上级机关批准才能办理的，均需以请示行文。

二、请示的特点

（一）针对性

请示所涉内容往往是本机关无权、无力或无法解决的事项，以请示行文，目的是请求上级机关给予指示或批准，因此，请示具有很强的针对性。

（二）单一性

请示必须严格遵循“一文一事”的原则，即一份请示只能请求指示、批准一件事或解决一个问题。

（三）期复性

请示须在工作开始前行文，在上级机关给予答复后才付诸实施，因此，请示的行文目的非常明确，即请求上级机关对请示事项作出明确批复。

三、请示的种类

根据内容与性质的不同，请示可分为请指示的请示和请批准的请示。

（1）请指示的请示。请指示的请示指下级机关针对有关方针、政策的理解和执行，工作中出现的新情况、新问题等向上级机关请求指示的请示。

（2）请批准的请示。请批准的请示指下级机关针对自己无权、无力解决或决定的事项向上级机关请求审核批准的请示。

四、请示的结构与写法

请示通常由标题、主送机关、正文和落款组成。

（一）标题

请示的标题一般由发文机关、事由和文种三要素构成，如《××省电力勘测设计院关于××项目立项的请示》。“请示”本身含有请求之意，为避免语义重复，标题中尽量不要使用“请求”等词语。

（二）主送机关

请示原则上只写一个主送机关，即有直接隶属关系的上级机关。顶格书写请示主送的上级机关的全称或规范化简称。

（三）正文

请示的正文一般包括请示缘由、请示事项和结尾三部分。

1. 请示缘由

请示的开头要充分全面地交代清楚请示的原因和依据，具体说明请示事项的重要性、必要性和可行性，必要时，可提供与请示事项相关的事实和数据。请示缘由是下文提出具体请示事项的基础和前提条件，是上级机关给予批复的重要依据。

2. 请示事项

这是请示的关键与目的所在，要明确具体地表达出请求上级机关给予指示或批准的具体事项或问题。请指示的请示要具体写明存在哪些问题，还可以提出解决问题的建议和意见，供上级参考。请批准的请示则需针对请批事项，从数量、方式、用途等方面进行具体说明。

3. 结尾

请示的结尾通常以惯用的结束语如“以上请示妥否，请指示”“妥否，请批复”等作结。

（四）落款

在正文后的落款处，应签署发文机关名称和成文日期，并加盖印章。

五、请示的写作要求

（一）请示要符合行文规则

请示应遵循的规则包括：必须一文一事；请示一般只写一个主送机关，不多头主送，不直接送领导个人；一般不得越级请示；请示上报的同时不抄送下级机关；“报告”中不得夹带请示事项等。

（二）理由充分全面，请求具体合理

请示内容一般包括请示缘由和请示事项两部分。阐述缘由时要实事求是，说理充分全面，有理有据，既符合有关方针政策，又符合客观实际。请示事项要明确具体，合理可行，不能提根本办不到或有悖情理的要求。

（三）结构条理清晰，用语明确得体

写作请示时，应该先写理由，再写事项，先列依据，再提要求，二者具有因果联系，

这种结构次序会使文章呈现其内在的逻辑性。表述时，用语要明确了然，不能含糊其词，语气要谦恭得体，多使用祈请句式。

六、请示与报告的区别

请示和报告都属于上行文，但是在实际工作中容易混淆使用，二者的区别主要体现在以下四个方面：

（一）发文目的不同

请示是向上级机关请求指示或批准，以解决实际工作中遇到的问题；报告主要是向上级机关汇报工作、反映情况，使上级了解情况，为上级提供指导或决策依据。

（二）写作内容不同

请示所涉多是本单位无权或无力解决的事项，一般事项单一，行文较短；报告则反映本单位职权范围内的工作进展等情况，内容广泛，行文较长。

（三）行文要求不同

请示属于呈请性公文，必须在事前行文，上级机关收到后应及时批复；报告属于呈报性公文，一般在事后行文，不需要上级答复。

（四）结尾用语不同

请示常用的结束语为“以上请示妥否，请指示”“妥否，请批复”等；报告的结束语为“特此报告”“以上报告，请审阅”等。

例文

××省国家税务局关于金税三期系统上线更换前台 PC 设备补助经费的请示

国家税务总局：

按照国家税务总局统一部署，金税三期工程将于今年 11 月 4 日在我省全面上线。金税三期工程的实施，对于进一步规范我省国税系统税收执法、堵塞征管漏洞、优化纳税服务具有极大的促进作用。

金税三期系统对前台和后台的硬件源配置要求较高，其中，后台资源由总局统一配备，前台 PC 机设备由各省自行解决。根据金税三期系统的技术架构特点和重庆试点运行的实际情况，前台 PC 机设备至少配备 2G 内存，才能够达到让金税三期前端系统流畅运行的

IE8 环境。但是，目前我省国税系统大量的前台 PC 机为 2006 年以前配置，设备陈旧，普遍达不到金税三期系统的性能配置要求。又由于近几年来接口技术的进步，原型号内存已经停产，无法通过扩充内存等手段对老设备进行性能升级。因此，需要进行 PC 机设备更新，据统计，全省需要更新 8 408 台。

我省作为金税三期工程的首批试点单位，保证系统顺利上线责任重大，更新前端 PC 机设尤为当务之急。按照每台 PC 机购置费用 4 000 元估算，需要投放资金 3 363.2 万元。由于我省国税系统财力紧张，特申请总局予以补助。

妥否，请指示。

××省国家税务局

2013 年 9 月 2 日

（资料来源：国家税务总局教材编写组. 应用文写作基础知识[M]. 北京：中国税务出版社，2015。）

第六节 函

知识要点

- 函适用于不相隶属机关之间商洽工作、询问和答复问题、请求批准和答复审批事项
- 函具有行文的宽泛性、内容的广泛性、写作的灵活性等特点
- 函的正文一般包括发函缘由、发函事项和结尾三部分
- 写作函时，要求行文简洁明确，措辞礼貌得体

一、函的概念

函适用于不相隶属机关之间商洽工作、询问和答复问题、请求批准和答复审批事项。函属于平行文，是不相隶属机关之间处理日常事务时常用的交往性公文。

二、函的特点

（一）行文的宽泛性

函对发文机关的使用权限没有限制，党政机关、社会团体、企事业单位，无论高层机关还是基层单位，均可使用函来发文。

（二）内容的广泛性

函广泛适用于平行机关和不相隶属机关之间的各类公务活动，可以告知有关事项，相互商洽工作、询问和答复问题、请求批准和答复审批事项，起着重要的沟通与协调作用。

（三）写作的灵活性

函的内容集中、单一而明确，篇幅随意，形式多样，语言平实，表达灵活自然，措辞可庄重严肃，可谦恭得体，也可亲切平和。

三、函的种类

（一）根据来往途径的不同，函可分为去函和复函

（1）去函。去函是向无隶属关系的有关单位就有关事项主动发出的函。

（2）复函。复函是针对对方发函事项给予答复的函。

（二）根据内容与性质的不同，函可分为告知函、商洽函、询问函、请批函和答复函

（1）告知函。告知函是向无隶属关系的有关单位告知有关事项，使对方知晓的函。

（2）商洽函。商洽函是不相隶属机关之间商洽工作、联系有关事项的函。

（3）询问函。询问函是不相隶属机关之间询问有关问题，希望对方给予答复的函。

（4）请批函。请批函是向无隶属关系的有关业务主管部门请求批准有关事项的函。

（5）答复函。答复函是不相隶属机关之间用来答复询问事项或请批事项的函。

四、函的结构与写法

函通常由标题、主送机关、正文和落款组成。

（一）标题

函的标题一般由发文机关名称、事由和文种构成，如《××县人民政府关于解决天然气用气指标的函》。另外，可以在标题的文种中直接使用“复函”，如《国家发展改革委办公厅关于对价格欺诈行为定性有关问题的复函》。

（二）主送机关

即函的主要受理机关，要顶格书写主送机关的全称或者规范化简称。

（三）正文

函的正文一般包括发函缘由、发函事项和结尾三部分。

1. 发函缘由

函的开头要开门见山，直接说明发函的缘由。首先，去函通常要概括交代发函的目的、根据、原因等，复函要先引述来函标题和发文字号，再交代根据，作为复函的缘由。然后，用“现将有关问题商洽如下”或“现就有关事项函复如下”等过渡语引入下文。

2. 发函事项

这是函的核心内容，主要说明具体的发函事项。无论是商洽工作、询问和答复问题，还是向有关主管部门请求批准事项等，都要用简洁得体的语言具体明确地表述发函事项。如果是复函，则针对询问事项或请批事项表明答复意见，态度要明确。如果内容单一简单，可采用篇段合一式；如果内容复杂，涉及事项较多，可采用分条列项式。

3. 结尾

通常以礼貌用语向对方提出希望、请求，或希望对方给予支持和帮助，或请对方予以批准等。可根据函的内容与行文对象，选择运用不同的结束语，如“特此函告”“特此函商”“请予复函”“特此函复”等。

（四）落款

在正文后的落款处，应签署发文机关名称和成文日期，并加盖印章。

五、函的写作要求

（一）行文要简洁明确

无论是去函还是复函，都应开门见山，直接入题，不必寒暄、客套。发函目的要明确，发函事项要具体，一函一事，行文简洁明了，针对性强。

（二）措辞要礼貌得体

函是不相隶属机关之间的行文，因此，行文态度要诚恳友好，措辞要简洁明快、礼貌得体，语气要谦和委婉，多用敬语，如“恳请”“承蒙”“为盼”，忌用“必须”“应该”“注意”等生硬、命令性的语言。

（三）正确使用文种

要注意请示与请批函的区别。请示与请批函都有“请求批准”的意愿，但二者适用对象不同。请示的对象是有隶属关系的直接上级，属上行文；请批函的对象是无隶属关系的业务主管部门，即对请批事项有决定权和批准权的部门，属平行文。

例文

海口市林业局关于商请拨付森林植被恢复费的函

市财政局：

为了加快推进我市超强台风“威马逊”灾后恢复工作，经局务会议研究决定，我局拟安排森林植被恢复费36万元给各区农林局，其中安排30万元用于“威马逊”灾后主要出口道路两侧受灾风倒、风折林木清理抚育，6万元用于扶持种苗基地建设（主要用于购买苗木及苗圃建设）。现商请贵局从我市历年收取的森林植被恢复费中拨付36万元给各区，其中，秀英区5万元，龙华区5万元，琼山区16万元，美兰区10万元（具体安排详见附表）。

此函。

附件：森林植被恢复费安排表

海口市林业局

2015年1月20日

（资料来源：http://www.haikou.gov.cn/pub/root9/0114/201501/t20150123_836975.htm）

相关链接

链接1

党政机关公文格式

为提高党政机关公文的规范化、标准化水平，2012年6月29日，国家质量监督检验检疫总局、国家标准化管理委员会发布了《党政机关公文格式》国家标准（GB/T 9704—2012）。该标准于2012年7月1日起正式实施。此标准是对国标《国家行政机关公文格式》（GB/T 9704—1999）的修订。

《党政机关公文格式》国家标准按照《党政机关公文处理工作条例》的有关规定，对公文用纸、印刷装订、格式要素、式样等作出了具体规定，特别是首次统一了党政机关公文格式要素的编排规则，使党政机关公文的表现形式更加规范。该标准的实施，有利于进一步提高各级党政机关公文制作水平和质量，有力推动党政机关公文处理工作实现科学化、规范化。

链接 2

公文办理

公文办理包括收文办理、发文办理和整理归档。

一、收文办理的主要程序

（1）签收。对收到的公文应当逐件清点，核对无误后签字或者盖章，并注明签收时间。

（2）登记。对公文的主要信息和办理情况应当详细记载。

（3）初审。对收到的公文应当进行初审。经初审不符合规定的公文，应当及时退回来文单位并说明理由。

（4）承办。阅知性公文应当根据公文内容、要求和工作需要确定范围后分送。

（5）传阅。根据领导批示和工作需要将公文及时送传阅对象阅知或者批示。

（6）催办。及时了解掌握公文的办理进展情况，督促承办部门按期办结。

（7）答复。公文的办理结果应当及时答复来文单位，并根据需要告知相关单位。

二、发文办理的主要程序

（1）复核。已经发文机关负责人签批的公文，印发前应当对公文的审批手续、内容、文种、格式等进行复核；需作实质性修改的，应当报原签批人复审。

（2）登记。对复核后的公文，应当确定发文字号、分送范围和印制份数并详细记载。

（3）印制。公文印制必须确保质量和时效。涉密公文应当在符合保密要求的场所印制。

（4）核发。公文印制完毕，应当对公文的文字、格式和印刷质量进行检查后分发。

三、整理归档

需要归档的公文及有关材料，应当根据有关档案法律法规以及机关档案管理规定，及时收集齐全、整理归档。两个以上机关联合办理的公文，原件由主办机关归档，相关机关保存复制件。机关负责人兼任其他机关职务的，在履行所兼职务过程中形成的公文，由其兼职机关归档。

问题讨论

一、请根据公文格式各要素的编排规则制作公文格式图。

二、请结合实例讨论会议通知正文应涵盖哪些内容并如何安排结构。

三、请分析讨论通报与通知正文内容的不同之处。

四、请结合实例分析请示与请批函的异同。

写作实践

一、请根据以下材料拟写一份公文。

共青团××省直属机关工作委员会决定组织召开2016年省直机关共青团、青年工作会议。会议时间：2016年4月11日（星期一）下午2:30。会议地点：省委综合办公业务大楼一楼一号会议室。参会人员：省直各团（工）委、团总支、团支部、青年工作委员会等团青组织班子成员。会议议程：①省直团工委副书记作2016年省直机关共青团青年工作会议报告；②指定相关单位作交流发言；③省直工委副书记讲话。请省直各单位团青组织严格按照要求组织人员参会，并协助参会人员提前安排好业务工作，确保准时参会。参会人员确定后，一律不得请假。请于2016年4月7日（星期四）前将本单位参会人数上报省直团工委。参会人员需填写并携带《2016年省直机关共青团、青年工作会议参会回执》（加盖机关党团组织公章）入场。联系人：××。联系电话：×××××××××。电子邮箱：×××××××××××。

二、请代××市人民政府拟写一份通知，将《××市城中村改造实施计划》印发给各城区人民政府，经济区管委会，市直各委、局、办，各有关单位。

三、请根据以下材料拟写一份表彰性通报。

曹××，男，汉族，1997年生，××省××市人，共青团员，××大学管理学院信息管理与信息系统2014级1班学生。2015年2月2日，××省××市清淤工人梁某在该市××小区进行井下作业时，不慎沼气中毒，小区物业许某发现后下井救人，由于作业井内空间狭窄，有毒气体浓度过大，许某未能将梁某救出，自己也因沼气中毒基本失去意识。危急关头，听到呼救声的曹××光脚冲出房间直奔楼下救人，在查看险情之后，理智的他从家中取出家传红旗旗杆深入井内，让梁某、许某二人抓住不被污水冲走，同时利用麻绳将被困二人陆续救到井外，并在救护车赶到事发地点前，对已经停止呼吸的梁某采取人工呼吸和心脏复苏等急救措施，经过十几分钟努力，使梁某成功恢复呼吸，脱离生命危险。为表彰曹××同学的先进事迹，中共××省委高教工委决定授予曹××同学“××省见义勇为优秀大学生”荣誉称号。

四、××市商务局拟向市政府就王俊等6人赴新加坡访问进行请示，请结合以下材料，代拟一份请示。

“××新加坡创意生态工业园”是××市2015年引进的重点招商引资项目，该项目由新加坡××集团投资兴建，已于2015年12月6日举行动工典礼。为进一步宣传××市的投资环境，加速推动该项目的顺利实施，在新加坡××集团的提议下，经市领导批示，由市商务局牵头与对方对接交流，已初步定于2016年6月赴新加坡开展宣传活动和海外招商推广活动。此次活动的任务包括：一是举办宣传活动开幕式，通过文字、图片和实物展示，向公众宣传介绍××市的自然、历史、旅游、文化和物产等环境；二是拜访新加坡企业发展局，洽谈进一步合作事宜；三是实地考察走访××集团等企业，进一步进行招商对接。该团一行6人，拟在新加坡停留8天，王俊的出访费用由2016年度出访专项经费承担。戴文、王仲、武军、李晓萍、王东伟的出访费用由派员单位承担。

五、请根据以下材料拟写一份公文。

根据《2014年××市本级权责发生制政府综合财务报告试编工作方案》要求，××市财政局致函××市城建集团有限公司，希望对方协助提供政府综合财务报告试编工作所需的公共基础设施资产数据，并于2015年8月16日前报送××市财政局基建处，联系人：××。随函附件为《公共基础设施资产明细表》。

第三章

事务策划文书

学习目标

事务策划文书是党政机关、企事业单位、社会团体以及个人在进行日常事务管理时所使用的文书。本章主要介绍计划、总结、策划书、申请书、推荐信的写作知识。通过学习，使学生掌握事务策划文书的写作方法与技巧，并能准确、熟练地运用其处理日常事务，为将来走上工作岗位打下良好的基础。

第一节 计划

知识要点

- 计划是党政机关、企事业单位、社会团体以及个人对未来一定时期内的工作作出安排和打算的事务文书
- 计划具有预见性、指导性和可行性等特点
- 计划通常由标题、正文和落款组成
- 写作计划时，要进行全局把握与兼顾，内容要明确具体，层次要条理清晰，语言要准确简洁

一、计划的概念

计划是党政机关、企事业单位、社会团体以及个人，在工作、学习或日常生活中，对未来一定时期内的工作作出安排和打算的事务文书。具体而言，就是机关单位或个人为做

好某阶段工作，完成某项任务，从单位和个人的实际情况出发，根据党和国家的方针、政策以及上级指示精神，事先提出工作目标和具体要求，制订相应的措施、方法和步骤，限定完成期限，以此作为未来工作或目标的实施依据与指导。制订计划，可以有效地指导和监督工作的开展，是推动工作稳步有序进行、避免盲目性的可靠保证，以期达到预期效果。

二、计划的特点

（一）预见性

计划是为做好未来工作、完成相关任务而制订的，因此，科学的预见性是制订计划的前提和特征。它要立足现在，凭借超前意识，对未来工作估计、分析，预见其发展趋势，以便作出正确决策。

（二）指导性

计划一经制订，就成为工作的方向和依据，对完成任务的实际活动起到指导、规范和约束的作用。

（三）可行性

计划是决策的载体之一，它要指挥或指导具体的行动，因此制订目标任务时要符合实际，办法措施要具体明确，切实可行，不能好高骛远，以确保目标实现。

三、计划的种类

计划是计划类文书的统称。根据不同的标准，计划有不同的种类和名称。

（1）根据内容的不同，计划可分为生产计划、工作计划、科研计划、营销计划等各种专项计划。

（2）根据性质的不同，计划可分为综合性计划、专题性计划。

（3）根据形式的不同，计划可分为文字式计划、表格式计划。

（4）根据用途的不同，计划可分为规划、纲要、方案、要点和安排等。这几种计划所涉及的范围大小、内容详略、时间长短是有区别的。

规划是就全局性工作从宏观上作出的比较全面长远的发展计划，是具有战略指导意义的总体设计或部署，具有整体性、长期性、基本性的特点。规划的规模宏大，涉及面广，概括性强。

纲要是指对一个较大范围内的某一项工作作出的总体计划，内容比较概括。

方案是对未来某一时期内重要的专项工作作出全面部署与安排的计划。方案的内容更全面具体，而且具有较强的操作性或实施性。

要点是对一定时期内的全局工作或专项工作所作的提纲式的简要安排。要点的内容简要明确，指导性强，便于执行，有利于事后检查。

安排是指对短期内所做工作进行具体布置实施的计划，涉及时间较短，范围较小，内容更加具体明确，便于执行。

四、计划的结构与写法

计划通常由标题、正文和落款组成。

（一）标题

计划的标题通常由单位名称、时限、内容和文种组成，如《中国人民银行××支行 2015 年工作计划》。专题计划的标题可以采用新闻式标题，如《加强就业指导，提升就业能力——××大学 2015 年毕业生就业工作计划》。

（二）正文

计划的正文一般包括开头、主体和结尾三部分。

1. 开头

开头，即前言，是计划的灵魂和总纲，主要解决“为什么做”的问题。一般先概述制订计划的目的、依据、背景、意义，交代制订计划的指导思想、总目标或总任务，介绍本单位的基本情况等，然后以“特制订计划如下”等作为过渡语，引出主体内容。

2. 主体

主体部分是计划的核心，是正文的主要组成部分，主要解决“做什么”和“怎么做”的问题。一般要具体明确地体现计划的内容，主要包括：①目标任务——“做什么”，即某一时段内要完成的工作任务；②方法措施——“怎么做”，要写清楚采取何种办法，利用什么条件，由何单位何人具体负责，如何协调配合完成任务；③实施步骤——“何时完成”，即写明实施计划的时间安排和工作进度，可分阶段或按步骤具体说明目标实施情况。目标任务是计划的中心和目的，而方法措施和实施步骤是实现目标任务的保证和关键。安排写作内容时，可以将目标任务、方法措施、实施步骤分开来写，也可以将措施和步骤放在一起写。

3. 结尾

结尾部分可以说明计划的执行要求，也可以提出号召和希望，展望计划实施的前景。也可以在主体内容之后就结束全文，不写专门的结尾部分。

（三）落款

在正文右下方写明单位名称和日期。如果计划作为文件发送，还要加盖公章。

五、计划的写作要求

（一）要从实际出发，进行全局把握与兼顾

制订计划，要树立全局观念，要将现实与未来相结合，既要实事求是地分析现实条件，也要科学客观地估计未来的情况。另外，要深入调查研究，集思广益，兼顾计划的可行性和预见性，以保证计划的认同度和可实施性。

（二）内容要明确具体，忌空洞含糊

计划的目标任务、措施、步骤等都要写得明确具体，切忌笼统含糊、模棱两可，以免造成理解不一，贻误工作。目标任务要清楚明确，确定重点，分清主次；方法措施要具体、全面、得力，便于落实；实施步骤要进程明确，稳妥有序。

（三）层次要条理清晰，语言要准确简洁

制订计划时层次要条理清晰，重点突出，主次分明，可使用分条列项的形式，使文章结构提纲挈领，一目了然；语言要准确、简洁、平实，尽量不用修辞手法。

（四）留有余地，忌满打满算

计划是预先制订的行动方案，目的在于使行动更具有目标性和参照性，但有时制订计划的主客观条件可能发生变化，因此，制订计划时，不要太满、太紧，要务实、谨慎，留有余地，使计划有一定的机动性，以便在执行中及时作出调整与补充。

例文

利川市经济和信息化局2015年政务公开政务服务工作计划

按照《市政府办公室关于印发2015年全市政务公开政务服务工作计划的通知》（利政办发〔2015〕10号）要求，结合我局实际，制订本工作计划。

一、总体要求

深入贯彻党的十八大和十八届三中、四中全会精神，按照党中央、国务院和省、州、市有关工作部署和要求，坚持“以公开为常态、不公开为例外”原则，围绕服务中心、服务大局、服务发展、服务群众，进一步强化改革创新精神，落实全面深化改革任务，深入推进依法行政，强化制度机制建设，夯实各项基础工作，分类深化各领域尤其是重点领域的政府信息公开，加强和规范政务服务体系建设，不断提升政务公开的质量和时效，提供让人民群众满意的政务服务。

二、主要任务

（一）全面推进政务公开，提升职能部门公信力

1. 深入推进主动公开工作。局机关各股室队要认真落实《中华人民共和国政府信息公开条例》，着力加强单位信息公开保障制度和长效机制建设，围绕决策、执行、管理、服务、结果等重点环节，将需要公开的政务信息及时报局办公室，由信息公开工作人员依法、主动、全面、及时地做好信息公开。

2. 深化重点领域公开工作。深入推进行政权力运行、财政资金使用、公共资源配置、重大项目建设、公共服务提供、公共监管处置和行政执法公示等重点领域的公开工作，进一步细化、深化公开内容，做到简洁明了、通俗易懂、查询便捷，以重点领域的突破带动全面公开工作，实现行政权力的动态清单管理和网上公开透明运行，大力推进与人民群众生产生活密切相关的信息公开，提升便民服务公开的信息化水平。

3. 大力推进公开平台建设和资源整合。进一步加大信息公开平台建设和各类信息资源整合工作力度，深入贯彻落实《国务院办公厅关于加强政府网站信息内容建设的意见》，充分发挥利川经信网“公开第一平台”的作用，推进信息公开目录系统建设，健全信息内容建设协调机制，规范信息公开栏目设置，增强与社会公众的互动交流，推进信息公开平台与政务服务平台间信息资源互通整合，实现政务平台的集群建设和联动效应。切实做好国务院、省、州、市重要政策信息及时转载，并组织开展政策解读等工作。

4. 不断规范依申请公开工作。针对依申请公开工作面临的新形势、新情况和新特点，不断完善信息公开申请办理程序，制订受理、办理、审核、答复以及归档等各个环节的工作规范，明确各环节责任主体和办理时限，依法依规满足群众的各类信息需求。积极拓展依申请公开的受理方式，畅通信函、传真、电子邮件、网上平台、政务服务窗口等受理渠道，方便群众提出申请。同时，按程序主动公开相关政务信息。

5. 着力加强公开制度机制建设。局办公室协调行政审批股认真组织落实政务公开和政务服务相关制度，推进健全完善公开属性源头认定、保密审查、发布协调、解读回应、数据统计、行政监督、投诉处理等制度机制，加强公开工作的监督检查和考核评价，做好

与依法行政、绩效管理等工作的衔接，为全面深化政务公开提供有力有效的制度保障。

（二）加强政务服务建设，改革创新提效能

1. 坚持依法审批，确保程序合法。依照“依法整合、审管分离、精简效能、积极稳妥”的原则，做到“公开、规范、高效、廉洁”。

2. 大力推进政务服务标准化建设。按照服务质量目标化、服务方法规范化和服务过程程序化的要求，深入推进办理环节精简合并和流程再造，强化服务标准的培训和执行管理。按照上级统一安排部署，推进政务服务标准化建设。

3. 加强政务服务，促进效能建设。推进政务服务体系的一体化建设和协同运行，加强政务服务建设，打通服务群众的“最后一公里”，提升综合办事服务水平和能力。加强政务服务管理制度建设，推行“首问负责”“一次性告知”“限时办理”等工作机制，建立完善内部监督和社会监督机制，积极创建政务服务特色品牌。

三、工作保障

（一）加强组织领导。进一步增强使命感、责任感和紧迫感，做好新形势下的政务公开和政务服务工作。成立以党组书记、局长为组长，分管领导为副组长，各股室队负责人为成员的领导小组，严格落实主要领导作为第一责任人，分管领导亲自抓督促、抓协调、抓落实，建立领导机制，健全工作机制，定期听取工作情况汇报，及时研究和解决存在的问题。

（二）加强协调配合。加强对推进政务公开和政务服务工作的统筹协调，各股室队要主动开展工作、细化落实具体措施，相互支持、密切协作，确保工作落实和有序推进。

（三）加强队伍建设。各股室队要坚持把事业心强、业务素质高的人员充实到政务公开和政务服务队伍里来，采取多种方式加大对有关负责人和具体工作人员的理论及业务培训，提升思想认识水平、政策把握能力和具体实施技能，同时要加大政务公开和政务服务工作的宣传力度，及时总结推广在实践中形成的新做法、新经验，树立先进典型、提升整体形象，锻造一支符合新形势要求的政务公开和政务服务工作专业队伍。

利川市经济和信息化局

2015 年 5 月 5 日

（资料来源：http://www.lc-news.com/art/2015/6/10/art_2130_221754.html）

第二节 总结

知识要点

- 总结是单位、部门或个人对过去一段时间的实践活动进行回顾反思、分析评价，从中找出经验教训和规律性认识的事务性文书
- 总结具有客观性和理论性等特点
- 总结通常由标题、正文和落款组成
- 写作总结时，要深入调研，实事求是；发掘特点，探究规律；叙议结合，详略得当

一、总结的概念

总结是单位、部门或个人对过去一段时间的实践活动进行回顾反思、分析评价，从中找出经验教训和规律性认识的事务性文书。总结的目的是要通过实践，肯定成绩，发现问题，从中吸取经验教训，掌握事物的发展规律，以指导今后的实践活动。

二、总结的特点

（一）客观性

总结是对前一段工作或实践活动进行的全面回顾、检查，因此，总结的观点和结论必须从客观实践中归纳和提炼而来，必须以客观事实为依据，所列举的事例和数据必须完全可靠，不允许虚构和编造，否则便失去了指导今后实践工作的意义。

（二）理论性

总结是对自身实践活动的本质概括和理性认识，是将实践中获得的感性认识上升为理性认识，因此，通过总结，发扬成绩，吸取教训，找出带有规律性的认识，这样，才能提高认识，更好地指导今后的实践活动。

三、总结的种类

根据性质和内容的不同，总结可分为综合性总结和专题性总结。

（1）综合性总结。综合性总结又叫全面性总结，指针对本单位或部门在一定时期内的所有工作进行全面的回顾与总结。一般而言，综合性总结时间跨度长，涉及范围广，包含内容多。

（2）专题性总结。专题性总结指单位或部门针对某一单项工作或特定任务进行专门性的回顾与总结，特点是突出“专”字，其主题与内容的针对性要强。

四、总结的结构与写法

总结通常由标题、正文和落款组成。

（一）标题

总结的标题通常由单位名称、时限和文种组成，多用于综合性总结，如《××省教育厅 2015 年度工作总结》。也可以使用新闻式标题，多用于专题性总结，有单标题和双标题两种形式，主标题概括文章的内容或基本观点，如《股份制使企业走上成功之路》《多种渠道集资，积极改造旧城——××市道路建设经验点滴》。

（二）正文

总结的正文一般包括开头、主体和结尾三部分。

1. 开头

开头，也叫前言，通常要指出“做了什么”，即简明扼要地概述基本情况，交代背景，点明主旨或说明成绩，为主体内容的展开做必要的铺垫。

2. 主体

这是总结的核心内容，通常要指出“怎么做的”“做得怎样”，其内容包括基本做法、成绩经验和存在问题等。这一部分要求在全面回顾工作情况的基础上，深入具体地分析做了哪些工作，采取了哪些措施，取得了哪些成绩，主客观原因是什么，有哪些体会，存在哪些问题与不足，从而揭示工作发展中的客观规律。

不同类型的总结，内容可以有所侧重，灵活安排。综合性总结，主体部分的三方面都要体现，可以侧重前两方面；介绍经验的总结，要侧重“谈做法”“讲收获”，由此，自然地得出经验与体会；反映问题的总结，要重点分析存在的问题、主客观原因，以及由此得出的教训。

3. 结尾

这部分要简洁明了地说明今后的工作打算和努力的方向。

总结的正文，主要采用以下两种逻辑结构形式：一是将总结的基本情况概述、基本做法、成绩经验、存在问题和努力方向等内容作为基本层次与线索，依次进行具体介绍与分析；二是概述基本情况后，把工作内容分成若干方面，每方面同时融进相应的做法成绩、经验体会等，这样分条列项，依次进行分析总结。

（三）落款

在正文右下方写明单位名称和日期。如果总结作为文件发送，还要加盖公章。

五、总结的写作要求

（一）深入调研，实事求是

在写作总结之前，要实事求是地全面考察工作情况，广泛占有事实材料。在此基础上，严肃认真地进行研究和分析，如实总结工作中的成绩、经验和不足，从而得出客观、正确的结论。

（二）发掘特点，探究规律

总结是在对广泛占有的事实材料分类归纳的基础上，进一步辨析事物发展的客观规律，筛选主题，从中悟出经验性、理论性的认识和体会。因此，写作者要从分析研究客观实际问题和事实入手，找出取得成绩的原因和存在问题的根源，从而总结出事物的本质规律，以指导今后的工作。

（三）叙议结合，详略得当

写总结，要做到观点鲜明，论据典型，叙议结合。通常，介绍工作情况与基本做法、列举典型事例时，以叙述为主；分析经验教训、指明努力方向时，则多发议论。因此，总结应当做到由观点统帅论据，由论据说明观点，二者和谐统一。

（四）明了关系，区分本质

总结和计划有着辩证又统一的关系，既有联系又有区别。计划和总结往往相互依存，互为参照。计划是总结的前提和依据，也是总结进行分析评价的对象。总结是对计划执行情况的回顾、分析和检验，也是制订下一步计划的依据。但是，二者并不是简单的循环往复，而是在认识与实践的基础上不断地升华。二者的区别体现在：计划是事前制订的，重点在工作安排，要说明“为什么做”“做什么”“怎么做”等，其内容是工作的目标任务以及为完成任务而采取的方法措施；而总结写在工作之后，重点在工作回顾，要说明“做了什么”“怎么做的”“做得怎样”等，其内容是对工作完成情况进行分析评价。

例文

广东省审计厅2015年政府信息公开工作总结

2015年，根据《中华人民共和国政府信息公开条例》和审计署《审计机关政府信息公开规定（试行）》的规定，省审计厅按照《广东省贯彻落实国务院办公厅2015年政府信息公开工作要点分工方案》（粤办函〔2015〕248号）提出的工作要求和任务，加强领导，健全制度，明确分工，提升效率，较好地完成了今年的政府信息公开工作。

一、进一步拓展审计信息公开的广度和深度

按照党中央、国务院提出的要求，以及对公共资金、国有资产和国有资源以及领导干部履行经济责任情况实行审计全覆盖的指示精神，省审计厅加大审计资源整合创新力度，注重运用审计信息化技术方法，不断扩大审计覆盖面，有效提升审计监督效能，拓展审计信息公开的范围和深度。

2015年7月，省审计厅受省政府委托，向省人大常委会作2014年度省级预算执行和其他财政收支审计工作报告，并同步在政府网站上公布审计报告，内容包括政府全口径预算管理审计、税收征管审计、省直部门预算执行审计、稳增长促改革调结构惠民生防风险政策措施落实跟踪审计、重点投资项目审计、重点民生项目审计等相关审计结果情况，有力地促使被审计单位做好审计整改措施落实工作，增强了审计工作的整体效能和威慑力。同时还在政府网站上发布了预算执行和其他财政收支审计工作报告解读，确保审计信息得到全面、准确的理解和传递，回应社会和人民群众对审计工作的关切。

2015年11月，受省政府的委托，省审计厅向省人大常委会作《广东省人民政府关于2014年度审计发现问题的整改情况报告》，进一步推进审计整改工作制度化、规范化、长效化，增强审计监督的针对性和实效性。我厅在政府网站上同步公布了整改情况报告的重点内容，根据目前对整改情况的初步统计，各被审计单位已经按要求上缴财政资金0.69亿元、归还原渠道资金10.26亿元、规范财务资金55.57亿元、下达和拨付项目资金8.97亿元，按照审计意见完善内部管理制度148项、处理相关责任人80人次。

在向省人大常委会作2014年度省级预算执行和其他财政收支审计工作报告、审计发现问题整改情况报告的同时，向社会同步公开两份报告的重点内容，此外，还公告了广东省对口支援新疆喀什地区发展资金和项目跟踪审计、世界银行贷款项目审计、全球环境基金赠款项目审计、亚洲开发银行赠款项目审计等共 13 份审计结果报告，不断提高审计信息公开的范围和质量，更好地发挥审计监督的社会影响力。

二、继续努力做好审计信息公开的日常管理工作，提供良好服务

省审计厅坚持依法办事，认真受理审计信息依申请公开、网上办事服务、审计信息咨询、信访举报等信息公开事项。今年以来共受理政府信息依申请公开 8 例、网上信息咨询 37 例、信访举报 122 件、发布审计信息 77 条，加大对宏观政策、审计业务的宣传力度，在政府网站上推送党委、政府和上级审计机关等相关资讯近 500 条。

在做好政府信息公开工作的过程中，我厅坚持做到：一是对属于省审计厅职责和政府信息公开范围内的依申请公开事项，按照政府信息公开条例和省政府制定的操作规程要求，认真办理申请回复；二是对不属于省审计厅职责范围内的依申请公开、信息咨询、信访举报等事项，以及不符合政府信息公开程序要求的申请，耐心细致地向申请人作解释说明工作，或者要求补充提供相关资料，最大限度满足申请人的需求；三是坚持依法、文明办理政府信息依申请公开、信访举报、信息咨询等业务，所有申请事项均在法律法规规定的期限内及时回复，未向申请人收取任何费用。

三、下一步工作计划

2016 年，省审计厅将按照政府信息公开条例的要求和省政府的工作部署，加强组织领导，进一步完善工作机制，增强信息公开力度，进一步拓展审计信息公开范围，提升信息公开质量，依法依规受理政府信息依申请公开事项，认真办理审计信访举报、审计信息咨询等信息公开工作，积极回应人民群众对审计工作的关切和要求，更好地发挥审计监督服务社会经济发展的作用。

（资料来源：http://zwgk.gd.gov.cn/006940028/201601/t20160126_640965.html）

第三节 策划书

知识要点

- 策划书是指为了达到一定目标而进行的创造性设想与构思，并形成系统而完整的方案的书面材料
- 策划书具有创新性、谋划性、可行性和整合性等特点
- 策划书通常由标题、正文和落款组成
- 写作策划书时，主题要鲜明，方案要具体、周全

一、策划书的概念

策划就是策略、谋划，是指为了达到一定目标，在调查、分析有关材料的基础上，遵循一定的程序，对未来某项工作或事件事先进行系统的、全面的构思、谋划，制订和选择合理可行的执行方案，从而实现预期的利益目标。这种为达到一定的目标而进行的创造性设想与构思，并形成系统而完整的方案的过程，就是策划，它的书面表达，就是策划书。随着社会经济的发展，策划活动有了更广泛的内涵，被赋予了更为广阔的新的意义。现在一般意义上的策划，是指人类为达到某种目的，利用自己的智慧所采取的一种策略或谋划手段的过程。

二、策划书的特点

（一）创新性

概念创新和理念创新是策划的本质特征。只有具有一定的理念创新，才会提出独树一帜的构思与设计理念，所提出的策划方案才会具有一定的创造性和独创性，才会用最少的成本实现利益目标的最大化，实现显著的社会效益或经济效益。策划的“点子”（创意）新、内容新、表现手法新，才能给人以全新的感受。因此，创新性是策划的本质特征，新颖的创意是策划书的核心内容。

（二）谋划性

行动方案的形成，离不开完美的设计与构思，而构思的过程，则是充分地运用人类的智慧、知识、经验进行运筹帷幄，综合谋划的过程。所谓策划，也就是人类的智慧与谋略在行动方案中的体现。因此，离开了人类的智慧与谋略，策划活动便失去了智力支持，便也不会有所谓的策划。

（三）可行性

策划方案中目标的提出，既要符合一定的客观实际，又要符合自身的主观能力；行动方案的提出，也要对各种主客观因素、有利和不利条件进行充分地考虑；同时要对行动过程中的一些发展趋势做出客观、准确的预测与判断，并提出相应的预案。只有这样，策划方案才具有一定的可行性，也才有存在的意义。不可行的方案，创意再好也无任何价值。

（四）整合性

策划，就是运用一定的谋略，把各种因素、资源进行有效的整合，并进而优化组合。

只有把各种资源进行有效的整合，才能聚集最大的能量，也才能让各种资源发挥最大的效益。各种资源是策划的物质基础，没有资源策划就失去了物质基础。但没有资源的整合，行动就会失去合力，策划目标的达成就失去了依托。

三、策划书的种类

策划书按不同的标准，可以分为不同的种类。按策划书的内容分，有政治策划书、军事策划书、文化策划书和企业策划书等。其中各类根据具体的活动内容和策划项目，可以分为若干小项的策划项目，如文化策划书可分为影视策划书、图书出版策划书、文艺演出策划书、节日庆典策划书和旅游活动策划书等；企业策划书可分为产品策划书、广告策划书、项目策划书、营销策划书、企业公关策划书和企业形象策划书等。

四、策划书的结构与写法

策划书通常由标题、正文和落款组成。

（一）标题

策划书的标题有两种形式：一是单标题形式，如《××大学××活动策划书》；二是双标题形式，正标题提示策划名称，副标题提示策划的主题或内容。但不论哪种形式的标题，都要求尽可能具体地写出策划名称。

（二）正文

策划书没有固定的写作模式，一般情况下，一个策划书的内容要和所要策划项目的构成要素（内容）保持一致，通常包括以下内容：

1. 活动背景

要概括描述举办活动的背景，包括政治、经济、社会、环境、历史、现状等背景，背景的描述不需要面面俱到，但要根据活动的内容有针对性的描述。活动背景是举办活动的外在条件，也是举办活动的前提和最基本条件。

2. 活动的原因、目的和意义

要概括描述举办活动的原因、目的和意义。原因和目的是举办活动的内在推动力，意义是举办活动的外在推动力，包括举办活动所产生的社会利益、经济效益和媒体效应等。原因、目的和意义的描述不需要面面俱到，而是应根据活动的内容选择性地描述。

3. 活动负责人及主要参与者

要注明组织者、参与者及嘉宾的姓名、单位、职务和联系方式等。

4. 策划目标及预期效果描述

不论什么内容的策划，一定要有目标，没有目标，策划就失去了方向。策划目标要具体化，并需要满足重要性、可行性、时效性；预期效果描述也必须具体化。只有这样，策划方案才有通过的可能性，也才有实施的必要性。

5. 资源需要明细

要详细地列出所需人力资源和物力资源，包括已有资源和需要有关部门协调支持的资源两部分，同时要列出资源整合的具体办法。资源是完成策划目标的物质基础，资源整合才能使资源的作用最大化，也才能为完成策划目标起到物质保障作用。

6. 策划的具体内容

这是策划的核心部分，表现方式要简洁明了，使人容易理解，但表述方面要力求详尽，写出每一点能设想到的东西，没有遗漏。在此部分中，不仅仅局限于用文字表述，也可适当加入统计图表等；对策划的各工作项目，应按照时间的先后顺序排列，绘制实施时间表有助于方案核查。人员的组织配置、活动对象、相应权责及时间地点、执行的应变程序也应该在这部分加以考虑。

7. 经费预算

对开展活动所需的各项费用，要根据实际情况进行准确的预测和周密的计算，并用清晰明了的形式列出。

8. 活动中应注意的问题及细节

内外环境的变化，不可避免地会给方案的执行带来一些不确定性因素，因此，当环境变化时，是否有应变措施、损失的概率是多少、造成的损失有多大、应急措施等也应在策划中加以说明。

9. 可行性分析

要对影响方案结果的各种因素进行综合考虑，从而对策划方案的可行性做出准确的预测和客观的描述。可行性是方案得以通过有关部门评审和实施的基本前提，因此，要客观地分析，准确地描述，以供有关部门参考。

（三）落款

策划书的落款包括以下两部分内容：

1. 策划人

要注明策划人的姓名、单位、职务和联系方式等，如果是小组策划，则应注明小组名称、负责人姓名和职务、联系方式等。

2. 策划日期

注明策划书编制完成的日期即可，有时候策划书除注明完成的日期外，还要注明修订的日期。

五、策划书的写作要求

（一）主题要鲜明

进行策划活动的时候，首先要确定策划的主题。主题是策划活动的灵魂和统帅，是策划活动的方向和指南。只有确定主题后，使主题鲜明、明确，才会给策划活动以生命。主题不明确、不单一，就会使策划活动的构思与设计变得杂乱而无序，传达给公众的信息也是零乱的，不明确的，策划活动就失去了意义。

（二）方案要具体

策划活动的根本目的是围绕目标，运用一定的智慧与谋略，提出一整套的行动方案，从而达到目标。策划方案是要实施的，因此，一定要具体，要容易操作与执行。方案越具体，越明晰，执行起来越容易，会有助于目标的完成与实现。因此，方案要切忌空洞化、抽象化、理论化。

（三）方案要周全

一个完美的策划方案，除了要主题鲜明、方案具体外，还要求方案周全。策划活动内容时，要考虑周全，要把活动的时间、方式、地点、人员、场地、环境等情况进行仔细地分析，要充分地考虑各种主客观条件、各种有利因素和不利因素，对活动中的一些突发事件要有前瞻性的预判，要有应急性的预案。总之，只有方案周全，才能保证活动的顺利实施，也才能保证目标的实现。

例文

社会实践策划书

——××科技大学“西部之旅”赴××实践团

暑期社会实践活动策划书（摘选）

一、前言

西部大开发战略开始以来，中国的西部成了祖国经济发展和社会进步的主战场，也是有理想、有抱负的青年去施展才华的地方。许多大学生利用暑假时间，去西部地区进行考察调研、志愿服务等社会实践活动。他们不畏艰苦，积极了解和研究西部，对当代大学生新世纪人才培养及开发大西部具有重大意义。

我们在团中央关于大学生社会实践的号召下，在××科技大学“学风严谨，崇尚实践”优良传统的感召下，作为务实创新的一代科大学子，继承和发扬科大传统，把握时代精神和当代使命，决定于2014年暑期组团到西部大开发背景下的××省××市进行社会实践。我们将考察××的城市规划情况、经济文化发展前景、教育状况、体制建设等问题，了解实际情况，发挥专业特长，进行力所能及的科技、文化、卫生“三下乡”活动，真正做到“实践长才干，实践出真知”，服务社会，服务人民。

二、考察主题

1. ××城市规划（包括交通、环境污染、道路规划等）；
2. ××的饮食文化（××小吃等）；
3. ××的人才战略（包括高等教育、人才市场、投资及创业环境、政策激励等）；

……

三、考察方法

1. 访谈、阅读文献与观察相结合；
2. 抽样调查与个案调查相结合；
3. 点面结合、高层访谈与基层座谈、城市考察与景点考察、典型性与普遍性相结合；

……

四、团队构成

实践团队由一名指导老师、一名团队负责人、六名队员构成。指导老师不随队进行实践。

指导老师：×××教授　环保学院××主任

团队负责人：××　环保学院2013级本科生

队员：×××　环保学院2013级本科生

……

五、日程安排

第一阶段：7 月 16～21 日

地点：北京

准备实践所需要的物品（日常用品、宣传单、调查问卷等）。

利用北京雄厚的资源背景，走访有关专家学者、研究机构、政府机关、社团团体和××驻北京办事处，了解有关知识，拟定考察方法，修整和细化考察计划，初步收集资料，联系实践单位。

第二阶段：7 月 22～26 日

地点：××

对××的资源、经济、教育、文化等各方面进行全面考察，走访有关专家学者、研究机构（社科院）、政府机关（××市城建局、××市环保局、××市水利局、××市教育局等）、社会团体和高校（××大学等）。

第三阶段：7 月 26～28 日

地点：××

对有代表性的单位进行重点个案考察，对××工人文化宫等进行参观调研。

第四阶段：8 月 1 日左右

基本完成实践任务，团队成员总结整个实践工作，交流心得体会，完成实践报告，形成暑期社会实践成果。

第五阶段：8 月 7 日之前

将实践相关总结资料（实践报告、采访录音、DV 拍摄的视频、新闻稿等）通过电子邮箱传回校团委实践部。并同时将新闻稿发往大学生社会实践网。

注：实践每一阶段结束后，我们会开阶段总结会，进行总结交流，并规划后一阶段的实践任务。

六、经费预算

车费：287 元/人（火车）、60 元/人（汽车）、10 元/人（公交车），共 2 499 元

吃、住费用：560 元/天（每人每天 80 元），共 4 480 元

调查问卷：200 份，共 30 元

笔记本和笔：若干，共 40 元

药品购置费：共 40 元

胶卷、冲洗及电池费用：共 70 元

其他：共 210 元

总计：7 369 元

七、可行性分析

根据实践活动所需，已做好以下准备：

1. 已对实践地点做了充分的了解；

2. 已联系好需要走访的××大学、××市环保局等单位，还有部分单位正在联系中；

3. 已设计好所需的调查问卷和宣传单；

……

综上，我们已对实践需要面对的问题做了充分的准备，认为此实践项目具有可行性。

八、活动要求

1. 在实践过程中，严格按照《安全预案》中一致通过的要求进行社会实践；

2. 本次实践活动以自愿参加为原则，队内的任何决议均由团队内部民主确定；

3. 本次实践活动中，队员要对自己的职责尽心负责，及时完成分配的任务，队员之间要相互协作；

……

九、联系方式

指导老师：×××主任　139××××××××

团队负责人：×××　138××××××××

十、策划者姓名

黄健　××科技大学环保学院 2013 级本科生

陈明　××科技大学管理学院 2013 级本科生

十一、策划日期

2014 年 6 月

第四节 申请书

知识要点

- 申请书是个人或集体向组织、机关、企事业单位或社会团体表述愿望、提出请求时使用的一种文书
- 申请书具有请求性和广泛性等特点
- 申请书通常由标题、称谓、正文和落款组成

➤ 写作申请书时，内容要真实，表达要诚恳，格式要规范

一、申请书的概念

申请书是个人或集体向组织、机关、企事业单位或社会团体表述愿望、提出请求时使用的一种文书。申请书是一种专用书信，它同一般书信一样，也是表情达意的工具。

二、申请书的特点

（一）请求性

“申请”，顾名思义，是申述自己的理由有所请求的意思。无论是个人在政治生活上入团入党的申请，或者个人、单位在其他方面的申请，均是一种请求满足要求的公用文书。所以请求性是申请书的基本特点。

（二）广泛性

申请书的使用非常广泛，几乎有关工作、生活的方方面面，都经常会使用到申请书，如加入党、团等组织需要写申请书；结婚、离婚要写申请书；调动工作要写申请书等。

三、申请书的种类

（1）根据申请者的不同，申请书可分为个人申请书和单位、集体公务申请书。

（2）根据解决事项内容不同，申请书可分为入团申请书、入党申请书、困难补助申请书、调换工作申请书、建房申请书、领证申请书、承包申请书、贷款申请书等。

四、申请书的结构与写法

申请书通常由标题、称谓、正文和落款组成。

（一）标题

申请书的标题通常有两种写法：一是直接写“申请书”；二是在“申请书”前加上具体的申请内容，如“入党申请书”等。

（二）称谓

称谓应顶格书写，写明接受申请书的单位、组织或有关领导。

（三）正文

申请书的正文一般包括开头、主体和结尾三部分。

1. 开头

首先提出要求，同时说明写此申请书的意图。

2. 主体

这一部分是申请书的展开部分，要针对具体情况需要，说明理由。理由要写得客观、充分，事项要写得清楚、简洁。

3. 结尾

申请书一般用“特此申请”“恳请领导帮助解决”“希望领导研究批准”等惯用语作结，也可用“此致”“敬礼”等礼貌用语作结。

（四）落款

个人申请要写清申请者姓名，单位申请写明单位名称并加盖公章，然后注明日期。

五、申请书的写作要求

（一）内容要真实

写申请书时，要本着实事求是的原则，严肃认真地对待。申请书所写的内容要真实，不应为了达到某种目的，而歪曲或者捏造事实，甚至提出一些非分的要求。内容真实是申请人应该具备写作的基本素质之一。

（二）表达要诚恳

表达诚恳是一份好的申请书的最基本条件。只有做到表达真诚、恳切，恰到好处，才能打动人心，并最终达到申请的目的。但这种诚恳，是有原则、有分寸的，决不是低三下四乞怜，也不能语气生硬，强加于人，这样做非但于事无补，反而还会适得其反，起负作用。

（三）格式要规范

申请书有固定的格式，书写时应遵循格式，不宜自己随意创造。否则，容易使所要表达的内容混乱，影响申请的效果。特别是在现代社会中，各种各样的申请书举不胜举，无规矩难以成方圆，只有遵循一定的规则、格式，才能使申请书在表现形式上尽量达到完美。

例文

大学生入党转正申请书

敬爱的党组织：

2015年×月×日，经党组织批准，我成为一名光荣的中国共产党预备党员。一年来，在组织的培养教育下，我认真按照党员的标准严格要求自己，在思想政治、工作和学习上都取得了进步。预备期已满，我郑重向党组织提出转正申请。在一年的预备期中，我在党组织的严格要求下，在支部党员的帮助教育下，不管政治上、思想上都取得了较大进步。特别是通过参加党内一系列活动，不但加深了我对党的性质、宗旨的熟悉，更增强了本身的党性修养。在党组织的培养教育下，我一直都按照一名正式的党员来严格要求自己，努力学好专业知识的同时，还加强政治理论的学习。回顾这一年来的学习情况，我的收获是很大的。为了便于党组织对我的考核审查，我将自己一年来的情况向组织汇报如下：

一、在思想政治方面

我明确了作为一名中国共产党党员，必须把实现共产主义的远大理想与学习、工作的实际紧密结合起来。成为一名中国共产党预备党员之前，我觉得做一名中国共产党党员要有远大的理想，要有为共产主义奋斗毕生的信念，但如何把远大的共产主义理想体现在现实生活中，当时不是十分清楚。成为一名中国共产党预备党员以后，经过党组织一年来的教育帮助，我逐渐认识到对学生党员来讲，端正态度，刻苦学习，更多地把握科学本领，就是把远大的共产主义理想与现实生活结合的最好方式。因此，我除努力学好学校规定的各门学科外，还紧密结合所学专业，选修有关课程，拓展知识领域，为将来步入社会打下坚实的基础。

二、在学习方面

作为学生，我们必须牢记自己的使命，好好学习。在这一年中，我努力调剂来适应新的学习环境，并尝试浏览专业之外的书籍，以扩大自己的视野，这对提高自己的学习能力有很大的帮助。

三、在生活实践方面

在生活上，我牢记我们中华民族艰苦朴素、勤俭节约的良好传统，不与他人盲目攀比，并努力培养良好的生活习惯。作为一名主要的学生干部，在工作中我严格以中国共产党党员的标准要求自己，牢记入党誓词，克服并纠正本身存在的一些毛病，踏实肯干。作为院学生会团委第二副书记，我积极做好学院社会实践工作，特别是通过分管的青年志愿者服务中心，多次做义工。

通过工作和学习的锻炼，我进一步明确了作为一名合格的中国共产党党员，必须坚持立党为公，执政为民，不断提高为人民服务的本领。这一年来，我认真学习科学文化知识，接受系统的党内思想教育，个人的综合素质有了较大的发展，但我依然存在缺点和不足：一方面，理论学习还不够深入。由于平时作业较紧，我只重视了文化知识的学习，忽视了政治理论的学习。另一方面，在处理解决问题时，还不能做到全面周到。对自己的缺点与不足，我将在今后努力加以改正。

我热切地期盼着早日成为一名正式的中国共产党党员，请党组织批准我的请求。我会继续努力学习，全面进步，全心全意为人民服务，使自己真正成为一名能承受任何考验的中国共产党党员。

此致

敬礼

申请人：×××

2016 年×月×日

（资料来源：http://www.liuxue86.com/a/2675731.html，有删改）

第五节 推荐信

知识要点

- 推荐信是一个人为推荐另一个人去接受某个职位或参与某项工作而写的信件
- 推荐信具有举荐贤能性和公私兼顾性等特点
- 推荐信通常由标题、称谓、正文和落款组成
- 写作推荐信时，要尽快起草，要给推荐人提供充分的信息，内容要简短有力

一、推荐信的概念

推荐信是一个人为推荐另一个人去接受某个职位或参与某项工作而写的信件。特定含义下指本科生或硕士研究生到其他（一般是国外）大学研究生院攻读硕士或博士学位时，请老师所写的推荐信。一般来说，美国的研究生院要求提供三封推荐信，推荐人应该熟悉学生，并且有一定知名度。

二、推荐信的特点

（一）举荐贤能性

推荐信是向用人单位介绍、荐举自己或自己了解的优秀人才，使有才能的人能够为用人单位所用，为社会造福。一个没有才能的人既不可能有自荐的信心，同时也不会得到别人的信任而受到举荐。

（二）公私兼顾性

推荐信无论是以单位名义发文，向有关单位推荐人才，或是以个人名义向组织推荐或向个人推荐人才，这其中均有举荐人才，公私兼顾的特点。从某个角度来说，推荐信可以认为是一种私人之间的通信。凡是推荐人均希望自己的推荐可以成功，得到承认。

三、推荐信的结构与写法

推荐信通常由标题、称谓、正文和落款组成。

（一）标题

推荐信的标题一般直接标明文种，在首页上方居中写明“推荐信”即可。

（二）称谓

推荐信要在标题下左侧顶格书写收信方领导的姓名和称呼或只写对方领导的职务，如“尊敬的××校长”。

（三）正文

推荐信的正文一般包括开头、主体和结尾三部分。

1. 开头

要介绍推荐人的身份，以及推荐人与被推荐人之间的关系，同时说明写此信的意图。开头还可以先问候一下对方，略叙思念之情，也可以开门见山直说其事，这要视推荐人和对方的关系而定。

2. 主体

这一部分是推荐信的展开部分，要针对用人单位的情况需要，介绍被推荐人的一些情况，如学历学位、专业特长、外语水平、业务能力以及其他能力，以使对方能通过推荐信对被推荐人产生好感，从而达到推荐人才的目的。

3. 结尾

再次表达自己希望能办成此事的愿望，恳请领导给予被推荐人工作或晋升机会，并向对方致以感激祝福之情。结尾处也可附上一些被推荐人业绩的有关材料。

（四）落款

推荐信要在正文右下方署明推荐人姓名与成文日期。有些推荐信还可以注明自己的详细通讯地址，以备必要时联系之用。

四、推荐信的写作要求

（一）要尽快起草

写推荐信需要时间，因此，被推荐人应该提供申请截止日期给推荐人参考，以免耽误申请。

（二）要给推荐人提供充分的信息

为使推荐信更有针对性，被推荐人要给推荐人提供充分的信息。信息要尽量具体，避免空洞的陈述。提供的信息主要包括被推荐人的天赋，学习成绩、研究能力、工作经验、学习精神、组织能力、品行及个性等方面。信息应与申请材料如成绩单、获奖证书等一致，以免出现矛盾而使人误会。

（三）内容要简短有力

对被推荐人的优点介绍及评价是推荐信的核心，因此，推荐信的内容不要虚无空洞的形容词，尤其不要抄袭市面的书信范例，以免流于陈腔滥调，落入俗套。

例文

推荐信

尊敬的×××先生：

您好！我是×××公司的总经理×××。得知我公司优秀员工×××想要出国深造，我感到非常高兴和无比欣慰。这样一个上进的年轻人应该接受良好的教育，拥有更辉煌的未来。因此我很荣幸地向贵校强烈推荐这位优秀青年。

×××曾在大四的时候来我公司实习。他利用闲暇时间大量阅读有关业务的书籍，虚心向其他员工请教。他渐渐地精通各项业务并取得一定成绩。对此他并没有满足，更没有骄傲自大。相反，遇到难题，他仍然虚心与同事交流、讨论直到找出解决方案。鉴于他在实习期的出色表现，我公司招收他为正式员工（通常我公司不予考虑应届毕业生）。

现在，作为我公司的一名业务精英，×××工作更加认真、负责、努力，为所有同事树立了榜样。付出就有收获，他因此被评为本公司优秀员工并享有高额奖金。

虽然从某种程度上来说，如此优秀的员工即将踏上留学之途是我公司的损失，但是考虑到他的前途，我依然毫不犹豫地支持他远赴贵校深造。真诚期望贵校能同样支持他，给他一个提升自己实现梦想的机会。

谢谢！

总经理：×××

2015 年 4 月 11 日

（资料来源：http://baike.so.com/doc/5544781-5759888.html，有删改）

相关链接

链接 1

个人总结和述职报告的异同

个人总结和述职报告有相同之处。它们都是个人对已完成的工作进行回顾、整理而形成的材料，说的是自己做过的事，用的是第一人称。二者的区别在于：

（1）从陈述的范围看，个人总结陈述的范围很宽泛，思想修养、业务进修、工作进展、为人处世等，只要是自己的经历都可以写成总结，都可以独立成篇；而述职报告陈述的范围仅限于履行职责的情况。在陈述履行职责的情况下，也可以涉及思想修养、业务进修等，但那都是为履行职责提供思想和业务能力基础的，不能独立成篇。

（2）从陈述的角度看，个人工作总结可以按照时间、空间不同，把工作分成几个阶段或几个侧面，从做法的角度来写，也可以从整体工作实践中提炼出几个体会，几条规律，从体会的角度来写；而述职报告只能从履行职责的情况着眼，落脚到干了哪些事，克服了哪些困难，取得了什么效果。述职报告中可以有体会，但不能以体会做思路、从体会的角度写。

（3）从陈述内容看，个人工作总结，特别是工作经验总结，允许只讲成绩，只讲经验。至于缺点、不足可以一笔带过，也可以不谈；而述职报告要求成绩和不足并重，对履行职责过程中存在的问题实事求是地进行阐述。

（4）从作者范围看，个人总结是谁都可以写的，普通学生可以写学习总结，普通农民可以写生产总结；而述职报告的写作仅限于有职、有责者。工人有岗位有职责，保管员有岗位有职责，各级干部有岗位有职责，他们都可以写述职报告。

链接2

寻求推荐信的对象和方式的几点指导

（1）让合适的人来推荐你。许多学生会犯这样的错误，从有权有势的远房亲戚那里得到推荐信。这个策略经常会适得其反，推荐人由于不了解你，不能写出一封有意义的推荐信。最佳的推荐人是能够详细描述你在工作中所体现出热情和能力的人。

（2）礼貌地请求。记住你是在寻求帮助，你的推荐人有权拒绝你的请求。不要认为某人有义务为你写推荐信，因此，在请求时应该附上合适的感谢词以表达你的感激之情。

（3）留出宽裕的时间。尊重你的推荐人，给他/她最少几周的时间完成你的推荐信。你的请求已经加重了推荐人的负担，最后一刻的请求是一个更大的负担。

（4）提供详细的说明。确保你的推荐人知道推荐信什么时候截止，应该寄往哪里。而且一定要告诉推荐人你的目标，这样他可以在信里重点强调相关问题。

（5）提供邮票和信封。你想让写信的过程对推荐人来说尽可能轻松，一定要给推荐人写好地址、贴上邮票的信封。这一步可以确保你的推荐信被寄往正确的地方。

（6）寄送感谢贺卡。在推荐信被写完并且寄出去之后，你要对推荐人表示感谢。一张简单的卡片就可以表明你重视他们的付出。

问题讨论

一、请结合总结所举例文，具体分析总结正文的结构与内容安排。

二、如何成功策划一次参观活动？

三、申请书与志愿书的区别是什么？

四、如何找合适的人写推荐信？

写作实践

一、请根据以下材料，并充实内容，写一份活动安排。

2016 年 4 月 23 日是第 21 个世界读书日。为了更好地贯彻落实党的十八大报告中“开展全民阅读活动”的精神，倡导多读书、读好书的文明风尚，在“4·23 世界读书日”到来之际，××学校图书馆将开展“2016 世界读书日”系列活动。活动时间：2016 年 4 月 17 日—5 月底。活动主题：让读书成为习惯，让书香盈满校园。活动安排：① 校园“读书之星”评选活动；②“让图书回家，还书免责”活动；③ 馆藏新书推介活动；④“2015 年度大众喜爱的 50 种图书”推介活动；⑤ 中国知网数字资源大放送；⑥ 读书方法共享；⑦ 2014 年度不装订期刊展示活动等。

二、请根据你本学期在校期间的学习情况，写一篇个人学习总结。

三、根据所学知识，为校团委拟定一份以“科技扶贫”为主题的暑假社会实践策划书。

四、根据以下材料，代李芳芳写一份离职申请书。

2010 年 10 月，李芳芳调入信息中心通讯部，任话务员。在五年时间里，她学到了很多知识和本领，和大家相处得非常愉快。2015 年 10 月，由于父母希望她回老家工作，便于生活上互相关照，她给单位领导写了封离职申请书。在申请书中，首先自我介绍，并感谢各位领导对她的信任和栽培，感谢各位同事给予的帮助和关心。接着陈述自己离职的理由，希望能在 2015 年 12 月 31 日正式离职，并保证积极配合做好交接工作。最后希望领导对她的申请予以考虑并批准。

五、下面是一封推荐信，请指出其中语言表达不得体之处并修改。

推荐信

××大学招生办：

兹有我校高三（1）班王明同学，拟参加你校自主招生考试。该生学习成绩显著，综合素质优良，曾担任××××学校××文学社社长，热爱文学，爱好写作，曾在全国新概念作文大赛中获一等奖，并有多篇大作发表在省级以上文学刊物上。希望该生能得到你校文学院的垂爱。特此推荐。

××××中学

2016 年 3 月 5 日

第四章

科研实践文书

学习目标

科研实践文书是根据具有现实意义或价值的生产实践或科研课题而创作的文书。这类文书具有一定的理论性和较强的实践性。本单元主要介绍申论、毕业论文、毕业设计报告、实习报告的写作知识。通过学习，使学生掌握科研实践文书的写作方法与技巧，并能科学规范地反映科研或实践成果，具备基本的科研能力。

第一节 申论

知识要点

- 申论是选拔录用国家公务员的一门重要考试科目
- 申论考试是具有模拟公务员日常工作性质的一种能力测试
- 参加申论考试，考生要关心时事政治与社会的热点、难点问题，要掌握实用文书的写作知识，注重培养实际处理问题的能力

一、申论的概念

“申论”一词，出自孔子所说的“申而论之”。从字面来理解，“申”为引申、申述，“论”为议论、论证，“申论”则指针对特定话题提出自己的观点，并展开论述。

作为一种应试文体，申论最早出现于 2000 年中央国家机关公务员录用考试之中。经过几年的实践，以及专家学者们的改进与完善，申论现已成为国家公务员录用考试的一门

基本科目，日益受到人们的重视。

从考试大纲规定及历年实际出题情况来看，申论考试为应试者提供了一系列反映特定实际问题的文字材料，要求考生仔细阅读这些材料，概括出它们反映的主要问题，并提出解决此问题的实际方案，最后再对自己的观点进行较详细的阐述和论证。

申论是测试考生写作水平的一种方法，但与传统的作文考核有所不同。作文只是要求考生根据给定题目展开论述，侧重考核的是考生的文字功底。考生可以凭自己的主观好恶去立论选材，尽情张扬个性地放言宏论，因此，作文只能在一定程度上反映考生的写作水平，即“纸上谈兵”的能力，而无法全面体现考生的综合素质，尤其是解决实际问题的能力。申论则不仅限于对应试者阅读理解能力和文字表达能力进行考查，更侧重于考查应试者发现问题和解决问题的实际能力，具有较强的综合性和现实针对性，能让考生充分发挥自己各方面的潜能。

作为一种专用于选拔录用国家公务员的应试文体，申论适当地借鉴了我国古代科举应试中“策论”的一些经验与做法，但在内容上比“策论”更具有现实针对性，在形式上比“策论”更加灵活多变。“策论”大多要求应试者就一些重大问题展开论述，即论证某项国家政策或对策的可行性与合理性，侧重于考查应试者解决问题的能力。申论则要求应试者从一大堆反映日常问题的现实材料中去发现问题并解决问题，全面考查应试者搜集和处理各类日常信息的素质与潜能，充分体现了信息时代的特征，也适应当今国家公务员实际工作的需要。

二、申论考试的性质

申论考试是具有模拟公务员日常工作性质的能力测试。作为公务员，对社会生活的方方面面都应当有所认识和有所思考，并且具备较高的思想水平和较强的分析问题、解决问题的能力。因此，申论考试所提供的一般都是社会性较强的背景材料，让考生去进行分析和论述，从而测查考生处理公务员日常事务的潜能。

申论考试，要求考生具有比较丰富的常识，但不会对某种专业知识特别倾斜。由于考生来自各个方面，所学专业很不相同，所以申论考试中让考生处理加工的材料大都具有普遍性、非专业性。比如 2000 年考题，粗看所给材料，可能以为学法律专业的考生会占便宜，其实红星新村居民状告印刷总公司的事并不是从法律角度所能解决的问题。再比如 2001 年考题，看似是医药卫生问题，其实问题的解答与医药卫生专业知识水平高低并无关系。申论考试对每个专业的考生都是公平的。

申论考试所给的材料，可能涉及面很广，但试题具有较强的针对性、合理性。也就是说，问题的解决方案一般是具有可行性的。比如 2000 年试卷的问题，可以通过城市建设合理规划获得根本性解决，当然必要的补偿也应有所考虑。又如 2001 年试卷的 PPA 问题，是当时社会热点之一，但完全可以通过舆论的正确引导来化解百姓的不安心理。申论考试不会引导考生漫无边际地遐想，不管问题多么复杂，涉及面多广，人们的见解多么莫衷一是，都是能够解决的。这样的命题思路，是由公务员录用考试性质决定的。

三、申论考试的特点

申论考试虽对我国古代的选拔贤良的策论考试有所借鉴，但又有一定的差异，也不同于当今的大学入学的作文考试。作为公务员录用考试的特有的应试文体，它具有自身的特点。

（一）现实针对性强

作为公务员录用考试特有的应试文体，申论充分反映了公务员实际工作的需要。公务员不需要进行文学创作，也用不着按一般文章套路洋洋洒洒地去写空话套话，但必须具备较强的文字表达能力。因为公务员的工作，与各种文字资料的阅读理解、提炼概括和综合分析是分不开的。为了能恰当地提出问题和解决问题，公务员在语言表达上必须做到准确、简明、生动，必须善于透彻、全面、清晰地说理，善于根据需要采用恰当的行文方式，否则就很难成为优秀的公务员。而申论避开了传统“作文”中那些未必适合于考查公务员潜能的因素，使必须考查的能力得到了突出。

申论具有很强的现实针对性，这一方面增大了应试的难度，但是，另一方面也使得申论的命题具有相对固定的结构和答题方法，因此，考生能通过短时间的突击复习迅速提高成绩。只要在考前了解熟悉一下申论的命题特点和答题方法，应试时就能“照葫芦画瓢”，取得满意的成绩。申论的现实针对性强，表现在其着重考核的是应试者发现问题和解决问题的能力，而不是应试者阅读和写作的能力。因此，在应试过程中，考生不应去刻意追求文字的优美华丽，或立意的新奇独特，而应着眼于把问题讲清楚明白。申论的试题，与其说是写作题，不如说是问答题或论述题，只要观点明确，论证有力，即使语言朴实一些，也肯定能得高分的。

（二）考查内容的广泛性

作为选拔录用国家公务员的主要途径，录用考试一直侧重于考查应试者的综合素质和解决问题的能力，这在申论考试中得到了充分体现。申论所给资料的范围极其广泛，内容涵盖了政治、经济、法律、教育等社会问题的诸多方面，从这个意义上说，考生再想同从前那样事先押题，对题目有充分的准备就很难了。因此，事先对考试的具体形式、内容结构等基本情况有所了解就显得尤为必要。需要说明的是，给定资料所反映的问题一般都应当已经有定论，主要立足于考查考生的分析和判断能力，只要分析判断无误，就不会得很低的分数。同样，要想得到很高的分数，难度也不小。

还存在这样一种可能性，即给定的资料所反映的问题尚无定论或存在争议，让考生以自己的理解来进行判断和分析，并做出结论。但是，作为很严格的一种国家公务员录用考试，申论考试试题一般不会出现偏差。其主要表现在试题的表述标准明确，不论涉及哪方面的内容和观点基本上都无争议，让每个应试者均有话可说。因此，对于一些难以定论的问题，特别是那些争议激烈的前沿问题，一般不会考，考生在复习时没必要去涉及过多。

（三）考核形式灵活多变

申论答题由概括部分、方案部分、议论部分三部分组成。就文体而言，概括部分既可能属于记叙文、说明文、议论文中的某一种形式，也可能综合了多种文体形式，也可能是公文写作中的实用文书写作。方案部分，则纯粹是实用文书写作。议论部分就不必说了。因此，从这个意义上来说，申论既考查了普通文体的写作能力，也考查了公文写作能力，考试形式非常灵活，这样，就增添了考生的应试难度。

（四）考查目标的确定性

虽然，申论涉及的内容非常广泛，形式也灵活多变，但其考查目标却是相当明确的。申论主要考查考生阅读、分析、概括、解决问题的能力，体现在题目中主要是分析、概括两个方面，然后再在此基础上进行论述，这主要是考查考生的思辨能力。在应考时，考生要仔细阅读材料，理清其间的逻辑关系。对其中的复杂事件，要抓住主要问题；对尚有争议的事件，要分清各方意见。在抓住主要问题的基础上，考虑给出的条件、环境，结合社会现实，进行综合考虑，作出正确的判断，提出可行的解决方案，力争做到合情合法，切忌提出一些理想化的、超越现实的方案。

同时，需要指出的是，在应考时不要把申论要求的三个部分割裂开来作答，而应当统筹考虑，前后衔接。概括的过程既是熟悉资料的过程，也是分析判断的过程。提出方案的过程既是解决问题的过程，也是进行思辨的过程。三部分应协调一致、相互配合且彼此印证。

四、申论的答题形式与要求

“申论”的意思是申述、申辩、论述、论证。申论是一种非常严格的录用考试，考试试题的政治导向明确，不容出现偏差。试题的客观性很强，不许随意发挥。文章中的观点和内容都有定论，无可非议。题材的多样性和答题的规范性，使得答题必须有一套完整有效的方法才能从容应对。申论考试首先会给考生一篇 1 500 字左右的资料（或更多，近年来有增多的趋势，多的会达到四五千字），让考生在阅读和熟悉资料的基础上进行答题。传统的申论考试为三段式，答题形式与要求如下：

（一）请用不超过 150 字的篇幅，概括出给定材料所反映的主要问题

（1）理解题意。答题要求如下：

① 字数要求：150 字。弹性限度只能在 10%以内。过高或过低原则上都要扣分。

② 表述要求：要求答案覆盖全文主要内容，但表述要求语句精练，简明扼要，不冗长，不啰唆。一般不直接引用具体事例或数字。

③ 范围限定：只能在给定材料中概括，不能跳出材料圈定的内容，旁征博引或随意发挥。

④ 观点要求：反映的主要问题，即表述的是主要事实或观念。答题时不要囿于细枝末节，要统观全局，高瞻远瞩，从宏观范围把握主要问题。可以认为，主要问题是在文中带有倾向性的问题，它在文中决定或支配着思路的走向或观念的变迁。

（2）答题步骤。具体答题步骤如下：

① 在阅读的过程中勾画出文中的主要词句。主要词句一般不包括具体事例或数字，也不包括阐述的内容。

② 将勾画出的句子再进行分析，去除限定性的语句，只留下其主干成分。

③ 用通顺的语言把留下的语句组织起来，就是全文所反映的主要问题。

（3）答题形式。一个完整的答案应该包括三个部分：总括句+分述句+道理句。

① 总括句。总括句为一句话，要能够高度地概括全文的主要问题。句式模型为“这是一篇关于主语+事件 1+事件 2+事件 3 的文体”。其中，主语是文章涉及的主要任务的姓名或所涉主要单位名称。文体是指所给材料的文章体裁，如新闻报道、调查报告、工作总结、讲话、案例等，多数时候是案例。事件 1 是指主语的第一个动作，也可理解为事件的第一阶段。对于个别文章只有一个核心事件，就只需要事件 1 就够了，如“这是一篇关于纯净水广告论战的报道”。

② 分述句。分述句就是要把总括句里涉及的内容，分条列项地表达出来。根据具体情况可以采用以下几种方法：

一是环节分析法。对于那些以纵式结构写作的给定材料，也就是以时间阶段性为顺序或逻辑上的逐层深入为顺序的文章，可以使用这种方法。

二是参与方分析法。一件事情可能有几方参与。在分述句里，我们可以就各方的行为进行分述答题。

三是链式分析法。有时候，一则材料中所涉及的事件是一环扣一环的，各个事件之间有明显的关系，这时就适用链式分析法。

四是类型分析法。对于一则材料所涉及的是不同类别的人、事、物，则可以进行分类表述。

五是关键词分析法。对于给定的材料，有时我们会感到无处下笔进行概括。这时可以将文中出现频率高的词语罗列出来，然后结合文中事实或观点把它们串联起来。这对于初学者或心理素质差者有较大帮助。

但是，由于申论考试的答案一般都是客观的，有一个基本确定的答案，因而以下各种方法只是切入角度不同，但最终答案都应该是相同的，所谓殊途同归。考生一定要明白这一点，不然，就会违背答题要求。

③ 道理句。道理句就是要进一步地具体分析分述句里的现象与问题所产生的原因，并分条表述。

（二）用不超过 350 字的篇幅，提出解决给定资料所反映问题的方案。要有条理地说明，要体现针对性和可操作性

（1）理解题意。答题要求如下：

① 字数要求：350 字。弹性限度只能在 10%以内。过高或过低原则上都要扣分。

② 针对性：针对给定材料，提出解决方案。问题在给定材料之内，一般是近涉关系，很少是远涉关系。

③ 适用性：由于招考的公务员，是管理国家事务的人才，因而，所思所想，都必须站在政府的角度，提出的方案要就事论事，可以执行，不能大而空，要切实可行。

④ 条理性：方案一定要分条列项去写作，要让人一目了然。

（2）答题步骤。具体答题步骤如下：

① 根据前边所述的方法，勾画出文中反映的主要问题。这是保证对策是否具有针对性的重要依据。

② 寻找问题发生的环境和条件。这是保证解决问题的方案具有可行性的重要依据。

③ 根据环境和条件，从不同角度或层面提出解决方案。

（3）答题方法。通常使用的答题方法有：

① 分层法。有些问题，可以从观念、制度、具体行为三个层面来提出解决办法。一是“转变观念，改变现有的……观念，通过……树立……观念”；二是“建立……制度（体

制），……”；三是“加强……管理（实际行动）”。

② 职能分类法。很多模拟试题，都与法律有关。因而答这类题时，方案可以按“企业或单位”“政府”“法律”“个人”四方来分。通常情况都是从“企业应当做些什么”“政府应当做些什么”“法律应当做些什么”“个人应当做什么”四个方面提出解决问题的方案。

③ 核心元素分析法。申论的有些试题要抓住核心元素，提出解决方案。需注意的是，在关于人的解决问题上，一般都要从观念和行动两方面提出解决方案。

④ 参与分析法。申论的有些试题，内容涉及双方或多方，在提出方案时，应该是各有什么问题分别解决什么问题。这种题忌讳各打五十大板的做法，要根据具体情况提出解决办法。这种办法也是考生最易接受的，考生平时可多演练。

⑤ 焦点问题分析法。申论的有些试题要找出事件中矛盾斗争的焦点，解决它，就如解开争斗的死结一样。

（三）就给定资料反映的主要问题，用 1 200 字左右的篇幅，自拟标题进行论述。要求中心明确，内容充实，论述深刻，有说服力

（1）理解题意。要求从以下几方面进行思考并答题，要求如下：

① 文体。本题的题型一般是议论文，要针对试题中所涉及的事件发表观点，进行论述。

② 论述内容。论述内容要根据给定材料所反映的主要问题进行论述。可以看出，申论考试时都要求考生抓主要问题，因为招考的是国家公务员，未来要行使国家权力，必须要注意平衡问题。所谓平衡最重要的就是考虑问题时主次分明，对于轻重利弊能较好地权衡。

③ 中心明确。考生在写作议论文时要求观点鲜明，肯定或否定，赞扬或贬斥，清楚明了，不含糊其词。在文中最好使用段旨句。一是方便阅卷教师迅速获知文章主要信息；二是方便考生自己写作时紧紧围绕中心来写，使文章思路清晰，层次清楚，条理分明。

④ 内容充实。考生在论述过程中，要求理论与事实能很好地结合，既要讲道理，又要摆事实。事实与道理紧密相连，互相支持，为中心论点服务。一般情况下，申论考试的一般事例主要来自给定资料，理论可以从给定资料中来，也可从中引发。

⑤ 论述深刻。进行论述时，要能揭示事物的本质而不是只看到现象，不能囿于事物的表面，应深入事物的核心，一针见血地指出问题的实质并旗帜鲜明地表明观点。对一件事，不只是看到其操作层面存在的问题，更需要从体制、观念、心理等方面进行分析，进而提出切实可行的解决方案。当然，深刻性的前提是必须符合党的路线方针政策，符合当前实际。

⑥ 有说服力。这是对文章的论点、论据、论证提出的要求。论点要鲜明，论据要有力，论证要合逻辑。三者就像屋顶、墙壁、结构一样密不可分。

⑦ 符合规范。申论考试的目的，是录用高素质的国家公务员。因此，评卷的基本要求是客观公正，即使是论述题，各位考生在答题时虽然有一定的发挥余地，但总的来说规范性是很强的。因此作文必须从标题、结构、语言、文面等方面表现出规范性来，这样才有利于写作与评卷。

（2）写作步骤。议论文的写作要遵循以下步骤：

① 通读全文，抓住主要问题。

② 思考资料提出的主要问题，提炼出中心论点。注意要从国家机关工作人员的角度，为国家利益着想。

③ 围绕中心论点选择能证明恰当的材料，在头脑中酝酿写作提纲，对全文进行谋篇布局。

④ 将头脑中酝酿成熟的文章内容表述出来。注意不要随意修改，不写错别字，保持卷面清洁。

（3）文章写作。议论文写作一般从以下几方面入手：

① 立论。立论是写作议论文的关键环节，立论就是确定议论文的中心论点。由于申论考试的议论文部分是根据所给材料引申和归纳出论点，并在此基础上旁征博引，展开论证的，因此，立论就必须立足于给定材料，从中挖掘出可资议论的中心论点。这就需要抓住给定材料所反映的主要问题，表明自己对这个主要问题的立场，要么赞成，要么反对，不能模棱两可或骑墙居中。

在立论中，要注意处理好如下几个方面的问题：

第一，立论要联系社会现实，有针对性。申论考试所给材料都是反映社会某一方面的问题，具有较强的现实针对性，因此，考生要在立足于给定材料所反映问题的基础上，广泛联系社会现实中相同性质的问题，即联系所有这一类问题，从中引申归纳自己的中心观点。只有这样，论点才具有更广泛的社会现实性，才更有意义。

第二，立论要正确、鲜明、集中、深刻、新颖。立论正确是指论点必须是从给定材料中引申出来的合乎社会普遍认同的观点，能够揭示问题的本质，符合客观规律。如果立论脱离给定材料，则会离题万里，劳而无功。立论鲜明是指论点要是非明确，立场坚定。立论集中是指议论文中只能有一个中心论点，即论点要高度概括，能表明作者的主要看法和主要观点，绝不旁逸斜出。立论深刻是指论点见解有独到之处，能发人所未发，见人所未见。立论新颖是指论点不人云亦云，不拾人牙慧，能给人以新的启迪。

② 拟定标题。标题是作者给文章所起的名字，又称文题或题目。标题是文章的有机

组成部分，是文章的眼睛，跟文章的思想内容、题材、情调、色彩有着密不可分的关系。好的标题绝不是信手拈来的，而是需要花一番心血才能拟好的。好的标题往往有品位，能引起读者兴趣，产生急于读下去的强烈欲望；能帮助揭示主题，有助于读者理解文意；能打动读者，会给人留下鲜明的印象和难忘的记忆。因此，写文章必须把标题拟好。

标题的拟定因文而定，没有固定的格式。议论文中常见的标题的拟定方法主要有如下几种：

第一种是标题要直接点明主题。这种标题开门见山，一目了然．使读者一看就能把握文章的题旨。申论考试中一般用这种方法拟定标题，即把中心论点高度凝练和概括，并使其成为文章的标题，表明自己对给定材料所反映主要问题的看法和观点，旗帜鲜明地表明自己的立场。

第二种是标题要概括文章的主要内容。这种标题只说明文章涉及的内容和范围，并不表明作者对这些问题的态度和观点。因此，申论考试中若用这种方法拟定标题，就要使给定材料所反映的主要问题成为论题。

第三种是标题里运用设问、比喻或象征的手法。这类标题针对性强，引人注目，能启发人思考。

第四种是标题里引用语录或诗句。这类标题的拟定一般引用革命导师、英雄人物的话或现成的诗句以达到醒目、新颖，引人入胜。

当然，标题的拟定方法还有很多，但无论用什么方法拟定议论文的标题，都必须保证拟定好的标题准确、醒目、新颖、精练。标题准确是指标题切合文意，准确反映文章的思想内容，防止过宽或过窄。如一篇只介绍学习方法的文章，却用上了《论学习》这样一个标题，显然是犯了大题小做的毛病。如果一篇泛论成功道路的文章，却拟了一个《一次意想不到的成功》这样的标题，这就犯了小题大做的毛病。标题醒目是指标题必须鲜明地表现文章的内容，具有浓厚的时代色彩和强烈的战斗性，同时，也要有较强的视觉性，并要注意字数的安排和结构的整齐。

③ 结构安排。在解决了立论和标题之后，就要进行结构安排，对文章的观点和材料进行合理安排，也就是确定议论文的结构。结构安排得好，文章的思路就清晰，论点就突出，说理就“言之有序”。相反，不仅思路混乱，层次不清，还会影响说服效果。

议论文的结构和其他文体的文章一样，是“定体则无”“大体须有”。“定体则无”是说文章的结构没有固定的“程式”；“大体须有”是说它有一般的规律。议论文的结构是以提出问题、分析问题、解决问题作为开展论述步骤的，因此，在安排议论文的这三部分时，一般采用绪论、本论、结论的方式。

第一部分为绪论。绪论也叫引论，主要任务是把要议论的问题和阐述的中心论点介绍给读者，使人们对文章所要阐明的事物有概括的了解。绪论写在文章之首，是文章的开头。开头写好写坏，写深写浅，直接影响到全文。

第二部分为本论。本论是文章的主体，是议论文分析问题的部分。它的任务是对文章中心论点展开深入分析，组织论据来证明论点的正确或反驳谬论的错误。

第三部分为结论。结论是议论文解决问题的部分，是绪论提出问题，本论分析问题后所做出的答案。结论应当使人读后若有所思，深受启迪。

结论的方法多种多样，常见的有如下几种：一是综合全篇，卒章显志；二是展示未来，鼓舞斗志；三是提出问题，引起注意；四是对症下药，提出办法；五是前后照应，首尾相连。

（4）写作要求。议论文的写作需注意以下问题：

一是提出问题要简明扼要，开门见山，一般都选用资料中提供的事实材料和理论材料来提出问题。

二是分析问题要紧密结合材料，不能东拉西扯，海阔天空地乱谈。要集中力量论述主要问题，论述时有详有略，重点内容详写，次要内容略写，但要兼顾好全局和局部的关系，既要看到正面情况，又要注意到次要问题。解决问题的方案要有条理，有层次，涉及相关部门时方案要体现各司其职、各尽所能、互相合作的精神。分析问题要按照由此及彼、由表象到本质、由微观到宏观、由特殊到一般的方式进行。

三是解决方案要紧承分析问题的步骤。最好是前后对应，一个盖子对应一个杯子式的提出解决方案。解决方案既要有总体上的思路，也要列举切实可行的手段或措施。使解决方案既照顾到全局，又照顾到特殊情况，既解决主要问题，又控制次要问题，特别是杜绝新问题重新滋生。

四是在分析问题和提出解决方案时，建议采用分条列项的方式，使结构一目了然。而且，可以使用段旨句，即每一段的第一句话概括表明本段大意。无论从阅卷教师的具体情况还是机关工作作风来衡量，这种简洁快速的作文方式都是值得提倡的。

五是语言表达要平实、庄重，符合实用文的语言要求。无论如何，文章的写作语言都要求不使用华丽的辞藻或复杂的修饰语言。毕竟机关工作作风要求稳重，不能表现出轻浮和幼稚。要使用简明平实的语言，语言服从和服务于文章体裁。

申论要求写作的文章，重在解决实际问题，一定要便于阅读和接受，才能切实担负起管理国家事务的作用。

首先，公务员应有全局观念和综合能力，具有全方位、多角度的思维方式，善于把多种事物、多种因素联系起来综合分析，具有较强的分析归纳能力；其次，公务员应能够认识和掌握客观规律，要有深邃的洞察力。在通过对大量的资料进行科学分析的基础上，能透过纷繁的外在现象看到问题的本质，善于从微小的征兆中发现大的问题，能及时作出正确的判断和选择，能作出很好地解决问题的方案和具体措施；最后，申论考试能测查考生掌握信息的多与少，快与慢，对与错。另外，申论考试形式既严格又灵活，能有效地考查考生的文字表达能力，要求考生摈弃套话、闲话，要求分析、论证和解决问题透彻、全面、清晰。

五、申论复习备考的要求

（一）要关心时事政治与社会的热点、难点问题

仔细分析近年来的申论试题，就会发现申论试题所覆盖的社会范围比较广泛，内容涵盖了政治、经济、法律、教育等方面，但基本贴近生活，有一定的现实针对性，都是当年度老百姓比较关心的社会热点问题和难点问题，和老百姓的生活息息相关。试题有一定的现实针对性，比较贴近生活。例如：

2006 年的试题是“如何提高应对突发性公共事件的能力”；

2007 年的试题是“城市化进程中农村土地的流失”；

2008 年的试题是“可持续发展战略下的资源环境问题”；

2009 年的试题是“如何深挖洞广积粮”；

2010 年的试题是“海洋开发与保护问题”；

2011 年的试题是“统筹城乡发展，妥善解决农民工子女教育问题”；

2012 年的试题是“市场经济背景下的道德建设问题”；

2013 年的试题是“文化遗产的保护问题”。

可见，申论的试题有一定的现实性和针对性，都反映的是老百姓比较关心的社会热点问题，和老百姓的生活息息相关。因此，考生在平时要多关心时事政治，多注意观察当年的社会热点问题，做到心中有数，做一些针对性的练习，会对申论的考试有所帮助。一些当年的社会热点问题和难点问题，一定会引起老百姓和政府部门的高度关注，政府部门也一定会有一些因应的解决方案，因此，只要关心时事政治，加强理论学习，会对自己的申论考试有所帮助。

（二）要掌握实用文书的写作知识

传统的申论考试，经典是三段式：问题—对策—论述（证）。但是，近年来，申论考试的形式有了新的变化。例如：

2014 年的试题是给出申论材料后，除了对给定材料进行总结与概括外，还要进行三个

方面的申论考试：

一是“给定资料 3”介绍了 S 大学举办心理健康节活动的情况。假如你是该省教育厅的一名工作人员，全程观摩了这次活动，校方请你在这次活动的总结会上发言，请草拟一个简短的发言稿。字数不超过 500 字。

二是某地方报纸根据“给定资料 4”和“给定资料 5”的内容做了一版关于“跟风”的专栏，请你以“告别跟风，走向成熟”为题，为这个专栏写一篇短评。字数不超过 500 字。

三是“给定资料”结尾写道：“我们或许应该如作家米兰·昆德拉所言，要‘慢下来’，因为自在有为的生活是急不得的。”请结合你对这句话的思考，联系自己的感受和社会实际，自拟题目，写一篇文章。总字数 1 000 ~ 1 200 字。

综观这几年的申论考试，题型已经完全突破了传统的三段式考试方法。因此，要考好申论，除了要掌握和熟悉申论的传统题型外，还要掌握报告、讲话稿、调查报告等实用文书的写作知识，以备无患。

（三）要注重培养实际处理问题的能力

申论考试，归根结底，是考查考生发现问题与解决问题的能力。因此，要考好申论，平时还应注重对实际处理问题能力的培养。这项工作应从两方面入手：一是关心国家大事，特别是一些社会热点问题。通过看书读报，或与同学、朋友进行讨论，不断增长自己的学识，并逐步提高自己分析问题的能力。二是关心发生在自己周围的一些日常之事，及时地从中发现问题，并解决这些问题，渐渐地提高自己解决问题的能力，安排好自己的生活。

（四）要加强考前临战的演习

应付申论考试，虽然主要靠的是基本功，但是，如果不在考前熟悉了解一下申论命题的特点及其答题的基本方法，不做适量的模拟训练，即使基本功再扎实，也是无法考好申论的。例如，考生如不了解申论答题的四个基本环节，舍不得多花时间去阅读和分析给定材料，而像平时写作文那样去应付申论考试，就必然会顾此失彼，考不出理想的成绩。因此，在参加考试之前，考生必须进行有针对性的复习，详细了解申论命题的特点，各环节的解题技巧，这样才能保证在实战中应付自如。在考前必须认真地做适量的模拟训练，一方面是为了使自己对申论答题有进一步的感性认识；另一方面则是为了评估自己应付考试的能力，如答题时间的长短、自己的特长与不足等，以便在实战中采取相应的措施。

（五）要注重训练自己的答题技巧

在申论考试的全过程中，阅读资料、概括主题、提出对策、进行论证是四个主要环节。

阅读理解给定资料是最基础的环节。这个环节虽然不能用文字直接在答卷上反映出来，却是完成其他三个环节的基础。只有认真读懂给定资料，才能把握资料所反映的事件的性质，才能准确地概括出给定资料所反映的主要问题，也才能针对主要问题，就给定资料所涉及的范围和条件，提出切实可行的解决问题的对策和方案，并充分利用给定资料，切中主要问题，全面阐明、论证对给定资料所反映的主要问题的看法，以及解决问题的方案，从而全面完成申论考试四个环节的要求。

为了提高考试的质量，在平时的申论测试训练中，应注意以下几点：

（1）注意答题技巧，合理分配时间。一定要认真阅读资料，抓住中心，不要盲目下笔、急于写作，而要统筹考虑申论考试的全部题目与内容，根据你的熟悉程度与试题的分数权重，选择答题的先后顺序，合理分配考试时间。

（2）注意字数要求。申论考试有严格的字数要求。概括给定资料所反映的主要问题和提出解决问题的对策和可行性方案时，注意限制字数，超过或不足的字数一般不高于或低于要求字数的 10%，否则，就会被扣分。另外，回答问题时一定要简洁，答题要切中要点。

（3）通过模拟训练强化技艺。临考前做适量的模拟题，训练实战的感觉。通过模拟训练，一是掌握各类题型的答题角度与答题技巧，二是寻找实战的感觉，如考试试题的总体设计、考试时间的安排、做题速度的掌握等，以免上考场后手忙脚乱。

例文

模拟试题及参考答案

一、给定材料

材料 1：T 市是全国老工业城市，长期以来基础设施建设滞后、能源结构单一、环保历史欠账较多，以煤为主的能源结构是 T 市成为煤烟型污染城市的重要因素。每当冬季采暖期来临，100 多个城中村“家家生火、户户冒烟”，已成为制约 T 市冬季空气质量改善的瓶颈。

为彻底解决这一问题，T 市于 2012 年成立了以市长为组长的全面改善城市环境质量领导小组，并随即启动了“五大工程”（集中供热全覆盖、城市气化工程、城中村整村拆除改造、污染企业搬迁、水污染治理）和“五项整治”（工业污染治理、扬尘污染控制、机动车排气污染防治、商品交易市场和饮食服务行业环境综合整治、垃圾和秸秆焚烧污染控制），财政总投入超过千亿元。

材料 2：2012 年 10 月中旬，T 市政府常务会议通过了《关于全面推进城市环境质量改善的若干政策规定》，对集中供热、城中村供热改造、污染企业关停等 7 种情况予以重奖，补助奖励资金超过 12 亿元。

T 市环保部门负责人表示，通过实施城市气化、集中供热和城中村热改造，T 市每年可削减煤炭消耗 600 万吨，减少二氧化硫排放 2.8 万吨、烟尘 3.2 万吨，特别是冬季采暖燃煤用量可减少 33%，二氧化硫、烟尘排放可分别减少 42%和 46%。为根治冬季燃煤污染空气的顽症，2012 年 T 市规定，新建住宅小区必须有热源（即暖气供热点），凡没有热源的，土地、环保部门不予审批，不能开工建设；老旧住宅也将统一标准和有关政策，没有采取集中供热的必须纳入城市供热改造范围。

与此同时，全市还将大力调整能源结构，积极推广天然气、煤层气、液化石油气、焦炉煤气等清洁能源，扩大使用范围，提高城市清洁能源的使用比重。凡是清洁能源覆盖的区域，必须关停、取缔燃煤锅炉。

材料 3："虽然大家都知道机动车尾气有污染，但是污染有多重，很多人没有概念。T 市的 PM10 有两成多来自机动车尾气，而 PM2.5 有三成多来自机动车尾气。"T 市机动车与排气污染防治检测中心孙主任介绍。

为了整治机动车尾气排放，市委、市政府加大治理监管，采取一系列措施加快治理步伐。2008 年 3 月，T 市建立了机动车环保定期检测制度，并于当年修订了《T 市机动车污染防治办法》；2011 年和 2012 年，市政府购置了 1 200 辆清洁能源公交车；2012 年 8 月，全市开展严厉打击机动车"冒黑烟"现象。

对于黄标车，2011 年 T 市启动了限行工作，2012 年开始分步实施黄标车现行措施。其中，对中、重型黄标车和大中型载客黄标车实施限行，全年累计查处违规黄标车 2 269 辆，2012 年全市淘汰了黄标车 33 338 辆。尽管如此，T 市每个工作日机动车增加量仍在 350 辆左右，而全市黄标车仍有 4 万多辆，机动车污染防治形势仍然严峻。

2013 年，T 市对 2003 年以前运营的 8 637 辆黄标车进行强制报废；对 1 422 辆连续 5 年以上未参加年检的车辆限期检验，逾期强制注销；对 2013 年年底达到报废期限的 10 082 辆车进行强制报废。到 2015 年年底，T 市将全部淘汰黄标柴油通勤车、土方车和载货车辆。对于公交车、出租车、环卫车，T 市拟加快气化（使用液化气）改造，183 台柴油公交车全部淘汰。

2013 年 1 月 14 日，T 市人民政府办公厅发出《关于积极应对空气严重污染日的通知》，采取了包括停用机关单位 30%公车在内的 9 条强制措施应对雾霾。经 T 市政府批准，T 市公安交通管理局将对停用公务车辆违规上路进行纠正查处。

据统计，在采取了综合整治行动之后，2012 年在 T 市市区煤炭消费总量下降了 602 万吨，冬季采暖燃煤总量下降了 35%，采暖期排放的二氧化碳和烟尘分别下降了 33%和 37%。采暖期空气污染初步得到遏制。截至 2012 年 12 月 10 日，市区二级以上优良天气达到 312 天，比上年同期增加 11 天；大气主要污染物二氧化硫浓度均值比上年同期比下降

14.1%；综合污染指数比上年同期下降了 5.7%；全市市区空气质量有望达到国家二级标准的目标。T 市全面改善城市环境质量“一年初见成效”的目标基本实现，2013 年 T 市将继续推进综合改善城市环境质量工作。

材料 4：2013 年 2 月 18 日，据环境保护部介绍，74 个实施空气质量新标准的城市，春节期间（2 月 9 日至 15 日）平均达标天数比例仅 54.7%，超标天数占比 45.3%。PM2.5 平均超标率为 42.7%，最大日均值达 426 微克/立方米，最大超标 4.7 倍，74 个城市中，空气质量属轻度污染的城市占 23.1%，中度污染的城市占 10.5%，重度污染的城市占 8.8%，严重污染占 2.9%。天津、石家庄和 T 市除夕夜（22 时至次日 2 时）PM2.5 的浓度较高，分别为 577 微克/立方米、527 微克/立方米和 520 微克/立方米。

环保部有关负责人说，春节期间，污染物浓度变化既与烟花爆竹集中燃放有关，也与大气扩散条件密切相关，不利气象条件及烟花爆竹燃放的共同作用，是造成部分城市空气质量下降的主要原因。

T 市公众与环境研究中心马主任表示，在烟花燃放的问题上，确实要控制它的污染，但完全禁放并不是很好的选择，他说，从 2012 年春节开始，T 市第一次有了公开的 PM2.5 实时浓度的数据。在去年除夕夜，由于碰到扩散不利的气象条件，PM2.5 浓度急剧上升，达到一个相当高的程度，因此，燃放烟花确实存在污染。但从另外一个方面来讲，燃放烟花毕竟是一个传统的、带有一定文化色彩的活动，且烟花的燃放已经被限制在一个比较短的时段里，它所造成的影响在一年中实际上是有限的，与那些一年 365 天都在排放的污染源相比，并不是减排的重点，所以，春节期间的烟花燃放还是应该以引导和限制相结合为主。

“我建议有关部门可以提供一个类似‘烟花燃放指数’的服务，这一做法北京等大城市已经实施。”马主任解释说，就是按照天气条件，比如在天气扩散条件有利的情况下，“烟花燃放指数”高一些，比如前年春节，扩散条件就非常好，这种情况下，怎么燃放污染物都不会累积到很高的浓度。如果像去年的情况，扩散条件不利，“烟花燃放指数”就应该低一些。如果是严重的雾霾天气，“烟花燃放指数”就应该非常低，只能允许孩子们放一些小花炮之类的，绝对不能燃放大型的烟花。

“另一方面，政府应该对一些高排放的大型烟花进行严控，不让这些大型烟花进入销售渠道。”马主任认为，在这个环节，政府是可控的，也是有法规的。他说，这些大型烟花不仅有空气污染，还有噪声污染，甚至存在对健康的威胁，应该加以制止。

2013 年 1 月 29 日，新浪网发起了“春节少放炮，文明过大年”的微话题讨论。网友们对于春节是否燃放烟花爆竹发表了自己的看法，新浪微博仅一天的时间，讨论量就达到了 800 万。多数网友均赞成在春节期间少放或不放烟花，并纷纷表示从自己做起，从身边做起。

材料 5：2012 年 9 月 22 日，是第六个中国城市无车日。2012 年我国无车日的主题是“关爱城市，绿色出行”。全国 151 个城市采取多种方式，引导公众低碳出行，增强公众环保意识。T 市公交通行发行“无车日纪念卡”，鼓励人们选择公共交通工具出行，公交公司为此还增加部分公交线路的运营班次。

住房和城乡建设部某规划师说，连续举办 6 年的无车日活动，提高了公众低碳出行的环保意识，也让加强绿色交通系统建设成为了不少地方政府的核心价值之一。他还说：“根据我们的测算，如果我国机动车停驶一天，能节省燃油上亿升，减少污染物排放可达到 14 万吨，这也是无车日最直接最明显的效果。”

但是也有不同的声音，“少我一个不算少。一天不开车，对环保起不了什么作用，总不能把要办的事给耽搁了，还是少搞些形式主义的东西为好。”

倡导开展无车日的某环保专家认为，“无车日能引起人们重视日益破坏的大气环境就达到目的了。思想上有这根弦，对于个人来说，哪天都可以是无车日，只要那天开车对你来说不是必须的；对于炫富族来说，也不一定非要开着大排量的汽车轰足了油门上街，因为你跟其他人呼吸着同样的空气；倡导低碳生活也不仅限于无车，少用一会儿空调、少开一会儿电灯，都是卓有成效的节能减排措施。”

材料 6：2013 年 11 月，我国大部分地区出现大范围雾霾天气，南京、上海以及浙江多地甚至发出橙红色预警。4 日，南京发布污染红色预警，中小学及幼儿园停课；5 日，江浙地区污染过程已持续 4 天；同日，上海发布橙色预警，据卫生部门介绍，由于雾霾天气直接导致呼吸系统疾病发生率上升，上海市患呼吸道疾病人数比平时增加三成左右，随之而来的直接反应就是口罩和空气净化器的热销，以及旅游人数的锐减。

2014 年 3 月 5 日，国务院总理李克强在政府工作报告中表示：“我们要像对贫困宣战一样，坚决向污染宣战。”3 月 27 日，李克强总理主持召开国务院常务会议，研究确定今年政府的重点工作。会议决定，在重点地区有针对性地采取措施，加强对大气、水、土壤等突出污染问题的治理，集中力量打攻坚战，让人民群众看到希望。

在谈到治理污染需要多长时间时，全国政协常委、人口资源环境委员会副主任秦大河说：“如果我说我们要三十年，老百姓会感到很失望；如果我说只要三五年，那是不符合实际的。”

二、申论要求

（一）根据给定资料，概括归纳 T 市治理空气污染的主要做法。（20 分）

要求：全面、准确、简洁。不超过 200 字。

（二）“给定资料 4”提到了“烟花燃放指数”这一做法。请结合资料内容，分析指出

有关部门这一做法在工作思路或管理理念上体现出哪些新的变化。（15分）

要求：观点明确、分析深入、条理清楚。不超过250字。

（三）“给定资料5”提到T市开展“城市无车日”活动，请参考给定资料，以该市交通运输部门名义，围绕宣传“无车日”活动，给广大市民写一封公开信。（25分）

要求：

1. 切合题意，具有针对性；

2. 观点明确，内容充实，层次清楚；

3. 格式规范，表达简洁流畅，不超过600字。

（四）请针对“给定资料6”画线部分文字进行思考，结合对全部给定资料的理解，以“让人民群众看到希望”为题，围绕“大气、水、土壤等突出污染问题的治理”写一篇议论文。（40分）

要求：

1. 自拟标题，联系实际；

2. 观点鲜明，论述全面、深入，逻辑结构严谨；

3. 表达简洁，字迹清楚，总字数1 000～1 200字。

三、参考答案

（一）主要做法

一是成立领导小组，启动五大工程和五项整治。二是争取国家、省级财政支持，多渠道吸引社会资金。三是以资金奖励、补助政策调动积极性，控制燃煤污染；加强住宅区集中供暖管理和基础管网建设。四是推广清洁能源使用范围，替代城中村土小燃煤锅炉。五是通过修订法律、气化改造、整治黄标车、规范公务车使用等方式降低尾气污染。六是以引导和限制相结合为主控制春节烟花燃放。七是举办无车日活动，倡导绿色出行理念。

（二）主要变化

“烟花燃放指数”变禁放为以引导和限制相结合的做法，体现出政府工作思路更加的科学化和人性化。

（三）公开信

低碳出行惠及你我

广大市民：

你们好！

9月22日是“世界无车日”，旨在改善城市空气质量、减少城市交通压力和改变城市交通观念的环保活动。T市作为工业型城市，污染相对严重，开展“无车日”活动可以引导公众低碳出行，增强环保意识，对本市意义重大。

我市汽车尾气排放量特别大，汽车尾气是形成 PM10 和 PM2.5 的主要来源之一，同时也是形成酸雨、雾霾等气象灾害的重要原因之一。汽车尾气不仅污染了城市的环境，让市民难见蓝天，也成为危害市民健康的“隐形杀手”。“无车日”活动不仅可以减少汽车尾气的排放，实现改善环境的目的，同时还能缓解交通拥堵、减轻交通压力，使人们的出行更方便、更快捷，使低碳出行的成果惠及广大市民。

降低汽车尾气的排放，需要从我们每一个人做起。希望大家多乘坐公交车、骑自行车或者就近步行，从自己做起，从身边做起，践行“无车日”活动。同时，我们也会增加公共交通的数量，建立成熟完善的公共交通体系，切实方便市民的出行，满足市民的需求。践行低碳生活的生活理念，使我们的生活更美好！

T 市公安交通管理局

××××年××月××日

（四）命题作文

让人民群众看到希望

2014 年 3 月 27 日，国务院常务会议决定，加强对大气、水、土壤等突出污染问题的治理，集中力量打攻坚战，让人民群众看到希望。改革开放以来，我国经济飞速发展，一跃成为世界第二大经济体，但是，生态环境却日益恶化。近年来，我国大部分地区出现多次严重的雾霾天气，导致呼吸系统疾病发生率上升，严重威胁到民众的身体健康。民众普遍不满，期待政府有所作为。正所谓：民意所向，施政所为。政府应切实行动起来，加大污染治理力度，换回清新的空气。

大力调整能源结构。长期以来，我国的能源结构以煤为主，而燃煤会排放出大量的二氧化硫和烟尘，严重污染空气。尤其在一些老工业城市，基础设施建设滞后、能源结构单一、环保历史欠账较多。每当冬季采暖期来临，大量的城中村会因为用煤取暖排放出大量的污染物。为此，要积极争取财政支持，多渠道筹措资金，建立和完善全面推进能源结构调整的投融资平台；进行采暖锅炉清洁能源供热改造，按照供热改造面积进行相应的建设费用补助，调动企业和居民的积极性；积极推广天然气、煤层气、液化石油气、焦炉煤气。

整治机动车尾气排放。机动车尾气是大气污染的一大帮凶，其排放的氮氧化物、细微颗粒物、硫化物是造成酸雨、雾霾等自然气象甚至灾害的重要原因。以 T 市为例，PM10 有两成多来自机动车尾气，而 PM2.5 有三成多来自机动车尾气。另外，机动车还会排放出大量的颗粒物。为此，要建立健全机动车污染防治办法；购置清洁能源公交车，淘汰柴油公交车；纠正和查处违规上路的公务车；对黄标车采取限行和报废措施，严厉查处黄标车闯限行和柴油车“冒黑烟”等违法行为；严禁没有环保标志的外地车辆进入。

规范烟花爆竹燃放。春节期间，我国会大量燃放烟花爆竹，造成污染物浓度的急剧上升。如果气象条件不利于扩散，更是会造成大气的严重污染。但是，燃放烟花是一个传统的文化活动，完全禁止会损害我国的节日文化。并且，烟花爆竹的燃放只是集中在春假期间，不会造成长期污染。为此，要提供“烟花爆竹燃放指数”服务，按照天气条件，确定烟花爆竹的燃放数量；严控高排放的大型烟花爆竹；加强宣传教育，引导民众春节期间少放或不放烟花爆竹。

古人云：冰冻三尺，非一日之寒。严重的空气污染不是短时间形成的，而是长期积累的结果。环境委员会副主任秦大河在谈到治理污染需要多长时间时说过：“如果我说我们要三十年，老百姓会感到很失望；如果我说只要三五年，那是不符合实际的。”虽然如此，政府决不能无视民意期待，而应该积极采取有效措施，加强污染治理，让人民群众看到希望。

（资料来源：http://blog.sina.com.cn/s/blog_4d4a50cc0102ebh3.html，有删改）

第二节 毕业论文

知识要点

- 毕业论文是高等院校应届毕业生为完成学业，综合运用所学基础理论、专业知识和技能，就某一领域的某一课题的研究成果加以表述的议论文体
- 毕业论文具有理论性、创造性、科学性和专业性等特点
- 毕业论文通常由封面、摘要、关键词、目录、正文、致谢、注释及参考文献、附录组成
- 撰写毕业论文时，要求选题严谨，论点鲜明，论证有力，语言表达规范

一、毕业论文的概念

毕业论文属于学术论文的一种，是高等院校应届毕业生为完成学业，综合运用所学基础理论、专业知识和技能，就某一领域的某一课题的研究成果加以系统表述，具有一定学术价值或应用价值的议论文体。指导学生撰写毕业论文是高等院校教学过程中的一个重要环节，其目的是培养学生运用所学的基础理论、专业知识和基本技能，分析和解决实际问题、学术问题及从事科学研究的能力，为学生毕业后继续学习和进行更高层次的研究奠定基础。

二、毕业论文的特点

（一）理论性

理论性是毕业论文的主要特点。将丰富、复杂的材料进行分析、综合，寻找出带有普遍意义的规律加以论述，是从现象到本质、从感性认识到理性认识的过程。毕业论文体现的就是这样一个过程，所以具有理论性。

（二）创造性

毕业论文不能简单地重复别人的观点，必须有自己独到的见解，有新意，否则论文就没有价值。

（三）科学性

能够通过研究，从规律、原理、技巧等方面，由已知的推出未知的科学结论。实用性的论文，其结论必须具有科学性，只有这样才能指导实践。

（四）专业性

毕业论文是学生根据自己所学专业，对某一学科领域的某一问题进行的专题探讨，在内容上有很强的专业性，在语言方面也常用专业术语。

三、毕业论文的种类

（一）按照学科专业

按照学科专业的不同，毕业论文可分为文学论文、语言学论文、法学论文、历史学论文、哲学论文、经济学论文、教育学论文等。

（二）按照研究方法和论文体式

按照研究方法和论文体式的不同，毕业论文可分为论证型论文、评论型论文、考证型论文、综述型论文等。

四、毕业论文的结构与写法

（一）准备阶段

1. 掌握写作的基础知识

了解、熟悉写毕业论文的基础知识，这是最基本的一点。要掌握这些基础知识，一方面是靠平时的积累，另一方面可以向导师求教。另外，还可以借鉴优秀毕业论文的写法。

2. 积累相关材料

写毕业论文，不充分占有资料，就没有写作的基础，积累材料也要靠日常的积累，材料越多越有利于毕业论文论题的确定与研究。

3. 毕业论文的选题

一是选题要考虑自己的专业特长。专业特长是科学研究的前提条件，只有具有坚实的专业知识和技能才会在研究中发现真理。二是选题要考虑到自己的兴趣所在。对选题有兴趣，才会有钻研的热情与积极性，才会有强烈的研究欲望，这样才容易出成果，才能提高论文的质量。三是选题要考虑能为论文研究提供帮助的可能性。这包括资料、经费、时间等因素。选题的难度、篇幅一定要适中，保证在允许的时间内完成。四是选题要尽可能早一些。这是因为论题选得早，时间充分，准备也充分，可以从容地、有条不紊地去完成论文。相反，如果论题选得较晚，时间上就会仓促，会影响论文质量。

4. 确立论点

这是毕业论文写作的重要环节。论点是在对资料的分析、研究的基础上产生的，先有资料，后有论点。论点的形成实际上就是对资料进行整理、分析、概括的过程。论点确立之后，还要对其进行论述，主要运用逻辑思维方法，把资料组织起来去证明自己的论点。主论点还可以分为若干个分论点逐一论述。

（二）毕业论文的格式规范与写法

毕业论文通常由封面、摘要、关键词、目录、正文、致谢、注释及参考文献、附录组成。

1. 封面

封面一般包括文头、论文题目、作者、院系名称、指导教师、答辩日期、申请学位等项目。

毕业论文的题目是表现论文主题，反映论文主要内容，体现写作意图的重要标志。毕业论文的题目一般包括总标题、副标题、分标题三类。题目要准确地反映论文内容，要简洁、规范、醒目，一般中文题目以不超过 20 个汉字为宜。

2. 摘要

毕业论文的摘要又称内容提要，是全文内容的简短概括。一般应写出目的、对象、方法、结论等内容。摘要的字数一般不超过论文总字数的 5%，一般在 100 ~ 300 字。

摘要还包括英文摘要。它是中文摘要的英文译文，英文摘要页一般置于中文摘要页之后。申请学位者必须有，不申请学位者可不使用英文摘要。

3. 关键词

关键词又称为主题词，是用来确切地表达该论文主要内容和特征的词或词组。为了检索的需要，一般从论文中选出最能表示全文主题内容、信息款目的单词或术语。一般以3～8个词为宜。

4. 目录

目录一般放在论文正文之前，是论文的导读图。目录要准确完整。

5. 正文

正文是毕业论文的核心内容，包括前言、主体和结论三部分。

（1）前言。前言又称绪论、导语，是论文的开头。前言主要说明研究本课题的原因、任务、意义等。前言的撰写要言简意赅。

（2）主体。主体即本论部分，这是论文的核心部分。作者在这一部分要对所研究的问题进行充分全面的论述，这是作者理论水平和创造才能的集中体现。这一部分写作要做到论点鲜明、论据翔实、层次分明、论证严密。毕业论文正文部分的结构层次，一般采用三种方式：

并列式：各分论点相提并论，各层次平行排列，分别从不同的角度对问题加以论述。

递进式：各分论点、各层次的内容逐步深入，后一个分论点是前一个分论点的深化。

综合式：采用这种安排的论文是以某一种安排形式为主，中间加以另一种形式。

不同类型的论文，由于学科内容不同，方法各异，主体部分在写法上也各有侧重。

（3）结论。结论又称结语，这是对正文的归结，是全文的概括、总结。结论部分可以揭示、深化观点，归纳结论，提出意见或建议等。结论部分应该完整、精练。

6. 致谢

致谢是向对论文作者有过帮助的人或单位表示谢意，态度要诚恳。

7. 注释及参考文献

注释是对文章中的词语、内容所做的说明。参考文献是在毕业论文的写作过程中参考、引用或借鉴的论文、论著或其他资料等。凡论文中直接引用过的参考文献，均应列出。

8. 附录

论文中有些内容与正文关系密切，却又相对独立，将其作为附录，可帮助读者阅读、掌握正文中的有关内容，例如，问卷调查原件、数据、图表等，必要时应注明出处。

五、毕业论文的写作要求

（一）选题要严谨

要在自己的专业领域内选择自己有兴趣的论题。选题要量力而行，要有新意。

（二）论点要鲜明

论点是文章的灵魂、统帅，要把握住论点，紧扣不放，不可节外生枝。

（三）论证要有力

要搜集充足典型的资料，对资料进行深入分析。切忌堆砌资料，简单拼凑。

（四）语言表达要规范

毕业论文以议论为主，运用数字、图表分析论证，叙述、说明、议论相结合，语言要求准确、简练、严密，不必过分修饰，力求朴实。

例文

浅论企业会计信息失真的问题

摘要：会计信息是国家宏观调控和单位经济管理的重要资料，其质量如何，直接影响国家经济决策和市场经济的有序运行。目前，会计信息失真问题严重损害了国家的整体利益。文章从会计信息失真的表现入手，阐述了其危害性，并从法制、企业及政府行为、职业道德、会计监督等方面分析了会计信息失真之成因。进而指出，必须采取法律的、行政的、经济的治理手段进行标本兼治以整顿会计秩序，治理会计信息失真，从而完善社会主义市场经济活动，使企业真正走上健康发展之路。

关键词：会计信息失真　原因　危害　对策

企业会计信息是指企业会计提供的关于本企业生产经营活动过程和结果的一切会计资料。会计信息是国家宏观调控和单位经济管理的重要资料。它要满足国家宏观调控、企业内部管理、企业外部相关决策三方面的需要，有资料显示，企业会计信息占到了整个经济信息总量的70%以上。因而，真实的企业会计信息将影响实现宏观调控和市场的有序运行，影响会计职能的有效发挥。

但近年来，在我国会计界取得瞩目成就的同时，会计信息的不真实（即失真现象）却日益严重。财政部2000年度会计信息质量检查结果显示，被调查的159家企业中，资产不实的147户，利润不实的157户；2001年度，国家审计署对16家具有上市公司年度报表审计资格的会计师事务所实施审计质量抽查，在被抽查的32份审计报告中，有14家会计师事务所出具了23份严重失实的审计报告，涉及41名注册会计师，造假金额达70多亿元。在国企、私企和股份公司工作过的资深会计竟然找不到一家不做假账的企业，于是发出了“社会需要假账”的感慨。因此，分析导致企业会计信息失真的原因，寻找治理会计信息失真的对策，保证会计信息的真实性，已经刻不容缓。

一、会计信息失真的涵义及分析框架（具体内容略）

所谓的会计信息失真，就是会计核算的依据不真实或反映的财务状况和经营成果虚假，不符合实际情况；会计信息未能真实地反映客观的经济活动，明显地不符合会计信息质量特征的要求，给决策者的相关决策带来不利影响的一种现象。

从产生过程看，我们可以将会计信息分为会计事项失真引起的会计信息失真和会计处理失真引起的会计信息失真。

从是否主观引起看，会计信息失真可分为会计信息的有意造假和会计信息的无意失实。

二、会计信息失真的表现（具体内容略）

中小企业会计信息失真是指会计信息由于种种原因不能真实地反映企业的财务状况、经营成果和现金流量状况。在由高度集中的计划经济向社会主义市场经济体制转型期间，中小企业会计信息失真突出表现为：

（一）会计核算不实

一些企业在资产核算过程中，为了逃避国家税收和银行债务，不按照会计法规进行会计核算，想方设法挤占、虚列或漏记、少列成本、费用，隐瞒、转移或虚列收入。

（二）资本、资金不实

（三）会计处理、披露信息不实

三、会计信息失真的原因（具体内容略）

会计信息失真的原因有很多方面。既有会计法规、政策、理论及企业管理体制等的不完善，也有会计人员及单位领导的责任。具体来讲，主要有以下几个方面：

（一）人为造成会计信息失真

（二）会计人员素质低下造成会计信息失真

（三）会计法规、准则本身的缺陷留有钻空子的余地

（四）监管职能弱化造成信息失真

（五）会计法规体系还不够完善

（六）计算机记账自身存在的问题

四、会计信息失真的危害（具体内容略）

（一）传递错误信息，误导经济行为

（二）损害各方利益，导致企业亏损

（三）破坏投资环境，影响经济资源的合理分配

（四）导致国家或地方财政收支预算的编制出现方向性错误

（五）削弱国家财经法规的权威性

（六）扰乱经济秩序，诱发经济犯罪

（七）助长腐败之风，影响国家政治安定

五、会计信息失真的对策（具体内容略）

导致会计信息失真的原因是多方面的。要切实解决会计信息失真问题，保证会计信息的真实可靠，是一项艰巨而又复杂的工作。我认为，可采取以下主要对策来治理会计信息失真。

（一）明晰产权、理顺委托代理关系，完善会计规范体系

1. 明晰产权，发挥产权对会计信息生成过程的规范和界定功能。

2. 理顺委托—代理方的利益关系，减少利益冲突。

3. 加强会计规范的建设，完善会计规范体系。

（二）培育有效的资本市场体系和规范现代公司治理结构

1. 尽快培育有效的资本市场体系。

2. 建立规范的现代公司治理结构。

（三）加强执法力度和健全以财务管理为核心的内部信息管理系统

1. 要加大处罚力度，降低经营者的预期风险收益。

2. 健全以财务管理为核心的内部信息管理系统。

（四）加强资本市场与会计信息的规范

1. 会计信息与资本市场的公开性。

2. 加强对会计信息披露的规范和管理。

3. 健全注册会计师的行业自律组织的自我管理。

4. 建立以证监会为核心的会计监管体系。

总之，治理会计信息失真，应该从宏观和微观两个方面入手：从宏观方面讲，要真正建立与完善现代企业制度，建立健全监督制度，加大执法力度，使企业、单位在法制的轨道上正常运行；从微观方面讲，应加强单位内部制度的建设，强化内部监督。要加强会计从业人员的管理和继续教育。

会计信息的真实性不仅是国家宏观管理的需要，在市场竞争日趋激烈的今天，企业要

想有更好的发展，就必须注重会计信息的质量，提高会计信息的真实性，认真了解会计信息失真的原因，认清它的危害性，找到治理失真的对策。只有这样，企业才能将会计信息真正运用于决策过程中，才能在市场竞争中立于不败之地。

参考文献：

[1] 蒋义宏.会计信息失真的现状成因及对策研究[M].北京：中国财政经济出版社，2002.

[2] 高振翔，冯信瑶.会计信息失真的危害及原因探析[J].经济师，2005（1）.

[3] 鲁祖艳，熊彩虹.会计信息规则性失真与执行性失真的分析[J].经济师，2004（8）.

[4] 方伟.企业会计信息失真的防治对策[J].会计天地，2004（8）.

（资料来源：http://3y.uu456.com/bp_3hay29boav3qhtz4wk6k_1.html，有删改）

第三节 毕业设计报告

知识要点

- 毕业设计报告是工科毕业生在教师的指导下，对自己的设计进行详细的论证和计算，并对设计方案的选择和计算过程作出必要说明的文体
- 毕业设计报告具有实践性、应用性和说明性等特点
- 毕业设计报告通常由封面、毕业设计任务书、摘要、关键词、目录、正文、致谢、注释及参考文献、附录组成
- 撰写毕业设计报告时，要求选题考虑主客观条件，设计有新意，数据准确，文面规范

一、毕业设计报告的概念

毕业设计报告是工科毕业生在教师指导下，对自己的设计进行详细的论证和计算，并对设计方案的选择和计算过程作出必要说明的文体。毕业设计报告是毕业设计成果的文字表达，也是对毕业生进行能力考核和成绩评定的基本依据。

二、毕业设计报告的特点

毕业设计报告和毕业论文都属于学术论文，但毕业设计报告除了具有与毕业论文相同

的特点外，还具有以下特点：

（一）实践性

毕业设计以实验或设计为基础，设计者必须亲身经历实验或设计全过程，并详细记录实验结果，检验设计的可行性，而不是主观臆断数据或空想设计方案。

（二）应用性

科技理论研究都是以应用到生产实践中为目的的。毕业设计的各种数据之所以要经过科学的运算，目的是便于将科研成果转化为生产力。

（三）说明性

毕业设计成果的原理、应用范围、技术参考、工作流程等，只有通过文字、图纸进行解释、说明，才易被理解与认同。

三、毕业设计报告的结构与写法

毕业设计报告通常由封面、毕业设计任务书、摘要、关键词、目录、正文、致谢、注释及参考文献、附录等组成。

（一）封面

封面上应标明院校名称、毕业设计题目、设计人姓名、指导教师姓名和职称、设计方向、完成设计任务的时间等。

毕业设计报告题目的基本结构是由设计项目名称加“设计”组成，或以“毕业设计说明书”为主标题，副标题说明具体设计项目的名称。题目要简短、概括，字数不宜超过 20 个字。

（二）毕业设计任务书

毕业设计任务书由指导教师提出，经教研室审查报院校批准后下达。毕业设计任务书包括毕业设计题目名称，提供必要的设计资料，设计的基本内容和要求，专题部分内容和要求，完成期限等。

（三）摘要

毕业设计报告的摘要以浓缩的形式概括研究课题的内容，字数以不超过总字数的 5% 为宜，一般在 100 ~ 300 字。

（四）关键词

关键词又称为主题词，是为了检索的需要，从毕业设计报告中选出用以表示全文主题内容、信息款目的单词或术语。一般以 3 ~ 8 个词为宜。

（五）目录

目录按三级题目编写，要求层次清晰。目录中的题目应与正文中的保持一致。

（六）正文

毕业设计报告的正文一般包括绪论、主体和结论三部分。

1. 绪论

绪论又称前言、导语，主要说明本设计的意义、目的、设计范围及技术要求；简述本课题在国内外的发展状况及存在的问题；阐述本设计要达成的预期结果等。

2. 主体

主体是对设计工作的详细表述，其内容包括：问题的提出，设计工作的基本前提、假设和条件，模型的建立，实验方案的拟订，基本概念和理论基础，设计计算的主要方法和内容，实验方法、内容及其分析，理论论证，理论在课题中的运用，课题得出的结果等。

3. 结论

结论是对整个设计工作进行归纳和综合而得出的总结，包括设计中存在的问题及进一步改进的见解与建议等。结论是对全文的总结，因此要写得概括、简短。

（七）致谢

致谢附于正文的结尾部分，是向对毕业设计报告作者有过帮助的人或单位表示谢意，态度要诚恳。

（八）注释及参考文献

注释是对文章中的词语、内容所做的说明。参考文献是在毕业设计报告的写作过程中参考、引用或借鉴的论文、论著或其他资料等。凡毕业设计报告中直接引用过的参考文献，均应列出。

（九）附录

毕业设计报告中有些内容与正文关系密切，却又相对独立，将其作为附录，可帮助读者阅读、掌握正文中的有关内容，必要时应注明出处。

四、毕业设计报告的写作要求

（一）选题要考虑主客观条件

毕业设计报告的选题要符合实际情况和个人能力。要根据自己的专业、爱好选题，使课题在自己的努力下完成。不要一味求大求难，超出自己的能力。

（二）设计要有新意

毕业设计报告一般都要参考和继承前人的成果，但要有所改进，有所创新，要突出自己在设计中的独到之处。

（三）数据参数要准确无误

在毕业设计报告的撰写过程中，一定要始终保持严谨的科学态度，结构要清晰完整，文字表述要严密准确，特别是报告中需要引用数据参数时，必须保证准确无误。

（四）文面要规范、整洁

毕业设计报告文面要字迹清晰，图示规范，干净整洁，层次分明。

例文

计算机网络工程全面信息化管理

摘要：介绍了基于计算机网络技术的工程项目全面信息化管理的概念及优势，分析了目前实施其管理的问题，论述了其管理系统的建立步骤及功能模块，并展望了其管理的发展趋势。

关键词：工程项目　信息化管理　计算机网络技术

1. 概念及优势

1.1　概念

基于计算机网络技术的工程项目全面信息化管理就是运用以项目信息化管理软件为平台，以计算机网络为传输介质，对项目信息进行全面的收集、整理、储存、传递与应用的过程，并使信息对企事业实施工程项目起指导作用。

1.2　优势

通常计算机网络技术的工程项目全面信息化管理最明显的成效是实现无纸化管理，且通过计算机网络沟通的成本较低进而节约成本，提高沟通效率。在基于计算机网络技术的工程项目全面信息化管理系统中，信息是以信息流的形式在网络间传输，其质量好，安全性高，而且相同知情权限的管理者能在相同的时间得知信息，从而避免信息不对称现象，保证项目管理决策的顺利执行。

……

2. 阻力和困难

虽然从政府到企业都十分重视工程项目电子信息化管理，但其发展的步伐依旧步履维艰，普及进程缓慢，基于计算机网络的工程项目全面信息化管理系统的建立，目前有以下的阻力和困难：

各行各业建设项目组织与地点都有很强的临时性，有的项目地处偏远，通信条件差。高效的基于计算机网络的工程项目全面信息化管理系统需要计算机硬件与良好的计算网络支撑，这与工程项目目前的运行条件有一定的矛盾，例如，个别项目只能通过拨号上网来连接项目信息化管理系统，从而导致网络化全面信息管理实现有一定难度。

……

3. 建立步骤及组成模块

很多公司和企业信息化管理是基于计算机网络技术的工程项目全面信息化管理系统实施的前提条件，项目管理组织员工的素质是项目全面信息化管理的基础。只有使信息化管理思想深入人心，建立有序高效的信息处理流程，才能形成基于计算机网络技术的工程项目全面信息管理系统运行的良好环境。

基于计算机网络技术的工程项目全面信息化管理系统的建立不是一蹴而就的，而是结合企业特点及项目实施环境进行功能需求的分析后一步步建立起来的。其实施步骤为：

明确项目全面信息化管理系统的开发应用目标；

进行项目全面信息管理系统流程的分析与分解；

进行项目全面信息化管理系统模型/模式的分析建立；

确定项目全面信息化管理的模块结构；

进行项目全面信息化管理系统的设计、开发与应用；

结合系统运行情况，不断调试与优化。

4. 发展趋势与展望

随着网络技术的不断发展，网络安全方面的研究开发也会不断深化，工程项目信息管理系统的数据安全性也会不断加强，为其安全高效地发挥作用提供保障。

基于计算机网络技术的工程项目全面信息化管理系统使用功能进一步加强，如在线视频监控、在线视频会议等功能将不断地被加入到系统中，远程管理控制得以实现。

工程项目信息化管理系统的建设开发将形成自己的行业标准，如统一的网络标准平台、统一的数据库标准平台、统一的系统开发标准的要求等，进而使不同信息管理系统交换性不断加强，实现信息无边界的标准化共享。

PM- ASP(Project Management-Application Service Provider)将是工程项目信息化管理的未来趋势，网络经济的不断发展与社会分工的日益细化，将促使专业的工程项目信息管理服务供应商产生，从而大大降低工程项目信息管理的管理成本，更好地发挥信息作用。

随着电子信息技术及网络技术的不断发展，工程项目的电子信息化管理系统也会不断完善。信息是在网络经济时代仅次于人才的重要战略资源，基于计算机网络技术的工程项目全面信息化管理将会对整个项目的高效有序运行提供保障与支持。全面信息化管理不断推动企业管理的信息化进程，从而促使企业收集并建立企业资源信息库，全面提高自身管理水平，为迎接国际竞争的挑战，迎接真正的电子商务时代做好准备。

参考文献：

[1] 张猛，曹德成.谈网络时代的工程项目管理[J].建筑经济，2009(2)：21～23.

[2] 崔惠钦.工程项目管理信息化建设模型和方法的实践与探索[J].施工技术，2010(2)：35～37.

（资料来源：http://www.docin.com/p-886399907.html，有删改）

第四节 实习报告

知识要点

- 实习报告是指学生为回顾总结自己在实习期间的实习工作经历而撰写的文书
- 实习报告具有专业性和检视性等特点
- 实习报告通常由标题和正文组成
- 写作实习报告时，内容要真实，语言要简练

一、实习报告的概念

实习报告是指学生为回顾总结自己在实习期间的实习工作经历而撰写的文书。实习报告是在实习的基础上完成的，要运用专业理论知识结合实习实践，进行比较深入的分析与总结，以全面反映学生的实习完成情况，因此是对该阶段的岗位实习情况进行思考与总结的书面材料。

二、实习报告的特点

（一）专业性

实习报告反映了学生在自己所学专业领域实习的实际情况，是对所学专业知识的运用与实践。

（二）检视性

实习报告必须对自己真实的实习情况进行总结检视，梳理收获，找出不足。

三、实习报告的种类

根据内容性质和用途的不同，实习报告可分为生产实习报告、课程实习报告和毕业实习报告等。

四、实习报告的结构与写法

实习报告通常由标题和正文组成。

（一）标题

实习报告的标题通常有三种写法：一是由实习地点和文种构成，如《花园宾馆实习报告》；二是新闻式标题，正标题陈述实习报告的主要结论或提出中心问题，副标题标明实习的单位和文种，如《质量是企业的命根子——××有限公司实习报告》；三是只标文种即可，如《毕业实习报告》。

（二）正文

实习报告的正文一般包括前言、主体和结尾三部分。

1. 前言

用高度概括的语言扼要介绍实习基本情况，包括实习的目的、时间、地点和岗位，以及总结性的体会与感受，以引出下文的主体内容。

2. 主体

这是实习报告的核心内容，主要包括：①介绍实习单位与岗位，着重介绍实习岗位；②叙述实习内容与实习过程，可以将专业理论知识与实践相结合，侧重实践能力和技能的培养、锻炼与提高。可以以时间为序进行叙述，也可以针对实习内容从多方面进行叙述，要求思路清晰条理，逻辑性强。

3. 结尾

这部分主要总结实习体会和今后努力的方向。要着重总结实习工作的体会和感受，特别是自己所学专业理论与实践的差距和今后应努力的方向。

五、实习报告的写作要求

（一）内容要真实

实习报告必须如实客观地叙述自己的实习经历，内容要真实，重点要突出。

（二）语言要简练

实习报告要针对自己的实习经历与切身体会进行阐释，语言要平实、简练、明快。

（三）格式要规范

实习报告如果有统一规定的文字打印格式和装订要求，如标题、正文的字体、字号等，要严格按照要求完成，可参考提供的实习报告样本。如果需要，最后可将实习报告与统一提供的毕业实习报告封面装订成册。

例文

××县××镇中心中学实习报告

实习是一个师范生成长为一位合格教师的必经之路，也是检验每一位师范生教学技能的前奏。实习是师范生教学生涯的开始，是师范生展示成果的舞台。2015 年 9 月 1 日，我怀着高兴而兴奋的心情走进了阔别五年的母校——××县××镇中心中学，在这儿承载着我中学时代的记忆，中学生活中的点点滴滴。五年前我从这儿毕业进入更深层次的学习，而今回到母校进行我的教学实习，开展我的教学工作。面对我的学弟学妹们，我无比激动兴奋，在他们身上看到了中学时代活泼、奋进的我们，看到了曾经那个渴求知识、追寻理想的我们；面对我的老师们，心中满是愧疚，毕竟当年的我很顽皮、很叛逆，在那个时代总是让老师操心；面对我的母校，我无比的自豪，是她培育了我，是她带我走过那个朦胧无知的年代，是她为我提供了一个展示自我的舞台……

在为期一个月的实习中，让我体会到作为一名教师经历的点点滴滴，让我初次体会到作为一名教师的酸甜苦辣。在教学实习中虚心听取指导教师的建议，充分调动学生的学习积极性，认真开展每一堂课的教学，认真总结教学经验，认认真真、踏踏实实、勤勤恳恳、任劳任怨地开展实习工作，虽然很累很苦，但有很多收获。

一、实习目的

实习对于我，一名即将毕业的师范生来说是必需的，也是必要的，它不仅为我们提供了一个在生源地展示自己教学技能的机会，还为我们提供了一个检验自己学业成果的舞台。这不仅仅是学校安排的教学任务，更是一个了解学生学情、熟悉教学方法、策略和各个教学环节的机会，还是一个理论和实践相结合的机遇。为此我在为期一个月的实习工作中，认真研习教材，总结学生学情，在教学过程中及时、准确地处理学生提问和质疑，并在教学中恰当处理师生关系。

为期一个月的实习转眼即逝，通过实习，我充实了自己，学会了如何教学，如何处理师生关系，学习到许多未曾接触过的东西，在实习中很快地将理论和实践相结合。经历了这段实习生活，让我感受到新一代教师肩上的重担，体会到教师的艰辛和不易。在实习过程中，我对比自己的中学时代，感受着我们与“90 后”学生的差别，“90 后”的学生领悟能力、信息接收能力、对新事物的认知能力都远远地超越我们的时代，这对我们师范生提出了越来越高的知识要求、教学技能和丰富的知识蕴含。在实习过程中，我熟练地掌握了教学技能，还学会了如何处理与学生关系的技巧。

二、实习学校简介

××县××镇中心中学原称××县××镇第七中学，是我县师资相对较好、离县城最近的一所初等中学，共有教职工百余名，其中优秀教师占 70%左右，中学骨干教师占 15%左右，自办学至今为我县培育了近万名优秀毕业生。该校现有三十余个教学班，在校生近两千余名，其中毕业班九个，一个重点实验班。

三、实习内容

（一）听课见习

2015 年 9 月 1 日，实习学校正式开学，主要任务是学生报名和开展学前教育，在实习指导教师陈老师的安排下，我参加了初二（3）班的学前教育，学生报到后，初二三班班主任舒老师在班上开展了近一个小时的学前教育。

内容如下：

1. 新学期开始，应订立本学期的学习目标；

2. 新学期新风貌，在新的一个学期，大家升了一个年级，必须纠正初一年级养成的不良学习习惯，培养良好的学习风貌；

3. 树班风，促和谐，在新学期教学开始前，先要树立良好的班风，促进班级间的和谐，同学间的和睦，营造一个良好的学习环境；

4. 树立正确的学习观念和合理切合实际的目标理想。

（二）备课

在认真分析学生学习情况的基础上，我仔细研读教材，耐心分析学生个体情况，参考教辅资料，认真详细地设计教学思路，编写教案。在设计各个教学思路时充分体现以学生为主体的教学思路，做到读写练有机结合，充分调动学生的学习积极性，做到循序渐进。在刚开始的备课中遇到种种问题，例如各教学环节的衔接脱节、教学时间安排欠妥等，但在陈老师耐心的指导下，我在最短时间内纠正了备课见习中出现的种种问题。

（三）专业技能教学

2011年9月在听了陈老师在两个班讲授了五个课时后，我开始了我的第一堂实习教学，我教习的课文是毛泽东的新闻两则中的第二则《中原我军解放南阳》，这是一篇实用性文体，是同学们第一次接触消息，在开讲前我引导学生复习了陈老师在讲解第一则新闻时给同学们介绍的新闻五要素（标题、导语、主体、背景、结语），其次要求学生自由找出文中五要素，并理解全文。第一堂课的教学很快结束，在教学过程中出现了很多问题。问题如下：

1. 教学中语速稍快，偶有方言音出现；
2. 刚走上讲台时，略显紧张，但能很快调整心态进行教学；
3. 教学中过于相信学生的自制力，忽略了师生互动中存在的“浑水摸鱼”的现象；
4. 各教学环节的衔接基本合理，在预设时间内基本能够完成相应的教学工作。

（四）班主任工作实习

在为期一个月的实习中，我在两个班级进行了班主任实习工作，工作如下：

1. 例行检查早操、课间操两操出勤率；
2. 每早带正课前20分钟的自习；
3. 组织班委开展班级活动，组织学生进行日常学习；
4. 每天组织班委开班级常务会议；
5. 处理班级突发事件。

在班主任工作实习期间，各班委积极组织班级活动，协助我管理班集体，使班级秩序稳定发展，班级间相处融洽，同学和睦相处。在同学们的配合下，我所实习的班级，班风俨然，学风和谐。

（五）教学研讨

在课余时间，我常与语文教研组的老师研讨当今教育改革问题，与实习学校老教师、骨干教师请教教学心得和经验，内容如下：

1. 与语文教研组老师讨论中学语文教材变革问题；
2. 与指导老师讨论学生学情以及教学中的种种问题；

3. 与物理组骨干教师钟老师讨论目前“90 后”学生身上的种种问题，及作为一名教师如何引导学生改正种种弊端的策略；

4. 与实习学校教务主任王老师讨论实习学校眼下问题。

在与各位优秀教师和从教多年的老教师讨论后，自己更加清楚目前教育所处的环境和教师所处的位置。大多数地区存在教育设施滞后，教育硬件跟不上，教育方法相对落后，师资力量参差不齐，以及教育资源应用不合理等一系列问题。

四、实习效果和评价

在实习的过程中，由于有过硬的专业知识和教学技能，实习学校指导老师的耐心指导，加上自己认真地分析学情和设计教学思路，从而使自己的每一堂教学都能按时按质地完成，并且得到学生、指导老师、实习学校相关领导的肯定和好评。

在自己的努力、学生的配合、指导老师的引导、实习学校的支持下，我在 9 月 30 日为自己的实习生活画上了一个圆满的句号，这是我走上教学生涯的开始，是我检验自己所学的舞台。

实习结束了，我虽然受到学生、老师、实习学校的肯定和好评，但我自己认为在实习的过程中仍然存在很多问题，如自己在教学的舞台上还不能很好地展示自己。鉴于此，我还要在以后的学习工作中更加努力地纠正自己的不足。

五、实习体会

回味在实习的喜悦中，结束的钟声早已敲响，一个月的实习很快结束了。在这一个月里，有自信、有骄傲、有自豪、有哭泣、有笑语……在这段实习生活中，我真正地体会到了作为一名老师的不易和作老师的生活，也体会到了如何去做一名合格的学生。在实习中，我有过抱怨、有过反感、有过不满，但我尝到了初为老师的快乐和兴奋。作为一名教师，不但要有好的学识，而且必须具有良好的道德修养和高尚的情操；而作为一名学生，除了学习老师传授的知识，还要学习做人的道理。

实习虽是短暂的，但它给我留下了很多的回忆，也让我明白了很多和学会了很多。在实习期间不仅增强我的时间观念、纪律观念，也磨练了我的耐心、爱心和恒心，还增强了我成为一名合格教师的信心。尽管在实习中出现的种种问题证明我与一名合格的优秀教师还有很长的一段距离，但我相信“有心人天不负，三千越甲可吞吴”，经过自己不断地总结探索和努力，终能成为一名合格的优秀教师。

（资料来源：http://gw.yjbys.com/baogao/12871.html，有删改）

相关链接

链接 1

避开申论考试三误区

误区一：阅读材料不耐烦

我们知道公务员申论考试，给定材料字数多，信息分散，很多考点需要考生通读材料后归纳总结。而省考申论考试时间为 150 分钟，国考申论考试时间自 2014 年开始由 150 分钟调为 180 分钟。在有限的时间里要准确全面的答出每一题，确实不容易。很多考生总是担心时间不够用，试卷答不完，在阅读给定材料时心情紧张，不耐烦，这就容易造成信息点不全面。因此，考生在考试时一定要合理分配时间，调节好自己的情绪，认真阅读给定材料，从材料中寻找答案。

误区二：答题追求模板

很多考生在复习申论的过程中担心自己写不出最后一题的大作文，就在考前背诵大量所谓的申论范文万能模板。我们知道任何考试都没有“万能”的东西，如果在考试中生搬硬套，一定会是“牛头不对马嘴”，造成文不对题，偏离文章主旨，这样必然得不到高分。考生们应该立足于给定材料，利用阅读技巧，罗列、梳理采分点，最后在答案的组织形式上做到简洁、流畅，这才是正确的复习模式。

误区三：认为摘抄材料拿高分

有很多考生经常说，申论就是大量的摘抄材料，自己写得文字会因为功底不够，显得粗俗浅显，而材料中的文字优美、规范，可以原封不动地摘抄，这样也同样能拿高分。其实，摘抄材料在几年前可以“大行其道”，原因在于评判规则中没有相关的禁止摘抄材料的规定，可现在已经明确规定了禁止大比例摘抄材料的规定。所以，考生在答题的时候还是要在紧密联系材料的基础上，用自己的语言流畅表述自己的观点，形成答案。另外，在申论大作文打分标准中就明确指出摘抄材料超过 30%的话，直接为四类文。

总之，在申论复习中考生一定要调整好自己的心态，在申论考试中考生也一定要平心静气、不烦不躁，认真对待每一道题，避免申论考试三误区。

链接 2

毕业论文（毕业设计报告）材料收集的途径

一、文献。文献是收集论文重要的途径，文献的查阅可以通过图书馆和因特网等途径。文献资料主要包括专业著作、专业论文、工具书、报刊资料、统计数字等。一般来说，资料的收集应先宽后窄、由粗到细、由近到远、由内到外。

二、实地调查。实地调查就是深入社会实际生活获得真实可靠的第一手资料。实地调查具体有两种方式：一是对自然现象进行实地考察；二是对社会的某些现象进行有目的、有计划的调查。调查的方法主要有普遍调查、典型调查、抽样调查等，调查主要有座谈会、访问等形式。

三、科学实验。科学实验就是根据选题的需要，通过科学实验获得事实资料和统计数据。实验类型主要有定量法、对照法、模拟法等。

四、科学观察。科学观察就是有目的、有计划、有选择和能动地对自然条件下所发生的某些特定过程和现象做系统的考察，以获取事实材料。材料选择要求真实、新颖、充分。真实要求材料合乎客观实际、准确无误；新颖要求材料不重复别人或现有的资料，在时间上要求新近；充分要求材料系统、翔实。

问题讨论

一、申论考试的特点是什么？

二、如何修改毕业论文或毕业设计报告？

写作实践

一、根据下面的资料，进行申论写作。

1. 材料

（1）“端午节”是中国的传统节日，距今已有 2 000 多年的历史。2004 年 5 月初，韩国准备申报“端午节”为世界文化遗产的消息传到我国后，在国内引发了一场“端午节保卫战”。其中，“端午节”发源地湖南行动最快，热情高涨。试看当时媒体报道标题：《长沙岳阳群众集体签名，呼唤保护文化遗产》《湖南保护端午节拉开序幕，申报工作纳入工作日程》《岳阳副市长表示，岳阳“端午申遗”全民总动员》。

2005 年 11 月，韩国江陵申报的“端午祭”被联合国教科文组织正式确定为“人类传说及无形遗产著作”。对于韩国申报“端午祭”并取得成功一事，有人不无忧虑地说，有着悠久历史的“端午节”是中国的传统节日，如果国外申报成功，我们该有多么尴尬？我们还有何颜面去见列祖列宗？但是，也有人表示，无形文化遗产是全人类共享的财富，我们的文化传统被别国认同并非坏事，韩国申遗成功对我们的端午文化不会有什么冲击。

（2）2006 年 5 月 20 日，国务院公布了第一批国家级非物质文化遗产名录，共计 518 项，涵盖了民间文学、民间音乐、民间舞蹈、传统戏剧、曲艺、杂技与竞技、民间美术、传统手工技艺、传统医药、民俗等方面，包括春节在内的传统节日也列入了国家非物质文化遗产名录。

为了加强对传统节日的保护，中宣部发布了《关于运用传统节日弘扬民族文化的建议》，要求突出传统节日的文化内涵，精心组织好重要节庆活动，特别要组织好春节、清明节、端午节和中秋节等最具广泛性和代表性的节庆活动。

（3）近年来，在个别部门的炒作下，圣诞节、情人节和愚人节等“洋节”吸引着越来越多的都市年轻人，与之相比，端午、重阳、清明和中秋等中国传统节日则受到冷落。在部分中国人逐渐过起了“洋节”的同时，世界各地却掀起了“中国文化热”：中医在韩国是富人才能享受的服务；儒家礼仪在日本、韩国以及新加坡被广泛学习和应用；来少林寺学习中国武术的洋学生越来越多；中国戏剧在国外的舞台上赢得了愈来愈多的鲜花和掌声。

（4）“非物质文化遗产”是指被各群体、团体和个人视为文化遗产的各种实践表演、表现形式、知识和技能及其使用的工具、实物、工艺品和文化场所。各个群体和团体随其所处环境，与自然界的相互关系和历史条件的变化不断使这种代代相传的非物质文化遗产得到创新，同时使他们自己具有一种民族认同感和历史感，从而促进了文化多样性和人类创造力。“非物质文化遗产”包括以下五方面：一是口头传说和表述，包括作为非物质文化遗产媒介的语言；二是表演艺术；三是社会风俗礼仪、节庆；四是有关自然界和宇宙的知识和实践；五是传统的手工艺技能。

（5）河南省首届“文化遗产日”于 2005 年 11 月 26 日至 27 日举办，郑州、开封和洛阳等 6 个城市的 70 处历史文化遗址和旅游景点免费向群众开放，并举办多个珍贵文化展览、文化遗产知识讲座和文物鉴定等活动。据统计，共有 460 万人参加了两天的遗产日活动。

国务院决定，从 2006 年起每年 6 月的第二个星期日为中国的“文化遗产日”，首个“文化遗产日”的主题为“保护文化遗产、守护精神家园”。6 月 10 日当天，具备开放条件的全国各级文物保护单位、博物馆、纪念馆等免费对公众开放，营造全民参与保护文化遗产的良好氛围。

（6）据报道，电影《无极》剧组在云南天池进行的拍摄活动，对天池造成了一定程度的生态破坏，环保总局已责成云南省环保局对剧组的行为进行处罚。另有媒体称，《无极》剧组两年前拍摄外景时，造成圆明园部分树林枯死。而天池、圆明园已被联合国教科文组织列为世界自然与文化遗产。

（7）1987 年，人民教育出版社出版的全日制十年制学校初中语文教材第六册《隆中对》一文，对篇名作了如下注解：“节选自陈寿的《三国志·蜀志·诸葛亮传》，篇名是后排的，隆中，山名，在现在的湖北襄樊”，1998 年修订初中教材时取消了该篇文章。2000 年 3 月，时任襄樊市市长的罗光平决定由市教育局牵头完成《隆中对》重列教科书计划。2001 年，此文经“全国中小学教材审定委员会”的专家开会讨论，最终形成提案，并通过在武汉的全国政协常委提交到了全国政协九届四次全体会议上。2001 年，此文经全国中小学教材审定委员会审查通过，又入选 2003 年春开始使用的初中教材。2003 年 8 月 16 日，河南省南阳市万名群众自发组织了“捍卫历史、尊重事实，诸葛亮南阳躬耕地万人签名活动”，并将签名送到人民教育出版社有关领导手中。有媒体报道，在现行的新课本中，第 23 课《隆中对》对隆中的解释是“隆中，地名，现在湖北襄樊”，第 24 课《出师表》对南阳的解释是“南阳，地名，诸葛亮隐居的隆中在东汉时属南阳郡”。

（8）日前，文化部副部长周和平透露，国家有关部门将制定有关大量物质文化遗产名录的管理办法，包括制定保护规划，建立保护档案，用文字、图案、多媒体等多种手段来建立档案。他还说，对于非物质文化遗产的传承，各级政府也要制定保护办法，另外，有些学校还要开设相关专业，来传承这些文化形式，同时，各级财政还要逐步地加大投入，建立奖惩机制。

（9）改革开放前，我国文化艺术保护采取了单一的国家计划经济的保护方式，其特点为国家统一规划，统一领导，统一步调，国家财政统包，人员、资金、物资充分统配，从 50 到 80 年代，我国初步建立了覆盖全国的文化网络，但在计划经济模式下单纯由国家事业性投资的单一机制在新的历史条件下已使国家财政愈益不堪重负，而文化艺术事业则由于得不到足够的资金支持，日益面临能否生存的危机。

（10）我国拥有极其丰富的无形文化遗产，分布在全国各个角落的戏曲剧种就近 300 余种，有据可考的音乐已达 8 000 余首，仅中国艺术研究院音乐研究所就收集各民族传统乐器 1 800 余种，收集各民族的民歌、器乐、歌舞、说唱、音像资料 7 000 小时，各历史时代乐书乐谱 150 000 册，有关音乐与乐器的图片 4 000 余幅。

（11）据报道，2006 年的两会上，经与会代表起草的一份关于建议将清明节、端午节和中秋节纳入我国法定假日的议案，得到多名代表附议，据与会代表介绍，中国香港和中国澳门，已将春节、清明节、端午节、中秋节和重阳节五大传统节日列为假日。

（12）《人民日报》2003 年 8 月 12 日刊登的一篇文章称，联合国教科文组织世界遗产委员会对中国北京的十三陵作为明清皇家陵寝，列入《世界遗产史录》之中。消息传来，在国内掀起一股不小的申报世界遗产和全国重点文物保护单位的热潮。据悉，此次明孝陵申报世界遗产的成功极大地调动了金陵人“申遗”的热情，他们把目光再次瞄向南京明城墙，政府表示将出重拳整治南京明城墙边乱建的问题，切实做好明城墙风光带的建设和保护，直到它符合申报“世遗”标准为止。

（13）世界遗产资源是中国旅游业发展的重要资源基础，随着世界遗产在全国各地分布的逐步拓展，一批新兴的国际、国内旅游目的地正在逐渐崛起，像丽江、张家界、平遥和九寨沟这些旅游目的地，十几年前在中国还非常陌生，如今已享誉海内外。

（14）据《中国新闻周刊》报道，受超女的启发，少林寺与深圳卫视合作的“中国功夫之星全球电视大赛”近日在北京启动，这次电视大赛将以全新的视角向世界展示中国功夫的魅力，将推出新一代中国功夫的掌门人，获奖者将在电影《新少林寺》中出演角色。据说，少林寺，正在以巨大的热情投入到这项造星运动中，试图打造一批武功好的年轻人进入影视圈，甚至好莱坞。

（15）关于文化遗产保护，最近出现一种“经营论”。其主要内容是：以市场手段去经营文化遗产，以经营所得的资金去保护文化遗产。最明显的例子是，在政府管理模式下，黄山原来一年的保护费仅 200 万元，而后来成立黄山旅游股份公司并上市后，黄山一年保护费高达 2 500 万元。

（16）具有 200 多年历史的北京城，从元朝起就形成了中、内、外三重格局，中心为紫禁城。紫禁城外围是皇城，皇城外面称内城，大体以北京二环路为界，自民国初年皇城城墙被拆除后，人们不断搭屋建舍，皇城渐渐在人们记忆中消失。

2001 年，北京市在南北河沿大街、晨光街、东长安街和平安大街之间的东皇城根遗址上，建立了皇城根遗址公园。公园长 2.4 千米，宽 2.9 米，选取左安门、五四路口、四合院、中法大学、南端点和北端点等历史文化节点，运用恢复小段城墙，挖掘部分墙基遗址等手段，部分展示了皇城的面貌，皇城根遗址公园唤起了人们对北京皇城的回忆，展现了丰富的文化内涵，同时也极大地改善了交通状况，提高了周围的居住条件，改善了周边的环境，成为北京旅游的一个亮点。

2. 申论要求

（1）用不超过 250 字的篇幅，概述给定资料提供的信息。（25 分）

要求：概括准确、表述简洁。

（2）根据给定资料相关信息，用不超过150字的篇幅，试对给定资料中画线部分所列现象的原因进行分析。（15分）

要求：表述准确、文字简明。

（3）给定资料探讨了我国文化遗产保护中的几对矛盾问题，请用不超过150字的篇幅归纳出这些矛盾。（20分）

（4）假如你是政府有关部门的公务员，请就上题中的某一对矛盾，自拟题目写一篇议论文。（40分）

要求：观点鲜明、分析透彻、论述翔实、对策合理，字数控制在800～1 000字。

二、结合所学专业，按照毕业论文（或毕业设计报告）写作的要求，选取有现实意义或学术价值的课题，撰写一篇毕业论文（或毕业设计报告）。

三、根据自己的实习经历，撰写一份实习报告。

第五章

职场规划文书

学习目标

职场规划文书是求职者为了谋求职业进行自我推销以进入职场或进入职场后为了全面地展示自己而使用的文书。本章主要介绍求职信、个人履历、竞聘演说词、就职演说词和述职报告等的写作知识。通过学习，使学生掌握职场规划文书的写作方法与技巧，帮助学生顺利进入职场；并在职场中更好地展示自己，谋求发展与进步。

第一节 求职信

知识要点

- 求职信是求职者为了谋求某一岗位的工作或职务而写的一种专用书信
- 求职信具有针对性、自荐性和简要性等特点
- 求职信的正文一般包括求职缘由、基本情况、目标与条件、愿望和要求等四部分
- 写作求职信时，要求正确定位、实事求是、立意新颖、注重文面

一、求职信的概念

求职信，是求职者为了谋求某一岗位的工作或职务，向相应的领导申述自己的能力、特长和愿望等，恳求录用的一种专用书信。

二、求职信的特点

（一）针对性

求职者写求职信是为了找到一份适合发挥自己专长的工作。因此，求职信必须针对本人的专业实际，针对本人的特长和兴趣，阐明求职的理由和道理；同时，必须针对用人单位的用人需求，阐明用人单位之所需正是自己所具有的，并且要针对接受、阅读求职信的人的心理，揣摸他对求职者的具体要求和心态、兴趣等，有的放矢地去写作，以求求职成功。所以，求职者在写作求职信之前，必须对用人单位作深入的了解，对用人单位具有招聘权的领导对人才的爱好和兴趣作深入的了解，然后对照自己的专业、特长等，做到知己知彼、胸有成竹，才能求职成功。总之，求职信必须具有很强的针对性。所求之职，必须是自己可以胜任，能满足自己专业爱好和兴趣；同时，自己又能适应和符合用人单位之所需和具体要求。不针对用人单位之所需，求职者就是无的放矢和一厢情愿；不针对自己的专业特长和优势，就是缘木求鱼，就会一无所获。因此，求职者只有针对实际书写，才能收到成效。

（二）自荐性

求职者希望凭借求职信将自己介绍给用人单位以达到录用的目的。在此之前，双方可以说是素昧平生、互不了解。因此，必须在求职信里全面、深刻地介绍自己和包装自己，向用人单位恰如其分地推荐自己，以便用人单位通过求职信全面地了解自己之“才”、之“能”和求职之“诚”，从而达到自己的求职目的。

求职者在推荐自己时，应着重从三个方面入手：第一是自己的外在条件或基本条件。重在介绍自己的年龄、性别、学历、工作经历、职称、职务、著作、发明创造和特长等，这是求职者的外在门面，也是求职者必要的自荐条件。第二是求职者的内在条件。它是对外在条件的补充说明，也是求职者和其他同等条件的求职者相区别的重要标志。这是求职信的核心部分，主要向用人单位表明自己有本专业知识和工作经验，有本专业技能和成就，有与本专业要求相符的特长、兴趣、爱好及有关能力。它重在说明求职者能帮助用人单位解决急需的困难和问题，能独当一面地工作，能完全胜任招聘岗位对能力的要求。第三是求职之诚。求职信要充分袒露出对用人单位的敬慕与向往，就是态度要诚恳、内容要实事求是、言而有信、优点要突出、缺点不隐瞒、恭敬不拍马、自信不自大。只有这样，才能取信于用人单位。

因此，求职信只有全面、深刻地举荐自己之“才”、之“能”和求职之“诚”，才能真正让用人单位全面而深刻地了解自己，并产生好感，留下深刻的印象，也才能真正起到“举荐”的作用，达到求职的目的。

（三）简要性

求职信在介绍和举荐自己时，要力求简明扼要、简洁生动。如果说求职信的内容反映了求职者的真正实力，那么求职信的结构和语言表达就可以说是求职者的外部包装，它给用人单位留下的是第一印象。因为现代社会生活节奏紧张，时间宝贵，所以，求职信篇幅不宜太长，以 1～3 页，1 500 字以内为好，最多不要超过 2 000 字。过长，使人厌烦，也说明求职者的组织能力、概括能力不强；过短，显得不严肃、不认真，也显示求职者缺乏诚意，给人印象不深。如何在有效篇幅里准确表达自己的意思，就需要求职者在组织结构和语言表达上仔细斟酌，下一番工夫。

求职者要做到简要性，必须做到以下三点：一是结构要层次分明。求职信要尽可能根据内容需要安排层次，使层次清楚，段落分明，让人一看就知道说了哪几方面的内容。二是内容要重点突出，语言简洁。求职信要尽可能突出主要内容，并且要力求言简意赅、文字简洁，多用短语，避免冗词和陈词滥调，少说空话、废话、套话。三是语言要表意准确。求职信一定要仔细推敲，用最简练的语言，最准确地表达自己的求职愿望，使对方能完全了解自己的意图和想法。因此，求职信一定要精心构思、仔细安排、反复推敲，真正做到简要性，才能收到良好的效果。

三、求职信的种类

根据求职者身份的不同，求职信可分为毕业生求职信和社会成员求职信。

（1）毕业生求职信。毕业生求职信指大中专毕业生向用人单位或相应单位的领导申诉自己的专业、能力、特长和愿望等，谋求某一岗位的工作或职务并请求录用的一种专用书信。

（2）社会成员求职信。社会成员求职信指失业、下岗待业或停薪留职者及希望转换工作岗位的社会成员，以个人名义向有关企事业单位申请某一岗位的工作或职务的一种专用书信。

毕业生求职信和社会成员求职信在写作格式与写作要求上没有太大差别，但内容侧重点有所不同。毕业生求职信因为求职人在工作经历上还是一片空白，所以应从现有条件、发挥潜能和对工作的快速适应等方面来介绍自己，而社会成员求职者因有一定的工作经历，因此更应该突出自己的工作经验、工作成绩以及独立解决问题的能力，求职的针对性更强一些。

四、求职信的结构与写法

求职信基本属于书信的写作范畴，在内容架构上应当符合书信的一般要求，主要包括称谓、正文、致敬语、署名和日期、附件五个方面。

（一）称谓

称谓要求严肃、正规，要有礼貌。所谓严肃、正规，就是要称呼对方的职务。所谓礼貌，就是称谓要体现出对对方的尊重。例如，对行政事业单位的领导，一般用“尊敬的处长（或局长等）”称呼；对企业的领导，则用“尊敬的××董事长（或总经理、厂长）”称呼；对大学校长或人事处长，则称为“尊敬的××教授（或校长、处长、老师）”。最好不要用“××老前辈”“××师傅”“××同乡”等不正规的称呼，称谓切忌过分亲昵或冒昧，以避阿谀或唐突之嫌。

（二）正文

这是求职信的核心部分，一般包括以下四方面的内容：

1. 求职缘由

求职信的开头应开门见山地表达求职意图，阐述求职缘由，使求职信主题明确，引起用人单位的注意。开头用语应简明，直切主题，切忌东拉西扯，让人摸不着头脑。求职缘由应从三方面入手：一是说明求职信息的来源渠道，以使自己求职师出有名、理由充足；二是表明对用人单位的敬慕、热爱，为自己求职寻找理由，拉近和用人单位的距离；三是阐述自己的人生理想与所求岗位之吻合，所求岗位可以充分发挥自己的聪明才智与专业特长，为自己求职寻找最充足的理由。

2. 基本情况

这是求职信的重点，应着重写明两方面内容：一是本人的年龄、性别、学历、职称、专业、技术和特长等基本情况；二是求职者基本情况之外的独特情况，如工作成绩、工作经验、外语水平、电脑等级、社会关系和敬业精神等。这些可以增加基本情况的厚度与深度，使用人单位更全面、深刻地了解求职者，为录用打下一个良好的基础。在介绍基本情况时，针对岗位要求重点阐述自己具有岗位所要求的专业知识和工作经验，有专业技能并取得过成就，有与岗位要求完全相符的特长、兴趣、性格和有关能力。但基本情况的介绍必须要突出主要条件，简明扼要，同时要实事求是，不能弄虚作假和捏造。

3. 目标与条件

有的用人单位在招聘信息中并没有明确招聘的岗位，或是对岗位所应具有的条件非常模糊。因此，求职信一般应明确说明自己所求的具体岗位，并对岗位所应提供的工作条件谈出明确的想法。同时应简单阐述自己对工作的具体设想及所能达到的目标，以获取对方的信任。但是应注意，在谈条件时，应切合实际、态度委婉，切忌语言生硬或盛气凌人；在谈工作目标时，应简明扼要、中肯实际，切忌夸夸其谈，态度随意。

4. 愿望和要求

求职者的基本条件只是求职的硬件条件，而愿望和要求则体现了求职者的诚意和诚信。因此，要充分地表达出自己的求职愿望和要求。就愿望而言，要表明希望成为用人单位一名员工的热切心情，期望对方给予一次面试的机会，或者是希望对方试用，以观察自己的工作能力，留下进一步发展的机会。为表明诚意，一般需注明详细的联系方式，以便联系。就要求而言，一般要比较策略地对个人求职追求的职位标准提出切合实际的要求，所提要求，既要考虑自己，也要考虑对方的实际情况，要求必须合情合理，并且适当地留有余地。叙述愿望和要求时，要语言得体，不张狂、不乞求，落落大方、不卑不亢。无论是表达个人的愿望还是提出善意的要求，都要动之以情，表达诚恳，使对方乐于接受。切不可恃才自傲，给对方规定义务或限定标准、时间，甚至要挟对方，这都是求职中错误的做法。

（三）致敬语

求职信正文结束后，可以像其他书信一样，在正文下一行空两格写“此致”，再下一行顶格写“敬礼”。这是一般通用的致敬语写法。除此之外，也可以用另外一些祝词表示敬意和祝愿，如“祝贵公司兴旺发达”“顺致安康”“深表谢意”等。

（四）署名和日期

署名是求职者将自己的姓名告知用人单位的一种表达形式，在正文后右下方署名即可，如“求职人：×××”。署名的下一行写求职信的完稿时间。

（五）附件

在求职信的后面一般都要求附有效证件，如学历证、学位证、职称证、身份证、获奖证书以及简历、近期照片等，附件起说明和证明的作用，方便招聘单位审查。

五、求职信的写作要求

（一）正确定位，确定求职目标

在市场经济条件下，虽然岗位竞争非常激烈，但虚位以待的岗位非常多。关键是求职者如何准确地定位自己。面对条件、要求、待遇不尽相同的岗位，求职者要调整心态，冷静而客观地进行选择。正确定位，选择和自己条件最相近的岗位，是求职成功的关键所在。因此，写作求职信时，一定要明确自己的基本条件，明确自己的优势与劣势，坚持从实际出发，根据社会需要、岗位要求和个人的专业、能力，谋求与之相符的职位或职务。在介绍自己时，要做到不卑不亢、恰如其分，切忌孤芳自赏，为谋求高职而过分地炫耀自己的才干，这样做既令人生厌，也会损害自己的信誉，产生适得其反的结果；也不能为了求职成功，而过分地贬低自己的尊严，寻求对方的同情，这同样会引起对方的反感，产生不放心、不信任的感觉。所以，求职者一定要准确定位，选择最适合自己专业特长、最能满足自己愿望与理想的岗位，勇敢地去竞争，才能获得理想的求职结果。

（二）实事求是，突出自己的优势

求职者要获得求职成功，除准确地定位自己以外，还需要在求职信中实事求是地介绍自己，并突出地介绍自己之“才”、之“能”，突出自己的优势，给对方留下一个深刻而良好的印象，以使求职成功。所谓实事求是，就是所介绍的自己的基本条件必须与事实完全符合，不能为了谋求理想的职务或职位，随意地夸大自己的专业特长和在某个领域取得的成绩，更不能弄虚作假，用假学历、假职称等虚假的东西去骗取对方。

面对相同的岗位，同一层面的求职者的基本条件差别并不大。要在众多外在条件基本相同的求职者中脱颖而出，必须突出自己的内在优势，做到与众不同。例如，同样是硕士学位，但重点突出你的留学生涯，则表明你熟悉外语和国外生活环境，将来可担负起开拓海外市场的重任；同样是汉语专业毕业生，你可附上发表的文章及出版的论著，表明你有较强的写作能力，可以胜任对写作能力要求较高的职务。因此，求职信既要实事求是地介绍自己的基本情况，又要尽量突出自己的优势，突出别人所不具备的条件，这样才能在激烈的求职竞争中获得理想的结果。

（三）立意新颖，务必以情感人

求职信的最终目的是在求职者和用人单位之间架起沟通的桥梁，以达到求职目的。因此，求职信首先必须富有个性、标新立异，即不拘泥于通俗的写法，立意新颖，以独特的语言和多元化的思考方式，给对方造成强烈的印象，并引起对方兴趣。一封求职信无论多么完备，如果吸引不了对方的注意，则一切枉然。当然，标新立异不是“满纸荒唐言”、胡言乱语、故设玄关、乱出风头，而是指要精心策划内容，语言要新颖、独特，富有典型的个性特色，体现出与众不同的独特品位。

其次，求职信要富于感情色彩，以情感人。求职信富于感情色彩，语言有情，会有助于交流思想，传递信息，感动对方。求职信表达感情是多方面的，可以适当地对用人单位表达仰慕、赞誉之情，给用人单位以善解人意的好感；可以对阅信者恰当地表示尊敬、理解甚至仰慕，使其受到感染，然后陈述本意，使其欣然接受；也可以用富于激情的语言，中肯地指出用人单位的某些不足，充分地阐述心愿、展示才智、直抒情怀和勾画形象，以才情令其心折，以设身处地为对方着想令其心动。

（四）注重文面，力求形式完美

求职信要十分注重文面，因为它既是文章的“门面”，也代表了求职者的形象。只有文面精致、形式完美，才能吸引读者，并给对方留下美好的印象。

一封求职信，单就文面而言，如果字迹工整、漂亮，字形有体，行款格式合乎规范，清洁整齐，就会留下良好的印象，使人产生探索内容的冲动，若再文笔流畅、表意准确、感情丰富，必然会产生意想不到的效果。其次，从文面还可以判断求职者的工作作风、固有性情、日常精神状况、对工作的认真态度以及立身处事态度，结合内容，就可判断出求职者的个人修养与文化素质。因此，文面整洁、内容优美以及求职条件的优势，必然会给对方留下良好的印象，使求职愿望变成现实。

写求职信时，还应注重一些细节。书写时最好使用钢笔或毛笔，不能用红笔和铅笔。因为在国外红笔书写表示绝交，铅笔书写表示对人不尊重。如果字写得不好，最好打印以“藏拙”。另外，不要选择太黄、太薄、太糙的信纸。书写完毕，要仔细检查，确定没有错别字、重漏字和标点符号错误，力求做到文面整洁，形式完美。

例文

求职信

尊敬的领导：

展笺愉快！

蒙您垂爱，在百忙之中为我开启了成功的大门。在此，非常感谢您给予我展示自我的舞台和施展才华的机会！

在这人生宝贵的四年中，我系统地掌握了外贸英语的有关知识，具备良好的英语听、说、读、写、译等能力，已顺利通过大学英语6级和专业英语4级，现正积极准备专业英语8级考试。另外，由于对会计学的酷爱和迎接日益激烈的竞争和挑战，我又加修了第二专业会计学，已熟练掌握会计学专业的相关知识，精通金碟和用友等财务软件，对会计、税法和经济法具有浓厚兴趣。此外，能熟练操作Office办公软件，熟悉网络和编程，已获全国计算机二级证书。大学期间，我学习刻苦认真，取得了优异成绩，连续三年获综合和专业奖学金。

大学四年，我积极参加学校和社会各种实践活动，曾担任校晨曦文学社的秘书部长和摄影协会的组织部部长，参与策划了大型晚会“把自信留给自己”和“奔腾岁月”，参与组织了摄影协会的野外实习活动，受到院系领导的好评和广大同学的积极响应。我注重各方面能力的培养，曾两度任初中学生的家教，实习推销太阳能热水器，在揭阳日报社当实习记者等。学生工作使我有了较强的组织协调能力和团队合作精神，实习工作培养了我吃苦耐劳、积极进取的工作作风，而知识的积累让我满怀希望和信心。

我为人谦和大方，乐于助人，充满活力，富有幽默感，具有良好的团队协作精神和集体主义荣誉感，工作认真负责，做事细致严谨，富有责任感，生活态度积极乐观，坚韧向上，对生活和工作充满了热情和信心。

据我所知，贵公司管理有方，实行人才、信誉并重的方针。尤其能选贤任能，人尽其才。因此，办事效率高，人际关系融洽，上下员工团结，工作氛围和谐，无论是科研，还是生产，都搞得生气勃勃，有声有色。今年上半年在贵公司实习期间，我对此深有感受。我想，在如此和谐、团结、宽松的环境里工作，不仅会心情愉快，而且会早出成果，不断进步。

正所谓学以致用，大学四年所学就是为了能在实际的工作中得到运用和发挥。我深深知道贵公司是人才济济的单位，像我这样一个刚要走出校门的学生想挤占一席之地，是相当困难的。但我坚信自己有信心、有能力扣开贵公司的大门。如果贵公司选择了我，不管她是贫穷还是富有，顺境还是逆境，我都将投入全部的热情，与她风雨同舟，荣辱与共！即使贵公司认为我还不符合条件，我也将一如既往地关注贵公司的发展，并在此致以最诚挚的祝愿，恳请回复！

此致

敬礼

×××

××××年×月×日

（资料来源：http://wenku.baidu.com/link?url=ERf0zdeo2aD-HhULcTz_OyC_wKfwh_hquYuLCyiOS0rzf1alF8aBShH6FvnqaZ-OiFutO2r9yTfsJI7F3dG_VsQXp3a1IV6lU-FZ0gb5Qb3，有删改）

第二节 个人履历

知识要点

➤ 个人履历是求职者向用人单位证明自己具备某种工作资历与条件的一种文书

- 个人履历具有完备性和条理性等特点
- 个人履历的正文一般包括基本情况、教育背景、工作或实践经历、个人兴趣特长和获奖情况五部分
- 写作个人履历时，要真实全面、重点突出，语言准确简练

一、个人履历的概念

个人履历又叫个人资历表，是求职者、员工在求职或转换工作过程中向用人单位证明自己具备某种工作资历与条件的一种文书。一般采用表格形式。

二、个人履历的特点

与求职信相似，个人履历的本质也是旨在证明自己具备某些资历，也是一种自我促销。写得成功与否，直接影响应聘求职的成败。所以，从某种程度上讲，个人履历和求职信有着相同的写作目的和写作特点。但是，作为一种独立的文书，个人履历和求职信也存在一定的差异，具有一些自身独有的特点：

（一）完备性

完备性是个人履历最主要的特点。一份完备的个人履历，其实就是一份完整的个人档案。和个人履历相比较，求职信虽也要求资历，但更强调针对性，要针对用人单位的具体要求去写作，要有选择地去介绍自己的资历，重点是介绍自己的优势条件，以达到求职的目的。

（二）条理性

完备性是指个人履历的完备，而条理性则是指表达方式上的要求。求职信是用文章形式来表述，而个人履历则通常用表格形式来表述，因此，更要求把个人的履历、爱好、兴趣和特长等分门别类地进行表述，条理清楚，表述准确，阅读后能够让人一目了然地了解你的履历，了解你的实力，发现你的优点，从而录用你。

三、个人履历的种类

个人履历可分为一般性的个人履历和有针对性的个人履历。

一般性的个人履历往往可以发给任何一个招聘单位或者求职者暂时还不确定的、潜在

的雇主。所以，这种履历要求写得比较全面，要在个人履历中全面地介绍自己的履历与特长、优势、爱好和兴趣等。这种履历能否在求职中奏效，全凭用人方对你的资历背景是否感兴趣而决定。

有针对性的个人履历是求职者在看到某招聘广告或者通过某种渠道了解了某单位对用人的需求后，认真分析自己，在一般履历的基础上，将自身所具备的与招聘岗位所要求的部分，尽可能地作重点说明。例如，一个应聘的工程师，在履历中必须针对应聘岗位的要求详细地说明自己所掌握的专业、技能，熟悉计算机应用，自己以往在相关工作中的突出成就，曾参加过某项目的开发，该项目的用途、效果及自己在其中起的作用或贡献等。这类履历发出后，求职者往往要积极主动地跟踪对方的反馈或态度，了解自己是否符合条件，以便争取面试机会。

四、个人履历的结构与写法

个人履历一般采用表格形式。这种形式层次清晰、一目了然，被广泛采用。

个人履历是个人资历的简介，写作上可因人而异，没有万用的格式可以套用。但是，一份完备的个人履历从形式上看，包括封面与正文两部分。

（一）封面

封面是个人履历外在的包装，它一般要反映出姓名、毕业学校、专业和联系方式等主要信息。它的内容虽然不多，但是，它是个人履历的脸面，因此，一定要闪亮登场。在排版时一定要版式精美，设计精致，注意字号、字体的选择要恰当，颜色的选择要适宜，图案和文字的搭配要相映成趣，整个封面的布局要大方得体，亮丽而不俗艳，合理而不杂乱，要有一定的创意，能引人入胜，吸引人的眼球，给用人单位留下美好的第一印象，使他产生想了解你的强烈冲动，从而去仔细地阅读你的个人履历，走进你的内心世界，发现你的优点，从而录用你。

（二）正文

一份完备的个人履历的正文，一般而言，应该具备以下五个方面的基本架构。

1. 基本情况

基本情况，即姓名、性别、年龄、民族、政治面貌、身高、体重、健康状况、婚否、主要社会关系、联系地址、邮编、电话和 E-mail 等。

这部分内容是给用人单位或雇主对自己的身份留下最初的印象。以往，个人履历中这部分内容一直是必不可少的。而今，随着社会的发展和观念的转化，许多履历开始淡化或者省略这部分内容，因为用人单位或雇主首先最关心和最需要了解的往往是求职者的受教育背景、工作经历、经验、兴趣和特长等内在的条件。

2. 教育背景

教育背景包括就读学校、所学专业、所获的学位、开设的重要课程、学习成绩及相关的特殊训练、各类证书等。

在求职过程中，许多刚出校门、初次步入社会的求职者，对所应聘的工作，并没有太多的相关工作经验，还有一些求职者，对所应聘岗位的相关工作经验非常有限，在这种情况下，可以考虑在履历表上列出自己曾经学习、进修过的与应聘工作、职务直接相关的专业课程。通过强调说明所学课程、所具有的教育背景，补充证明自己在某专业知识上具有相应的能力。同时，通过教育背景的阐述，可以让用人单位迅速地判断求职者的学历背景，以判断与应聘工作的关联性，从而决定取舍。

3. 工作或实践经历

工作或实践经历包括实习、打工、在有关单位曾担任的工作、参加过的社会活动、兼职等内容。

目前，许多招聘单位和雇主更愿意招聘具有实践经验的人员。这时，有无工作经验就成为录用人员的第一需求，因此，在撰写履历时，就应该认真简述自己所从事的各项工作，努力挖掘自身在这方面真正具有的实践经验，尽可能把握每一个机会，突出自己的经验和能力，增加录取的几率。

大学生一般都没有正式的工作经验，但常利用假期等空闲时间勤工俭学、兼职或积极参加各类性质的社团活动，个人履历可充分提供自己的打工经验、社团经验，说明自己担任的职务、组织的活动以及特长和经验等，供用人单位参考。这些经验可能是短期的、幼稚的和不成熟的，但可或多或少地突出自己的特性，展现自己的组织能力、协调能力、管理能力和团队精神等，所以，会在一定程度上帮助你求职。

4. 个人的兴趣、特长

个人专业技术特长和一般特长，如外语、计算机、普通话、写作和组织等情况与其他特殊的能力。在个人专业背景相同的情况下，某方面的特长，会突出你的优势，帮助你取得求职的优势。例如，两个人毕业的学校、所学专业完全相同，专业成绩相差无几，但如果你有多种语言能力，就说明你能胜任多种语言环境下的工作，从而会帮助你在求职过程中取得一定的竞争优势。

5. 获奖情况

获奖情况代表了求职者在过去某一个阶段在某一方面曾经很优秀，是对求职者过去经历的一种肯定，因此，也会增加求职者的求职筹码。

个人履历是表格式的，在写作上有一定的局限性，它只能表现出你的个人履历，但是表达不出你的求职愿望与心情，表达不出你的个人品质。因此，在制作个人履历时，可以适当地加入个人评价、人生理念等内容，以使用人单位全方位地了解你，帮助你走进用人单位的视野。但是，上述内容在表达时一定要非常简要，切忌长篇大论，要符合个人履历的制作风格，要有机地融入到个人履历中。

五、个人履历的写作要求

在实际写作中，如果能把握好以下七方面的写作要求，就可以写出一份能全面反映个人经历、令人过目难忘的履历。

（一）真实

个人履历最重要的一点就是要求内容真实，即如实地记录和阐述自我经历，使读者从中产生信任。在现实社会中，任何一个重视人才的企业都视应聘者的诚实为最基本的要求。另外，招聘单位的人事经理或负责人都有丰富的阅历和鉴别材料的敏锐分析能力，任何夸大其词的过分渲染或遮掩隐瞒终究都会露出破绽，何况最重要的还有面试一关。在现代信息社会里，很多个人的信息是公开的，也是非常好查证的。因此，个人履历代表了一个人的品质，虚假的履历表示求职者的诚信出了问题，在一个日益重视诚信的社会里，最终会搬起石头砸自己的脚。

（二）全面

个人履历的作用，在于使一个对你完全不熟悉的陌生人在很短的时间内了解你的基本情况，因此，写作中特别要求注意内容的全面和完整，使对方在瞬间尽可能地对自己有个较全面的印象。同时，还应该考虑到不同企业的性质，采用中外文对照的形式，也可以附上个人的照片或照片复印件、有关证明文件的复印件。最后有一点千万不能忘记写明的，就是各种联系的方法和个人对工作的期望，以便有意向的用人单位能及时迅速地联系，也为防备因联系不畅而造成与自己心仪的职业失之交臂的遗憾。但全面不是要把你所有的情况都写上去，平均地分配笔墨，不突出重点，过分地追求全面与面面俱到，反而会淹没一些闪光点。例如教育背景，有人把中学的学习经历也写上去，就完全错误了，除非你的中学学习经历有什么闪光点，否则，中学的学习经历不要出现在个人履历中。

（三）重点突出

由于不同的企业、不同的职位有着不同的要求，所以写作时必须对这方面进行事前的分析，有针对性地进行设计和准备。个人履历虽然涉及个人的方方面面，以求给人一个总体的印象，但也非面面俱到，不分主次，而是应该根据企业和职位的要求，根据自身的强项，巧妙地突出自己的优势，也就是将最能表现自己个性的地方，作为整份履历的点睛之笔。唯有如此，方能给人留下鲜明深刻的印象。突出的重点部分，应该写得不落俗套，具有说服力，且又合情合理。

（四）自我评价客观公正

在个人履历中介绍自己时，一般会很自然地涉及自我评价。而用人单位在选择众多的优秀人才时，除了重视学历、知识、技能外，更注重一个人诚信的良好品行，重视人才是否具有良好沟通能力和合作的精神。个人评价只有既不妄自尊大、不夸夸其谈，也不妄自菲薄、过度谦卑，才能博得用人单位的好感和信任。所以，自我评价时应努力做到客观公正，注意评价的语气要礼貌、诚恳、谦虚、自信。有时，适当地坦陈自己在某些方面的不足，反而更能赢得好感。

（五）语言准确

陈述自己经历时，要求用语准确、规范，文风平实、质朴，以叙述、说明为主，少用抒情描绘等文学性的语言或者引经据典的议论。另外注意不要出现病句和错别字。外文不要出现拼写和语法方面的错误。因为，一般考察应聘者的外语能力，就是从一份简要的履历开始，千万不能因小失大。因此，个人履历一定要仔细地检查，精益求精，从小处着手，不放过一个细节，于细微处见精神。

（六）简练

首先，招聘人员每天要面对大量的求职履历，工作异常繁忙，加之大多数履历的内容、格式大同小异，所以一般是进行粗略的一次性阅读和筛选，每份履历所用时间不超过 1 分钟。如果履历过长，就会出现跳读，遗漏部分内容，甚至让阅读者缺乏耐心去完整细致地阅读。这种情况对求职者是很不利的。所以，履历要条理简洁、突出重点。其次，过于冗长的履历，反而会冲淡阅读者对主要内容的印象，还会给人造成这样一个印象：不善于概括，做事不干练，浪费他人时间等。所以写作个人履历，要求做到言简意赅，对文字多作推敲，使表达流畅简练；对表格尽可能细化，不要有重复的内容。一份一目了然的简历会给用人单位留下美好的印象，有助于你的求职。

（七）版面设计美观大方

履历的版面设计也是写作中非常重要的一个因素。履历的版面如同人的脸面，往往给人“第一印象”。设计优秀的版面可以体现应聘者的文化修养和美感、品位等基本素质。版面设计可以考虑以下几方面：排版端庄美观、疏密得当；字体大小适中；目录、正文主页标志明显；段落条理清楚。忌设计过于花哨和排版密集急促。同时，注意颜色和款式与内容的搭配，要做到版面美观，款式大方，颜色适宜而醒目。

例文

与公司共同发展　创造美好的明天

目录

寄语

个人简历

推荐表

证书副本

尾声

寄语

尊敬的主管领导：

您好！当您翻开这一页的时候，您已经为我打开了通往机遇与成功的第一扇大门。首先，非常感谢您百忙之中抽空阅读我的材料，希望它不同于您手中若干份雷同的求职材料，并且能够有助于您在激烈的市场竞争与知识经济的大潮中寻求到综合型的跨世纪人才。敬请留意后面的内容，相信您一定不会失望的。

谢谢！

个人简历

个人资料：

姓名：×××	性别：男	年龄：22
健康状况：健康	籍贯：××	政治面貌：××
学历：本科	系别：×××	专业：××××

知识结构：（略）

主修课：（略）

专业课程：（略）

选修课：（略）

实习：（略）

专业技能：接受过全方位的大学基础教育，受到良好的专业训练和能力的培养，在地震、电法等各个领域有扎实的理论基础和实践经验，有较强的野外实践和研究分析能力。

外语水平：2012 年通过国家大学英语四级考试，2013 年通过国家大学英语六级考试。有较强的阅读、写作能力。

计算机水平：熟悉 Windows 8 操作系统和办公、网络的基本操作。

主要社会工作：

中学班长、校学生会主席、校足球队队长。

大学班长、系学生会主席、校足球队队长、校园国旗班班长。

兴趣与特长：

喜爱文体活动、热爱自然科学。

小学至中学期间曾经进行过专业单簧管训练、校乐团成员，参加过多次重大演出。

中学期间，曾是校生物课外活动小组和校地理课外活动小组骨干，参加过多次野外实践和室内实践活动。

喜爱足球运动，曾担任中学校队、大学系队、校队队长，并率队参加过多次比赛。曾获吉林市足球联赛（中学组）“最佳射手”称号并参加过“2010 年嘉士伯”北京市大学生足球联赛，荣获最佳球员。

个人荣誉：

中学：××××优秀学生、××××优秀团员、三好学生、优秀干部、×××英语竞赛三等奖。

大学：校优秀学生干部、2012 年国家奖学金、2012 年励志奖学金、2013 年度校十佳大学生。

主要优点：

有较强的组织能力、活动策划能力和公关能力，例如在大学期间曾多次领导组织大型体育赛事、文艺演出，并取得良好效果。

有较强的语言表达能力，例如小学至今，曾多次作为班、系、校等单位代表，在大型活动中发言。

有较强的团队精神，例如，在同学中有良好的人际关系；在同学中有较高的威信；善于沟通与协同作战，有较强的集体主义观念。

自我评价：

为人热情诚恳，性格活泼开朗、乐观向上，富有丰富的想象力与创造力；认真负责、坚忍不拔、吃苦耐劳、乐于奉献、办事严谨，有积极进取的精神；兴趣广泛、适应力强、勤奋好学、脚踏实地，勇于迎接新挑战。

求职意向：

可胜任应用××××及相关领域的生产、科研工作，也可以从事贸易、营销、管理及活动策划、宣传等方面的工作。

推荐表

（略）

证书副本

（略）

尾声

在您即将读完这份材料之际，有几句话想对您说：我是一个来自北国江城吉林市的东北小伙，黑土地给了我强健的体魄，贫寒的家庭生活铸就出我吃苦耐劳与坚忍不拔的精神。多年来所受的教育与锻炼也使我能够适应这个飞速发展的社会，衷心希望毕业后能为贵公司效力，为贵公司的事业发展贡献我的才智。不必在乎我曾经取得什么，请关注我的未来！

再次衷心感谢您！

求职人：×××

××××年×月×日

今天的我以贵公司为荣　明天贵公司以我为誉

地址：（略）

邮编：（略）

电话：（略）

（资料来源：http://www.doc88.com/p-9999568162886.html）

第三节 竞聘演说词

知识要点

- 竞聘演说词是竞聘人为实现竞聘目的而发表演讲的讲稿
- 竞聘演说词具有竞聘条件的竞争性、施政方案的竞争性和演说技巧的竞争性等特点
- 竞聘演说词的正文一般包括竞聘缘由、竞聘条件、施政方案及愿望与态度四部分

➤ 写作竞聘演说词时，态度要诚恳谦虚，内容要实事求是、有的放矢

一、竞聘演说词的概念

竞聘演说词是竞聘（包括竞标、竞选）人为实现竞聘目的而发表演说的讲稿。

二、竞聘演说词的特点

（一）竞聘条件的竞争性

竞聘或竞选某一岗位，成功的关键与否，是本身的条件和实力使然。因此，要仔细地研究竞聘或竞选岗位所要求的条件，然后对照自己的条件，进行认真的分析、对比，找出自己的优势条件，列出自己的劣势条件。同时要仔细了解竞争对手的基本情况。所以，在竞聘演说词中，一是要对照竞聘职务所要求的条件显示自己在德、才、能和胆识诸方面的优势条件；二是要对照其他竞争对手的条件在演说词中显示自己独特的、别人所不具备的优势条件。而对自己的劣势条件，则点到为止，一笔带过或是坦诚地谈出自己弥补不足的决心，讲述不足是为了烘托优点。只有在竞聘条件上具有很大的优势，才能在竞聘中立于不败之地，击败对手，获取胜利。所以，竞聘者要不断提高自己的素质，使自己的基本条件具有很强的竞争能力，同时在写作时要善于艺术地显示自己的优势条件。

（二）施政方案的竞争性

要取得竞聘或竞选成功，除在竞聘条件上具有很大的竞争性外，还要针对竞聘的职务要求，写出符合客观规律的具有竞争力的施政方案。施政方案应从以下三个方面入手：一是工作态度要热情、饱满，热爱本岗位工作；二是工作目标要适度、先进，切合实际；三是工作方法、措施要适宜，具有针对性。因此，竞聘人一定要仔细地研究招聘单位所关注的热点、难点和近、中、远期目标，才能制定切实可行的施政方案，打动选民和招聘单位，以使竞聘成功。

（三）演说技巧的竞争性

竞聘者的条件再优越，施政方案再完善，如果没有高超的演说技巧，优势就不能转化为胜势。因此，竞聘者必须研究演说的特点，掌握演说的技巧，把自己的优势很巧妙地表达出来，才能转化为胜势。在竞聘演说时，既要竞争，又要注意竞争策略，要研究群众和选民的心理，研究招聘决策人的心理，善于应用各种表达技巧，把自己的竞聘条件阐述充分；把施政目标、方法措施说得先进、科学和有效。同时要掌握演说的技巧，不卑不亢、

充满自信、不显张狂、富于激情，能把握听众的心理，驾驭现场气氛，吸引听众的注意力。只有这样，才能把自己的竞聘条件和施政方案方面的优势，转化为全面的优势和胜势，获得竞聘的成功。

三、竞聘演说词的结构与写法

竞聘演说词通常由标题、称谓和正文组成。

（一）标题

竞聘演说词的标题有三种写法：一是直接标明文种，如《竞聘演说》；二是公文式标题，由竞聘职务和文种组成，如《竞选科长职务的演说词》；三是新闻式标题，如《明明白白做人，实实在在做事——竞聘学校办公室主任的演讲词》。

（二）称谓

竞聘演说词的称谓有以下要求：一是有礼貌，通常在称谓前面加“尊敬”二字，表示对听众的尊敬；二是对听众的概括要全面，不要有遗漏。常用的称谓有“尊敬的各位领导、同志们”，“尊敬的各位评委、各位同事”，“尊敬的女士们、先生们”等。

（三）正文

竞聘演说词的正文要说明以下几方面的内容：

1. 竞聘缘由

缘由部分要表达两个意思：一是要表达出参加竞聘活动的心情；二是要表达出对这一岗位的热爱。这部分要写得恳切、自然，要表达得诚挚、恳切。

2. 竞聘条件

这部分要谈两个方面的条件：一是自己的基本条件；二是自己的优势条件。重点是谈优势条件，要有针对性地阐明自己的竞聘实力。这部分要详略得当、重点突出，但不能弄虚作假。

3. 施政方案

施政方案里目标要先进可行，措施要恰当。通过施政方案，使评审人员及听众认同和接受自己，从而达到竞聘目的。

4. 愿望与态度

愿望与态度要表达以下三方面内容：一是希望领导和群众能给自己一个机会，为大家服务；二是假如竞聘成功，要格外珍惜，努力工作，回报领导和群众的信任；三是假如不幸落选，要寻找差距，正视缺点，从头再来，迅速提高。

四、竞聘演说词的写作要求

竞聘演说词主要是为了达到竞聘或竞选某一职务的目的，因此，它的写作质量，不仅取决于竞聘者的文字水平，也是其政治素养、理论水平、业务能力及个人形象等方面的综合反映，除了观点鲜明、内容充实、语言通顺外，还要注意以下问题：

（一）要诚恳谦虚，平和礼貌

竞聘者是通过现场演讲和答辩而实现被聘用目的的，只有给人以诚恳谦虚、平和礼貌的感觉，才能被认可和接受。因此，在介绍自己的竞聘条件和施政方案时，要注意讲究语言的分寸，表达要生动，有风采，有激情，感情真挚，打动人心；在表达自己的应聘态度时，要态度诚恳，切不可狂妄自大、傲慢无礼、目中无人，要自信而不自大，以诚动人；在评价竞聘对手时，要战略上藐视，战术上重视，态度上尊敬，而绝不能通过贬低竞争对手的方式来抬高自己，这样只会适得其反，引起听众的内心反感。所以，诚恳谦虚、平和礼貌，是竞聘者必须具备的态度。

（二）要实事求是，明确具体

竞聘者在介绍自己的基本情况时，一定要本着实事求是的原则，对自己的德、才、能和识等方面进行介绍，不得随意夸大或虚假编造。在介绍施政方针时，工作目标要明确具体，不能含含糊糊、模棱两可；要切合实际，言而有信，不说过头话，不要开出超越自己能力和客观实际的“空头支票”，可适当运用模糊语言，留有余地。

（三）要调查研究，有的放矢

竞聘演说词是为竞聘某一岗位而写作的。因此，写作前必须深入实际，调查研究，仔细地了解情况，通过群众访谈、查阅有关资料等方式，弄清招聘单位的历史、现状，尤其是当前存在的难点、热点问题以及招聘人才的目的、要求等。通过调查，找到写作的最佳切入点，以便有的放矢地写作，并在演讲中切中要害，战胜对手。

例文

竞聘校办公室副主任岗位的演讲

尊敬的各位领导、各位同事：

大家上午好！在这里，首先感谢组织给我这次参加竞岗、展示自我、锻炼自己的机会，并对在工作、学习和生活中一直给予我关心、支持和帮助的各位领导和同事表示衷心的谢意！

我在农村长大。师范学院毕业后，我成为一所乡镇中学的语文老师。由于刻苦勤奋，我被评为当时学校里最年轻的中学一级教师。9 年班主任工作的历练，培养了我温和敦厚的良好品性和吃苦耐劳的奉献精神，也锤炼了我谨慎细致的务实作风和较强的协调办事能力。

2007 年，我通过××省公务员考试进入党校工作，主要从事文字材料、信息报送等工作。这些年来，面对平凡而且琐碎的办公室工作尤其是文字工作，我总是鼓足干劲，从头学起，不向困难低头、不给问题让路，向领导虚心求教，和同事之间取长补短，自身的个人修养、写作能力和服务水平有了长足的进步。2009 年起连续四年获得校“先进个人”，2011 年和 2012 年还被评为校“信息工作先进个人”。

各位领导，各位同事！我深知，竞岗既是能力竞争、素质的比拼，也是对我几年来工作成绩的评判。经过反复考虑，我决定竞聘办公室副主任职位，个人觉得主要具备了三个方面的基本素质：

一是具备踏实肯干的工作态度。不管做什么工作，能力相同，态度不同，工作成效就会有很大的区别。几年来，我履行职责尽心尽力，加班加点无怨无悔，接受临时任务不讨价还价，不管是写一份材料、编一则信息，还是发一个通知、接一份传真，凡力所能及，就不会搪塞敷衍，更不推三阻四，做到了一切以学校利益为重，尽最大努力把事情干好。

二是具备勤奋刻苦的学习精神。文字工作光有一定的写作功底是远远不够的，还要具备政治素质、党校业务知识和“三更灯火五更鸡”的吃苦精神。近年来，我坚持努力学习政治理论和党的路线方针政策，认真领会上级领导的讲话精神，提升了理论素养，坚定了理想信念。利用工作之余，我研读了《党校工作条例解读》《华尔街日报是如何讲故事的》《语法修辞讲话》等 10 多本业务书籍，两次参加全省党校系统文秘人员培训。在遇到不懂的问题时，我还虚心向教学科研和行政后勤部门的同志请教，提升了业务素质。

三是具备岗位需要的业务能力。5 年前，从中学教育教学岗位转而从事文秘工作，工作性质的变化对我来讲既是压力，更是动力。在领导交任务、压担子、开“小灶”的过程中，我从一个写作的“门外汉”，逐渐成长为一名文秘工作的“行家里手”。五年来，我参与起草或独立撰写的各类文字材料超过 150 篇，参与办会、接待 20 多次；在《半月谈》《学习时报》《应用写作》及市委的简报快讯等刊物上发表专题报道、信息和随笔评论等超过200条，写作能力有了较大的提升。特别是多次随领导外出督察、调研，使我学到了许多好的工作方法，办事协调能力也有了长足的进步。我深知，从一名“菜鸟”，到一个合格的办公室文字秘书，离不开领导的点拨，离不开各位前辈的指点，也离不开同事们的帮助。

各位领导、各位同事，办公室是全校的中枢机构，位置关键；办公室副主任是个承上启下的职位，非常重要。假如竞职成功，我的工作思路是按照服务领导、服务教学科研工作、服务教职工的要求，外树形象、内强素质、找准定位、干出成绩，全力协助主任把办公室工作做得更好：

第一，务实进取、树好形象。以更高的标准严格要求自己，坚持务实的作风，老老实实做人，认认真真谋事，踏踏实实工作。带头尊重校领导的威信，尊重主任的领导和指导，尊重其他处室领导的协调，尊重各位老师和同事的创造，以自身良好的形象为校办公室增添正能量。

第二，增强素质、做好配角。我将把学习作为首要任务，不断增强自身的业务素质与能力，尽快适应新的岗位。努力做到干中学、学中干，特别是要在工作中提升执行力，带头抓落实，切实提高工作效率。找准定位，积极配合主任制订和完善处室相关规章制度，制作合理规范的工作流程，提升本处室的工作效能和服务水平。

第三，创新创优、干出成绩。按照我校建设全省“一流党校”的目标要求、创新思路和创优举措，打造一流的文稿、创造一流的业绩。想方设法地调动各处室同志的积极性，利用校园网、省委党校网和其他报刊、简报等阵地宣传党校打造教学、科研和服务三个品牌的做法，扩大党校的影响力。

各位领导、各位同事，“人生的价值，以其人对于当代所做的工作为尺度”，干好事业是我的不懈追求，请相信，在更高的平台上我会为党校作出更多的贡献！最后我要说，不管竞岗是否成功，我都将一如既往地做好自己的分内工作。

谢谢大家！

（资料来源：《应用写作》2014年第1期）

第四节 就职演说词

知识要点

➤ 就职演说词是就职者在竞选或竞聘某个领导职务成功后，在走马上任时所发表的

施政演说

- 就职演说词具有态度上的诚恳性、目标上的求实性和工作中的进取性等特点
- 就职演说词的正文一般包括心情和谢意、纲领和工作、决心和展望三部分
- 写作就职演说词时，目标要明确，民心要理解，篇幅要适当

一、就职演说词的概念

就职演说词，是指通过竞选或竞聘后，新当选的各级政府官员、企事业单位的负责人，在走马上任时所发表的施政演说。它主要围绕未来的工作目标、施政方针向群众进行演说，以展示自己良好的工作形象，使群众更加透彻地了解自己未来的施政纲领，并在未来的工作中给予支持和合作。

二、就职演说词的特点

就职演说词是就职前的演讲，应紧紧围绕“就职”来写，在写作上要突出以下特点：

（一）态度上的诚恳性

就职演说词必须态度诚恳，只有态度诚恳，才能拉近和群众的距离，树立自己良好的形象，获得群众的依赖和信任，并获得他们对自己今后工作的支持。态度诚恳主要表现在以下三个方面：一是在就职演说词中对群众在竞聘时所给予的支持要表示诚挚的感谢；二是就职演说词要对群众关心的热点问题，给予足够的重视和关注，并要提出切实可行的解决方法和措施，体现出为群众解决问题、办实事的诚心，成为群众的贴心人；三是在就职演说词中一定要虚怀若谷、态度谦和、礼貌待人，切不可因当选而盛气凌人、居高临下、高高在上，也不可对在竞聘或竞选时反对自己的人讽刺和挖苦，要对所有的群众都表示出发自内心的热诚，做到态度诚恳、以情动人。

（二）目标上的求实性

就职演说词的重点是向群众宣传自己未来的工作目标，给群众以鼓舞，并争取群众在未来和自己同心同德、努力奋斗，共同完成工作目标。工作目标的制定应切合实际、实事求是。既不可好高骛远、指标太高，完全超越自己的能力与实际，根本没有实现的可能；也不可墨守成规、指标太低，使自己没压力，群众没动力。指标太高，是放空炮，说大话，会让群众产生不信任感；指标太低，则使群众缺少动力，缺乏参与和支持的兴趣，就职演说也就失去了意义。因此，工作目标一定要既先进，又切合实际，经过自己和群众共同努

力可以完成，并收到明显的成就。只有这样，才能激发群众参与的积极性，获得群众的支持，使群众和自己一起，艰苦奋斗，共同完成工作目标。

（三）工作中的进取性

就职演说词除宣传工作目标外还要向群众表明自己做好工作的决心和信心，表明自己在工作中不断进取的精神。首先，要说明自己对本职工作的热爱，只有热爱本职工作才能激发工作热情，才能全身心地投入到工作中去，才能全心全意地去工作，千方百计地去完成工作目标；其次，要表明自己不怕困难、勇于挑战、做好工作的信心和决心，有了信心和决心，才能勇敢地去直面困难，克服困难，完成工作目标；最后，要表明不断进取的精神，只有不满足已有的成绩，不断高标准地要求自己，不断进取，才能在工作中不断登上新台阶，达到新的境界。

以上三点是树立自己良好形象、获取群众爱戴与支持的基本条件。

三、就职演说词的种类

根据内容的不同，就职演说词可分为施政纲领式和表明态度式两种。

（一）施政纲领式就职演说词

施政纲领式就职演说词，重点是阐述未来的施政纲领。就职者可以从工作目标、工作方法和相关措施等方面勾画出一份完整的施政纲领，给群众描绘一幅未来的美好蓝图。

（二）表明态度式就职演说词

表明态度式就职演说词，重点是表明今后的工作态度。因就职者未来的工作目标，要受到环境、市场、国际和国内等因素的影响，或者需要有关部门的认可与批准，不可能有一个明确的结果，因此，表明态度式就职演说词要侧重于表明今后的工作态度。

四、就职演说词的结构与写法

就职演说词通常由标题、称谓和正文组成。

（一）标题

就职演说词的标题有三种写法：一是直接标明文种，如《就职演说词》；二是职务加文种，如《一个总会计师的就职演说》；三是文章式标题，如《倾注全部心血，甘当人民公仆》。

（二）称谓

称谓要视听众情况而定，但有两个基本要求：一是要概括和全面，要求包括所有的听众；二是要有礼貌，要亲切得体。

（三）正文

就职演说词的正文要表达以下三个方面的内容：

1. 心情和谢意

开篇要表明此刻自己激动的心情，并对选民、代表或群众的支持表示真诚的感谢。开头要简明、自然、亲切。

2. 纲领和工作

这部分重点讲述自己的工作思路、施政纲领以及远期工作目标和近期工作的具体任务和方法、措施。目标要明确具体、切合实际，切忌说空话、大话。

3. 决心和展望

最后要表示做好工作的信心和决心，请大家予以支持；也可以展望未来，鼓舞斗志。结尾要简明、有力，富有鼓舞性。

五、就职演说词的写作要求

（一）目标要明确

就职演说词实际上是一篇施政报告，它既要有明确的中长期的奋斗目标，也要有明确的近期目标，同时也要有切实可行的措施。中长期目标所描绘的美好蓝图给群众以鼓舞，近期目标则可在不远的将来让群众去对照检查，并给群众带来实惠。目标明确，就会使今后的工作有前进的方向和奋斗的动力，就会使就职者树立工作的信心，去努力完成工作目标。

（二）民心要理解

就职演说词中的工作目标，要紧紧围绕群众来制定，要充分考虑民心、民情和民意。首先要掌握群众的思想脉搏，明白群众的想法，想群众之所想，急群众之所急，工作目标完全和群众所关心的问题相吻合，关心他们的思想、生活，解决他们的实际困难；其次要考虑群众的实际能量与潜在能量，所提目标应切合民情、符合实际；最后要动员群众，使群众成为真正的参与者，众人拾柴火焰高，大家共同努力，互相鞭策，一起为完成工作目标而奋斗。

（三）篇幅要适当

就职演说词是在有限的时间里宣传自己的施政方针，因此，要根据时间要求去写作。如果篇幅太长，会占用大家太多的时间；篇幅太短，又显得不庄重。所以，要篇幅适当、主题明确、重点突出、切中要害，以能准确、完整地表达自己的施政方针为宜。

例文

林建华就职浙大校长演讲词

各位领导、各位学长、老师们、同学们：

大家好！中组部、教育部和浙江省的领导同志宣布了中央关于我的任职决定，对中央和大家的信任，我和我的家人非常感谢！担任浙大校长，我深知使命光荣、责任重大。

“国有成均、在浙之滨”，具有116年办学历史的浙江大学，集江南灵秀为一域，汇天下俊才于一校。从求是书院初创、西迁办学崛起，到院校调整改革、四校合并发展，浙江大学始终秉承着“求是创新”的精神，致力人才培养，矢志科技创新，引领文化发展，服务社会大众，拓展国际交流，为国家的教育、科技事业和社会、经济发展做出了巨大贡献，培养了一大批杰出人才，五十余万校友遍布全国和世界各地。特别是近十多年来，在路甬祥校长、潘云鹤校长、杨卫校长、张浚生书记、张曦书记和金德水书记带领下，浙江大学已成为特色鲜明、实力雄厚、世界知名的综合性、研究型大学。今天，浙大正走在创建世界一流大学的征程上，浙大人正壮志凌云、鹰击长空！

此刻，宣誓成为浙大的一员，从此，分享她的荣誉，担当她的未来。第一次在这里发言，心情难以名状，我知道，未来任重道远。在随后的日子里，作为求是园里的一名新兵，我将走访各个单位，认真倾听，努力学习，认真体会具有丰富内涵的“求是创新”精神，和大家在一起，不遗余力，努力向前！

各位同仁，中国的社会和经济正处于高速发展和转型时期，社会的发展和变化也一直在不断地挑战大学。中国高校的发展正处在一个关键时期。过去十多年，中国大学取得了举世瞩目的成就。但与世界一流大学相比，我们在人才培养、学术研究和服务社会等方面仍然差距很大，究其根源在于教育观念和学术文化。六十多年前，竺可桢老校长提出“只问是非，不计利害”，做学问要“诚”、要“勤”，在今天，这些代表大学内在价值的学术文化尤为重要。我们要弘扬这些精神和文化，才能使学生陶冶情操、滋养学识，成为栋梁；才能使教师潜心学术、探求真理，实现梦想；浙江大学这些优良的学术文化是建设世界一流大学的精神力量，也是促进中国高等教育发展和进步的宝贵精神财富！

在这里我还想向大家介绍一下自己。

我来自草原，喜欢自然，自幼安静，生性恬淡。有时候朋友们笑我“宠辱不惊、不食人间烟火”，其实并非觉悟高，全因天性而已。我喜欢湖，三十年在北大生活，未名湖总是我每夜归途中的驿站，它雕塑了我的人生。湖水总以静谧包容生命，以相依书写传奇；我也喜欢森林，它帮助各种生灵隐藏短处，让他们以长处示人，它告诉世人，欣赏和包容是对生命最高的礼赞，共赢是万事万物永续的基石；我喜欢山川，虽体力一般，仍愿去享受拾阶而上中枯燥与坚持的对抗，去感受峰回路转那一刹的欣喜。时光如此短暂，做人做事当不畏挑战、当换位思考、当虚怀若谷。我的弱点也很明显，说好听一些是“敏行讷言”，实际上就是不善辞令、不善交际。

重大两年半，民主湖畔、山林竹海，西南情浓；九百天夜以继日，殚精竭虑；付出很多，也学习和收获很多。最深的体会是中国大学的根本出路在于内涵建设。要转变观念，重新认识大学的根本使命；要卧薪尝胆，摒弃浮躁；要科学规划，稳步实施；要抗住压力，坚持正确方向。我一直这样要求自己：校长是个为社会和师生服务的岗位，不一定最有智慧，但一定应当善于集中大家的智慧；不是全才，但一定应当豁达乐观、知人善任；校长的使命是要努力搭建平台，在这个平台上，人尽其才、物尽其用，和谐共生；校长的使命是带领大家不断探索，让科学与人文成为驾驭职责的双轨，让学校所有人的潜力都得以充分发挥！

我是一个爽快的人，茫茫人海，芸芸众生，今天能够来到求是园的启真湖畔，和大家一起共事，是一种缘分。我将以诚相待，以身作则，在校党委的领导下，与金书记和同事们一道，恪尽职守，勤勉工作，不负期望，不辱使命！

最后，祝福浙大！我和我的家人，都非常感谢大家！

谢谢！

2013 年 6 月 26 日

（资料来源：http://blog.163.com/zztzzt111@126/blog/static/57851182201410261058446 18/）

第五节 述职报告

知识要点

- 述职报告是指担负特定工作岗位的人对自己履行岗位职责的情况进行自我评述、总结回顾，并向有关部门或群众汇报的一种书面材料
- 述职报告的正文一般包括基本情况、工作实绩、问题与不足、经验与教训、整改措施（或今后设想）和结束语六部分
- 写作述职报告时，要求实事求是地评价自己，重点突出、点面结合、语言通俗

一、述职报告的概念

述职报告是指担负特定工作岗位的人，为接受考核，对自己在一定时期内履行岗位职责的情况进行自我评述、总结回顾，并向上级领导、人事部门、任命机构或群众汇报的一种书面材料。述职报告是随着社会主义市场经济体制的建立和人事管理改革的实际需要而产生的一种新型的实用文体，它所要回答的是述职者是否称职的问题。

二、述职报告的结构与写法

述职报告通常由标题、称谓、正文和落款组成。

（一）标题

述职报告的标题主要有以下几种写法：一是只写文种或在文种前加人称代词，如《述职报告》《我的述职报告》；二是述职时限加文种，如《2013 年度述职报告》；三是述职时限、任职名称加文种，如《2013 年任县长的述职报告》；四是任职单位、任职名称、述职人加文种，如《××公司总经理×××的述职报告》；五是新闻式标题，正标题要概述主旨或基本经验，副标题则要说明述职人、述职时限和文种，如《加强素质教育，培养全面发展的人才——××大学校长 2014 年度述职报告》。

（二）称谓

述职报告有特定、明确的受众对象，所以要在正文之前第一行顶格写明主送对象，例如，××组织部、××人事处等。如果是公开或当场向领导或群众宣读的述职报告，则使用“各位领导、同志们”等。称谓要有针对性，尽量涵盖所有对象，要礼貌、得体。

（三）正文

述职报告的正文一般包括以下六部分：

1. 基本情况

基本情况是述职报告的开头，也叫引言，主要写述职者的身份、岗位职责、工作目标、述职时限及总体自我评价等。这一部分要简明回答“何人述职”“述什么”“能绩概况”“是否称职”等，该部分在全文中起着提纲挈领的作用，一般比较概括，要写得简洁。最后常以惯用语“现将××年履行××职务的情况报告如下”过渡到下文。

2. 工作实绩

工作实绩是述职报告的重点，也是述职报告的精华部分。要根据职责范围和某一阶段的工作目标，重点阐述是如何履行职责和完成工作目标的，要详细地说明做了哪些工作、工作的过程、努力的程度、取得的主要成果以及个人在集体成果中所起的作用。这一部分要尽可能用事实、数据说明，要全面陈述自己在德、能、勤和绩等方面的工作实绩。

3. 问题与不足

这部分主要是自我评价在履行相应职务时的工作失误或有待改进和完善的地方。写作时，要对照岗位职责和某一阶段的工作目标，坚持实事求是的原则，写出缺点、教训或主要问题，有时还需简要地分析产生问题的原因。

4. 经验与教训

这部分主要剖析在履行职责过程中成功的经验和失败的教训。它是对上面所写的“工作实绩”和“问题与不足”两个部分的深层次的思考与分析，是在感性认识的基础上而得出的理性认识。

5. 整改措施（或今后设想）

这部分主要是针对工作中存在的问题与不足，提出具体的整改措施和改进办法。整改措施应写得简洁、明确、具体，切忌写大话、空话和套话。有时候也可以对今后工作提出设想，谈谈打算、决心、愿望和态度。

6. 结束语

述职报告的结束语一般是表明述职者的态度和愿望，如“以上报告，请同志们评议”“欢迎大家批评指正”“谢谢大家”等。

（四）落款

述职报告的全文结束后要有落款，即述职者的职务、姓名和成文日期。如在标题下已署名，此处应省略。

三、述职报告的写作要求

（一）要有鲜明的个性特色

述职报告都是特定的述职者写的，而由于每个述职者的家庭出身、成长过程、学识、学历结构不同，所担任的职务不同，主管、分管的工作各异，思想素质、政策水平、业务能力、工作经验和取得的成绩也都各不相同，因此，述职报告的写作，就不能千篇一律、千人一面，而要体现出述职者“鲜明的个性特色”。一是要自己动手写。述职报告是写自己履行职责的情况，要展示对工作职责的认识程度与热爱程度，只有自己的体会是最真切的。因此，只有述职者自己动手写，才能真实地反映出述职者的业绩和精神面貌，也才能反映出述职者的内心情感，反映出述职者与众不同的个性。二是要写“自己”。在写述职报告时，要写“自己”的工作实绩，紧紧围绕“自己”的工作做文章。要写自己对工作职责的认识，对党和国家的方针政策及上级指示是如何宣传、贯彻的，效果怎样，自己为本部门工作的开展有哪些创造性见解和主张，又是怎样组织力量促其实现的。要写自己在工作中取得的成绩和存在的问题，也要表述一下对自己的评价。这样述职者围绕“自己”选材和写作，才能使述职报告个性鲜明，不致流于千篇一律、千人一面。

（二）要实事求是地评价自己

述职报告主要是谈述职者在德、能、勤和绩等方面的工作实绩的。在谈工作实绩和评价自己时，必须坚持一分为二、实事求是的原则，不能只报喜不报忧，或多报喜少报忧。谈成绩，眉飞色舞、神采飞扬；说问题，吞吞吐吐、无精打采。而是成绩要谈，缺点也要讲，既要报喜，也要报忧。要理直气壮摆成绩，诚恳大胆讲失误。只有既肯定成绩，又不回避问题，报喜也报忧，才能给组织人事部门、领导与群众留下诚信的印象，产生良好的述职效果。

（三）要正确处理个人与集体、个人与个人的关系

任何一个述职者，都是集体中的一分子，集体的成绩有自己的贡献，集体的问题也会有自己的责任。因此，写述职报告时，既不能把实绩和问题都归为集体作用的结果，也不可把班子集体的政绩当作自己的工作实绩来写。要处理好集体与个人的关系，不能把集体之功归于个人，也不要抹杀了个人的作用，必须分清个人实绩和集体实绩。同样，任何一个领导干部，下属的成绩里也会有领导的作用。因此，在写述职报告时，既不能把下属的成绩贪为自己之功，也不能完全忽视自己的作用，而是要实事求是地分析。述职报告只有正确处理个人与集体、个人与个人的关系，才能既突出述职者在工作中的德、能、勤、绩，又能充分展示述职者的领导才华和胸怀与风度。

（四）要突出重点，点面结合

述职者在动笔之前，要对材料进行筛选和整理，选择主要工作，抓住主要政绩来写，不要事无巨细，一概罗列。因此，写述职报告必须全面而又有重点地把履行职责的实绩和履行职责的能力表现出来。所谓“全面”，就是把全部工作分成几大类，概述所取得的主要成绩，同时，也要客观如实地指出工作中存在的问题和薄弱环节；所谓“重点”，就是要突出地写主要的工作成绩。述职报告要以“面”反映工作的量和质，以“点”来展示工作的手段、方法和能力。只有既突出重点，又点面结合，述职报告才能收到较好的效果。

（五）要语言朴实，通俗明白

述职报告是面对领导和群众宣读的，现场感非常强。同时，述职者面对的听众文化层次有很大的差异。因此，述职报告要尽量用朴实的语言叙事说理，语言表达要尽量通俗易懂，多采用质朴无华的群众性语言，直陈其意。这样，不仅缩短了与群众的距离，也密切了和群众的关系，更方便群众了解述职报告的内容，了解你在德、勤、能和绩等方面的工作实绩，能给你以正确的评价。

例文

述职述廉报告

中共曲周县委常委、组织部长、党校校长　李占文

按照分工，我主管组织工作，分管党建办、县直工委、党校、老干部局和编办等部门。2013 年，在县委的正确领导和市委组织部精心指导下，坚持围绕中心、服务大局，履职尽责、狠抓落实，勇于探索、不断创新，分管工作均取得较好成效。

一、注重学习，抓实调研，努力提升服务科学发展的能力

坚持把学习摆在首位，牢固树立“工作学习化、学习工作化”的理念，注重在实践中加快知识更新，优化知识结构，丰富知识储备，不断提升服务科学发展的能力。一年来，积极参加县委中心组学习和各种专题理论报告会，自觉利用书籍、报刊和网络等传媒，系统学习了党的十八大、十八届三中全会精神及组织工作最新政策法规，熟练掌握组织工作的方针政策和原则程序，不断提升思想政治素质和业务工作能力，切实增强领导工作水平。坚持到基层去学、到实践中去学，多次深入到乡村、部门、企业一线开展调查研究，了解班子运转情况，掌握干部工作表现，听取基层意见建议，尽力解决实际问题。结合实际撰写的《在服务发展中彰显组织工作正能量》《把握三个关键推动新闻和网络宣传工作上水平》等多篇体会理论文章被《邯郸组工信息》《共产党党员》等省、市级刊物刊发。

二、勤勉敬业，求实创新，不断开创组织工作新局面

始终牢记发展第一要务，紧紧围绕县委、县政府确定的工作重点，谋划、推进组织工作，为全县各项工作开展提供了坚强组织保证。

一是狠抓关键，下力夯实党的执政根基。扎实推进基层建设年活动，以 34 个帮扶村为重点，突出“治乱治穷”，大力推进“十件实事百日会战”，使影响农村改革发展稳定的难村乱村变稳转强。以市委对乡镇党委考核为抓手，指导乡村积极开展党建示范村创建、村级组织活动场所建设等工作，有效夯实了基层党建工作基础。大力实施基层党建“治难转后、素质提升、阵地建设、党建示范”四大工程，全县农村基层党建整体工作水平得到新的提升。实行党员“三制化”管理等 10 多项做法被中组部内刊、省组部内刊刊载推广。

省委常委、组织部长梁滨来曲调研，对我县开展基层建设年活动和基层党建工作给予充分肯定。

二是树牢导向，切实抓好干部队伍建设。大力倡导“重品行、重能力、重实干、重业绩、重口碑”的选人用人导向，先后提交县委常委会研究调整干部149人次。积极搭建干部选拔平台，先后举办乡局级单位一把手和优秀青年干部述职研讨会，使各级干部述出了压力，激发了动力。积极充实后备力量，制发《关于做好量化选拔副乡科级后备干部工作的意见（试行）》，一大批德才兼备、群众认可的优秀年轻干部进入后备干部队伍库，做法被《中国组织人事报》等国家级新闻媒体刊载推广。充分发挥好考核“指挥棒”作用，修订完善2013年度考核办法，突出项目建设、信访稳定等中心工作的权重，有力保障了重点工作推进落实。先后举办第二期乡科级领导干部赴昆山学习培训班、县直单位党务工作者培训班和全县农村党组织书记培训班，对全县各层次干部进行了系统培训。不断加大干部监管工作力度，提升了选人用人公信度。

三是创优政策，全面推进人才强县工作。建立党委牵总抓好人才工作机制，制定出台《关于实施“双凤”人才工作实现跨越发展的意见》，建立人才开发专项资金，依托产业、科研、创业优势，进一步加大了人才引进、聚集、培养力度。与中国农大联合成功举办硕士研究生培训班，县财政对招录学员补贴75%的学费，激发了广大干部参加高等学历教育的热情。积极创建人才培养实训基地，大力开发“本土”青年人才。省长张庆伟、省人社厅厅长张义珍先后来曲调研人才工作，给予充分肯定。全市特色人才工程项目现场推进会在我县召开。

四是活化载体，强化组织部门自身建设。组织开展“五讲五比五提升”活动，组织部机关干部工作主动对标金乡，在对标中解放思想、寻找差距、查摆整改，拓宽了工作思路，提高了创新能力。积极开展周五讲坛、业务拉练等，使部机关干部学习经常化、制度化。开展结对帮扶活动，组织职工干部与基层单位和群众结成帮扶对子，促进了作风转变。认真做好工作调研，两篇征文在全市获奖。开展“中国梦·组工人”主题征文，3篇征文在全市获奖。创新工作机制，对网络舆情进行全方位监控，及时进行有效处置，所有来信来电来访均得到妥善解决，先后在国家和省、市等各级媒体刊发信息稿件110余篇。

五是注重实效，统筹推进各项分管工作。在党校工作上，围绕学习党的十八大精神、党的十八届三中全会精神，先后举办主题班次6期，培训党员干部1 200余人次。在老干部工作上，组织召开了重阳节老干部座谈会，为200多名离休干部、县级退休干部和部门乡科级干部进行健康检查。建立实行特困离退休干部帮扶机制，先后向80余名老干部发放50 000元帮扶资金。充分发挥老干部活动中心的作用，不断丰富老干部的精神生活。在编制管理上，高标准完成了全县260个事业单位法人年检工作，合格率100%。全面推进机构编制实名制工作，先后对59个部门和257个事业单位编制情况进行检查；对171所中小学校、53所国办幼儿园和县医院、中医院以及10个乡镇卫生院进行核编。扎实做好中文域名管理工作，全县注册量达到313个。稳步推进事业单位改革，制发《实施方案》，对我县事业单位范围、标准、目录进行规范，为下步改革奠定基础。积极推进行政单位机构改革工作，对药监局职能进行整合，指导城建、规划和城管3个单位做好机构重置工作。在信访稳定工作上，认真落实信访工作一岗双责领导责任制，定期到县接访中心接待群众来访，对群众反映的问题，耐心细致劝解，多方协调解决。对分包的信访案件，主动与当事人沟通交流，帮助解决反映的问题，使分包的信访案件均得到妥善解决。在分包项目上，分包的年产100万吨螺旋焊管项目车间已完工，设备正在安装，3月底可试生产。分包的高频直缝焊管项目，车间、办公楼已建设完工，宿舍楼正在建设，设备已购置。

三、廉洁自律，公道正派，自觉树好党员干部良好形象

始终把清正廉洁作为成事之基、立身之本，对照《党章》要求，牢记为人民服务宗旨，勤政务实，以身作则，筑牢拒腐防变的思想防线。始终坚持对自己高标准、严要求，严格执行中央"八项规定"和廉洁自律各项规定，坚决反对"四风"、认真落实"三个监督办法"，时时处处修身正己、规范言行。坚决抵制不正之风，精简会议活动，改进文风会风，不讲排场、不比阔气，厉行勤俭节约，外出下乡轻车简从。恪守公道正派，做到不为人情关系所缚，不为歪风邪气所扰，不为个人得失所困，坚持原则，不徇私情，坚持正确意见，公道合理地看待和处理问题，严格按照制度和程序办事。作为县委班子一员，能够按照分工找准摆正个人位置，自觉尊重主要领导和支持其他成员的工作，维护班子团结，遵守民主议事和决策制度，努力做到及时沟通，在选任干部和凝聚人心方面积极为县委出主意想办法，切实当好参谋助手。同时，认真落实"一岗双责"要求，严格要求亲属子女和身边工作人员，扎实推进组织系统和分管部门的党风廉政建设，分管部门和组织系统未发生任何违纪违法案件。

一年来，虽然取得了一定成绩，但与组织要求和干部群众期望相比，还有一定差距。一是学习的主动性还不够强，对推进新形势下组织工作的理论系统性学习还不够；二是深入基层还不够广泛，与基层干部交流谈心的面还不够宽；三是创新举措不够多，在全市推出的先进典型和经验做法还不够多、不够硬。在下一步工作中，我将进一步扬长避短，克服不足，努力工作，奋力进取，努力把分管的各项工作做得更好，为建设邯郸东部中等城市作出更大贡献。

2014年1月10日

（资料来源：http://www.doc88.com/p-8781923114039.html）

相关链接

链接 1

面试注意事项

面试是应聘者整个求职过程中最重要的阶段。成败均决定于面试时短短一瞬间的表现。因此，应聘者一定要注意以下几点：

一、准备充分

第一，当应聘者接到公司的电话通知后，一定要做好书面记录，如公司的名称、地址、电话、联系人以及路线等，以免出现记忆错误而失去良机；第二，面试前要进行知识、技能、心理的准备，熟悉求职的常识、技巧、基本礼节，必要时可模拟演练；第三，要准备面试中可能被问到的问题，这样在面试时才能有的放矢。

二、遵守时间

面试时，最好提前十分钟到达面试地点，这样不仅能利用这段时间调整好自己紧张的情绪，也能表示出求职的诚意。在面试过程中，有时招聘者会主动提出只能谈多长时间，有时需要应聘者主动问可以谈多长时间，无论何种情况，应聘者都一定要把握好时间，以体现时间观念和办事效率。

三、服饰得体

面试前，应聘者要精心选择与自己的身材、身份相符，能体现自己的个性和职业特点的服饰。一般而言，女性装束以朴实、庄重为好，切忌浓妆艳抹、首饰佩戴过多。男性以整洁、干练为好，不要留长发、胡须。

四、机智应变

首先，面对提问，应聘者要注意运用灵活的语言表达技巧，留足进退的余地，随机应变。其次，面对招聘者提出的意想不到的问题，应聘者要稳定情绪，沉着而理智地应对；最后，面对模棱两可的问题，应聘者要善于用模糊语言来应答。可以先用“不可一概而论”作为开头，接着从正反两方面来阐述自己的观点。总之，应聘者在回答问题之前一定要尽可能考虑得周到一些，以免使自己陷于被动。

链接 2

演讲标题如何画龙点睛

标题是文章的“眼睛”，一个新颖、生动、恰当而富有吸引力的标题，往往能让演讲取得意想不到的效果。那么演讲标题如何才能熠熠生辉，起到画龙点睛的效果呢？

一、主题提炼法

即用精练的语言概括演讲的主题。主题是演讲的灵魂与核心，但好的标题是主题精华的体现。例如，一位大学生在“时尚与传统”的演讲中，写了一篇主题为“当代青年在讲时尚的同时，也应该发扬艰苦朴素的光荣传统”的演讲稿，最终把标题确定为“朴素，也是一种美”，这一标题不仅简洁明确而且富有深意。

二、形象比喻法

在确定标题时，我们也可用形象的比喻来“点睛”。例如，一位教师在讲自己的个人事迹时，举了很多以爱心成功教育学生的事例，标题几经修改后，定为了“爱，是打开学生心灵的金钥匙”，这个暗喻，既形象地点明了演讲的中心，又能给人以启迪。

三、真情润色法

演讲标题是最先传递给听众的，因此，“点睛”之时可以用真情润色，如果做到“眼”中“有神（主题）又有情”，那么就会产生“以情夺人”的奇效。例如“只为了脚下那片绿”，是一位环卫工人讲述自己几十年来如何在山上植树造林的演讲标题，此题表达了他真诚的心声，字字透着对绿化工作的深厚感情，因此，还未演讲便感动了听众，让听众不由得想到了他为绿化而奋斗的风雨人生，从而对他肃然起敬。

四、暗送秋波法

这是一种将观点隐藏起来启发听众思索答案的含蓄“点睛”法，常用设问的方式来表达。例如，在以“要提高教师素质”为主题的演讲中，标题“是谁撕碎了教师的尊严？”就很发人深省，此题一出口，便如谜语一样，激发起人们对谜底的思考，紧紧吸引住了听众的注意力。

问题讨论

一、面试时针对考官的提问如何进行应答？

二、如何在求职简历中弥补或回避自身的弱项？

三、怎样才能使演讲更精彩？

写作实践

一、根据所学知识，结合自己的具体情况，制作一份个人求职材料。

要求：1. 一份主要信息齐全、布局合理、设计新颖的封面；

2. 一份情真意切、诚挚感人的求职信；

3. 一份结构合理、内容齐全、层次清晰的个人履历。

二、请同学们互相交换求职材料，并运用所学知识，对交换的求职材料进行评点，指出优缺点。

三、请以班为单位，举办一场班干部竞聘演讲，每个同学选定一个自己比较喜欢并有一定优势的职务参加竞选。

四、请以班为单位，由竞选班干部成功的同学向全班同学发表就职演讲。

五、学期末时，请以班为单位举办一次班干部民主测评会，班干部向全班同学做本学期工作的述职报告，同学们对班干部进行民主评议。

第六章 公关礼仪文书

学习目标

公关礼仪文书是人们在各种社会交往活动中出于不同的公关或礼仪目的而使用的文书。在祝贺、邀请、迎送和答谢等社交活动日益频繁的今天，公关礼仪文书具有不可替代的重要作用。公关礼仪文书的种类很多，本章重点介绍祝词、欢迎词、欢送词和答谢词等致辞类公关礼仪文书和邀请函。通过学习，使学生掌握公关礼仪文书的写作方法与技巧，并能针对不同的目的、场合与对象，写出合乎规范、结构完整、措辞恰当的致辞和邀请函。

第一节 祝词

知识要点

- 祝词是在各种喜庆场合中对特定对象表达良好祝愿的致辞或讲话稿
- 祝词具有喜庆性和祝愿性等特点
- 祝词通常由标题、称谓、正文和落款组成
- 写作祝词时，称谓要礼貌妥帖，表达要准确恰当，态度要热情真诚

一、祝词的概念

祝词，也作祝辞，是指在各种喜庆场合中对特定对象表达良好祝愿的致辞或讲话稿，如寿诞祝词、事业祝词和婚嫁祝词等。祝词有助于营造喜庆、热烈、友好的现场气氛，还

可以起到融洽关系、增进友谊、促进交流和加强合作等重要的作用。

祝词和贺词都是用于喜庆祝贺的文书，针对性和场合性很强，都富有强烈的感情色彩。一般认为，祝词在事前祝，表示祝愿、希望的意思；贺词在事后贺，表示庆贺、道喜的意思。但是，在某些庆贺场合，如重大节日、宴会和典礼等，祝词、贺词可以互用，兼有庆贺与祝愿之意。

二、祝词的特点

（一）喜庆性

祝词是在隆重或喜庆的场合对祝贺对象表达真诚的祝福和良好的心愿，因此在措辞上往往体现出一种热情洋溢的情感力量和热烈欢乐的友好气氛，充满激情和感染力，具有喜庆欢愉的特点。

（二）祝愿性

祝词作为表达良好祝愿和庆祝志贺的礼仪文书，具有祝愿性的特点。通过对祝贺对象的肯定、赞美和颂扬，表达祈望事业成功或美好幸福的祝愿。

三、祝词的种类

（一）根据祝贺内容的不同，祝词可分为寿诞祝词、事业祝词和婚嫁祝词等。

1. 寿诞祝词

祝贺寿诞的主要对象是亲朋好友，尤其是老年人。祝贺时，可以赞颂其品性、功德或已取得的成就，并祝愿其幸福、健康、长寿。

2. 事业祝词

祝贺事业的对象既可以是个人也可以是单位或集体。祝贺事业涉及的范围极广，如会议开闭幕、工程竣工、剪彩、新年伊始、节日纪念、报刊创刊、社团纪念、金榜题名或职位升迁等。这类祝词兼有庆贺之意，可以庆贺其已取得的成就，也可以祝愿其今后事业顺利发达。

3. 婚嫁祝词

祝贺婚嫁的对象是新婚夫妻，可以既祝贺新人新婚之喜，又祝贺新人婚后和谐美满。

（二）根据表达形式的不同，祝词可分为现场即席致辞祝贺和信函电传祝贺等

1. 现场即席致辞祝贺

一般而言，在较为随意轻松的场合可以即兴表示祝贺；但在公共事务场合下，为庄重严肃起见，应按事先拟好的祝词发言。

2. 信函电传祝贺

当祝贺人无法到场祝贺时，可以用书信、电报、传真或电子邮件表示祝贺之意。

四、祝词的结构与写法

祝词通常由标题、称谓、正文和落款组成。

（一）标题

祝词的标题位于首页上方居中位置，由致辞人、致辞对象或致辞场合、文种组成，可以概括为“×××在×××会上的祝词”。也可省略标题中的致辞人，将其置于标题下方。有时只写文种“祝词”即可。

（二）称谓

在标题的下一行顶格处，写明祝贺对象的名称，可以是广泛对象，也可以是具体对象。一般要在称谓前面加上表示尊敬的修饰语，如果祝贺对象的身份或地位比较高，可以在称谓后面加上有关的职务或头衔，以示敬重，如“尊敬的×××教授”。如果是对集体的祝贺，称谓就应该包括所有的祝贺对象，如“尊敬的各位来宾，女士们、先生们”“尊敬的各位领导、各位同事”等。

（三）正文

祝词的正文一般包括开头、主体和结尾三部分。

1. 开头

祝词的开头通常是向祝贺对象致意，表示祝贺或问候。致辞人要说明自己代表何人或何组织向对方何项事业表示祝贺。

2. 主体

这是祝词的核心内容，要具体表明祝贺事由和祝贺意义。致辞人可以概括评价祝贺对象已取得的成就及其意义，展望未来的美好前景，表达对祝贺对象的希望与鼓励。

3. 结尾

致辞人再次向祝贺对象表示衷心祝贺，常用礼节性祝颂语结束全文。

（四）落款

如果是书面祝贺，应当在正文右下方，署致辞单位名称或致辞人姓名，在署名下一行的相应位置写致辞日期。如果在标题中已注明，此处可省略。

五、祝词的写作要求

（一）称谓要礼貌妥帖

祝词的称谓要根据对象的不同，做到既要尊重对方，礼貌亲切，又要把握分寸，恰到好处。

（二）表达要准确恰当

祝词要根据祝贺人与祝贺对象的关系，针对性地拟写祝贺内容，语言表达的态度与语气要恰如其分，要多用褒扬、赞美和激励之词，但不要使用过分的溢美之词，这样会使对方感到不安，也使自己有谄媚之嫌。

（三）态度要热情真诚

祝词要满怀诚意，充满热情与希望。鲜活生动的语言，真挚浓郁的情感，较强的感染力和亲和力，会使对方感到温暖愉快，会营造一种温馨融洽的氛围。

（四）注意祝酒词与祝词等致辞类礼仪文书的关系

祝酒词是在酒席宴会上，主人或宾客为表达祝愿、欢迎、欢送和感谢等情意而发表的致辞。酒只是招待宾客的一种礼仪形式，是人们在各种交往中表达情意的一种媒介。如果祝词、贺词、欢迎词、欢送词和答谢词等都是在酒席宴会这种场合发表的致辞，那么它们就属于祝酒词。因此，祝酒词与祝词等致辞类礼仪文书具有一定的交叉关系。

例文

驻法国大使翟隽在2016年新春招待会上的致辞

各位同胞，各位朋友，女士们、先生们：

大家晚上好！

再过几天，我们就要告别农历羊年，迎来象征吉祥富贵的猴年。值此辞旧迎新之际，我代表中国驻法国大使馆，向各位来宾，并通过你们向全体旅法侨胞、留学生、中资机构和媒体界的朋友们致以新春的问候！

刚刚过去的 2015 年对于中法关系来说是可圈可点之年。两国实现国家元首和政府总理的“双互访”，双方在彼此关切的重大问题上相互支持，两国关系比以往任何时候都更加紧密。经贸合作成果不断。除航空、核能等传统领域外，农业食品、电子商务、节能减排和可持续发展等新兴领域的合作也方兴未艾，两国还正致力于共同开拓第三方市场。据法方统计，前年赴法旅游中国公民达 220 万人，2015 年前 10 个月又同比增长四成以上。

2015 年对于广大侨胞、留法学子和中资机构人员来说也是不平凡的一年。你们与法国人民一道经受了严峻考验，体现了精诚团结、守望相助的中华精神；你们身在海外，心系祖国，在中国人民抗日战争暨世界反法西斯战争胜利 70 周年之际，积极组织参与有关纪念活动，拳拳赤子之心令人感动；你们发挥多文化背景优势，为增进中法人民的相互理解和友谊做出重要贡献。每年侨界的系列春节庆祝活动，受到法国民众热烈欢迎，已经成为中国文化的重要品牌和标志。

各位侨胞、各位朋友，大家虽然身处海外，但祖国的发展与你们每个人的发展皆息息相关。我借此机会给大家介绍一下当前中国经济形势。

2015 年，中国实现了 6.9%的中高速增长，GDP 增量超过 5 000 亿美元，预计排全球首位。增长结构大幅优化。消费对经济增长贡献率比 2015 年提高了 15.4 个百分点，达 66.4%；服务业占 GDP 比重提高 2.4 个百分点，达 50.5%；居民收入和储蓄增长均高于经济增速。我们为全球发展日益贡献更多的正能量。2015 年，中国经济对全球经济增长贡献率接近 30%；中国已成为净资本输出国，2015 年对外投资又增长了 14.7%；联合国气候变化巴黎大会上，中国做出庄严承诺，以实际行动推动全球减排事业，展现出负责任大国的担当。

以上这些成果来之不易。我们面对的是仍处在深刻调整期、复苏脆弱的全球经济环境。中国国内改革也处于攻坚克难、爬坡上坎的关键阶段。

但展望未来，我们依然充满信心。一方面，经过 30 多年的快速发展，中国经济总量已超过 10 万亿美元，奠定了雄厚的物质、技术和人才基础，也积累了应对市场变化的各种经验。另一方面，中国经济的发展潜力远未穷尽。我们制定了未来 5 年实现 7 000 万人口脱贫的目标。随着新型城镇化的推进，每年将有 1 600 万人进入城市。这些都将释放大量的市场需求。与此同时，新的经济增长点正在形成。2015 年中国高技术产业增加值比 2014 年增长 10.2%，互联网、云计算和大数据等方兴未艾，水能、风能和太阳能等可再生能源发展迅速。

同胞们、朋友们，祖国的发展壮大、中法关系的日益紧密将为大家未来事业发展提供更加广阔的舞台。我衷心希望，新的一年，广大旅法侨胞、留学生、中资机构继续开拓进取，奋发努力，实现事业学业的新突破，也为中法关系做出更大贡献。

大家身在海外，远离家乡亲友，你们的安全和权益是我们永远的牵挂。驻法使馆将继续秉持“以人为本、外交为民”的精神，为大家做好服务工作。

最后我想对大家说，包括我在内的所有在法中国公民和同胞就像一个大家庭。春节正是阖家团圆的日子。与往年一样，我们今天精心为大家备下了一桌团圆饭。祝大家度过一个愉快的夜晚，共同品味亲情，感受家的温暖。

谢谢大家。

（资料来源：http://www.fmprc.gov.cn/web/dszlsjt_673036/t1337007.shtml）

第二节 欢迎词

知识要点

- 欢迎词是在迎接宾客的隆重场合、茶会或酒宴上，主人或主办方对宾客表示欢迎之意的致辞或讲话稿
- 欢迎词具有欢愉性和口语性等特点
- 欢迎词通常由标题、称谓、正文和落款组成
- 写作欢迎词时，要礼节周到、态度热情、语言得体

一、欢迎词的概念

欢迎词是指在迎接宾客的隆重场合、茶会或酒宴上，主人或主办方对宾客表示欢迎之意的致辞或讲话稿。行政机关、企事业单位、社会团体或个人在欢迎友好国家、团体或个人来访时，一篇热情洋溢的欢迎词，往往可以渲染气氛，营造一种友好的氛围。

二、欢迎词的特点

（一）欢愉性

致欢迎词时，致辞人往往富有激情，表现出愉快的心情和真诚的欢迎，可以给客人一种“宾至如归”的感觉。

（二）口语性

欢迎词一般是现场向宾客口头表达的，所以要运用生活化的、既简洁又富有生活情趣的语言，这样会拉近主宾的关系。

三、欢迎词的种类

（一）根据表达方式的不同，欢迎词可分为现场讲演欢迎词和报刊发表欢迎词。

（1）现场讲演欢迎词。现场讲演欢迎词一般由欢迎人在欢迎对象到达时在欢迎现场口头发表。

（2）报刊发表欢迎词。报刊发表欢迎词一般是在宾客到达后，发表在报纸或公开发行的刊物上。

（二）根据社交与公关性质的不同，欢迎词可分为私人交往欢迎词和公事往来欢迎词。

（1）私人交往欢迎词。私人交往欢迎词一般是在个人举行的较大型宴会、聚会、茶会、舞会和讨论会等非官方的场合下使用，具有明显的即时性和现场性。

（2）公事往来欢迎词。公事往来欢迎词一般是在较庄重的公共事务中使用，要有事先准备好的得体的书面稿，文字措辞较私人交往欢迎词要正式和严格。

四、欢迎词的结构与写法

欢迎词通常由标题、称谓、正文和落款组成。

（一）标题

欢迎词的标题位于首页上方居中位置，由致辞人、致辞对象或致辞场合、文种组成，可以概括为“×××欢迎×××的致辞”或“×××在×××会上的欢迎词（致辞）”。也可省略标题中的致辞人，将其置于标题下方。有时只写文种“欢迎词”即可。

（二）称谓

在标题的下一行顶格处，写明欢迎对象的名称，可以是广泛对象，也可以是具体对象。一般要在称谓前面加上表示尊敬友好的修饰语，如“尊敬的”“敬爱的”“亲爱的”等。有时可以在称谓后面加上有关的职务或头衔。如果是对集体的欢迎，称谓应该包括所有的欢迎对象。

（三）正文

欢迎词的正文一般包括开头、主体和结尾三部分。

1. 开头

欢迎词的开头要向欢迎对象表示欢迎之意。致辞人可以表明以什么身份、代表谁、向哪些来宾表示欢迎。

2. 主体

这是欢迎词的核心。致辞人要对欢迎对象表示恰当的赞美和称颂，回顾双方交往的历史与友情，肯定宾客在某些方面的贡献及双方友好合作的成果，指出本次来访的重大意义，表达继续加强合作的意愿和希望。如果欢迎对象是初次来访者，可以简单介绍致辞方的情况。

3. 结尾

致辞人再次向来宾表示热情的欢迎，并且表达良好的祝愿或希望。

（四）落款

欢迎词的落款应当在正文右下方，署致辞单位名称或致辞人姓名，在署名下一行的相应位置写致辞日期。若需刊载，也可在标题下方署名。

五、欢迎词的写作要求

（一）礼节周到，尊重对方风俗习惯

致辞要谦逊、周到、礼貌，称谓要用尊称，并尽量用全称。同时要注意措辞慎重，尊重对方的风俗习惯，避开对方的忌讳，以免发生误会。

（二）求同存异，营造友好和谐的气氛

写作欢迎词时，应当坚持求同存异的原则，如果来宾的意见、观点与主人不一致时，应注意突出双方共同关心的话题，不动声色地淡化矛盾，多谈一致性，不谈或少谈分歧，可恰当采用委婉语或模糊语，尽量为加强沟通营造友好和谐的气氛。

（三）态度热情，不卑不亢

致欢迎词时，应出于真心实意，感情要真挚，态度要热情友好，谦逊有礼。注意掌握分寸，对宾客的赞颂和评价要热情而中肯，做到不卑不亢，恰到好处。欢迎词要有针对性，要针对不同的对象与场合表达不同的情谊。

（四）语言恰当得体，篇幅简短

欢迎词一般是现场演说，因此，语言要简洁、平易，宜多用短句，尽量口语化。要做到内容概括，语言亲切得体，格调高雅。欢迎词是一种礼节性的外交或公关辞令，篇幅宜短小精悍，不必长篇大论。

例文

××牧业总裁×××先生

在公司成立20周年庆典欢迎晚宴上的致辞

尊敬的女士们、先生们，各位领导、各位嘉宾：

大家晚上好！

首先请允许我代表×××董事长及××集团全体同人对各位领导和嘉宾盛情出席××二十周年庆典晚宴表示衷心的感谢和热烈的欢迎。今晚的××××酒店华灯璀璨，高朋满座，盛友如云，满载着近2 200位朋友的深情厚谊。

创立于1995年的××，经历二十年的风云激荡，经受二十年的行业洗礼，从容应对二十年经济形势的错综复杂，已由一家名不见经传的科技型企业发展成为销售收入过百亿元、市值过百亿元、行业前十强的上市公司。托大家的福，××稳健成长；谢朋友的情，××逆势而上；二十春秋，弹指一挥间，往事历历，无尽感慨。感谢政府领导政策支持，呵护有加；感谢行业专家科技引领，实力倍增；感谢高校师生人才输送，团队为王；感谢供应商朋友危难出手，拨云见日；感谢金融界朋友慧眼识珠，成人之美；感谢媒体朋友妙笔生花，实事求是；感谢国际友人和伙伴真诚合作，共创辉煌；尤其感谢客户朋友风雨同行，信赖备至。

再多感谢的话语也表达不尽我们的感激之情，唯有用更好的经营业绩，承担更多的社会责任来回报大家。今晚略备薄酒素菜，与在座的各位分享喜悦，畅叙友情；照顾不周，多请海涵！

最后××祝各位嘉宾朋友在山清水秀的棋盘山下度过一个美好的夜晚。祝大家身体健康，家庭幸福。

谢谢！

（资料来源：http://www.wellhope-ag.com/show.php?id=7172）

第三节 欢送词

知识要点

- 欢送词是在欢送宾客的隆重场合、茶会或酒宴上，主人或主办方对宾客表示欢送之意的致辞或讲话稿
- 欢送词具有惜别性和口语性等特点
- 欢送词通常由标题、称谓、正文和落款组成
- 写作欢送词时，要礼节周到、感情真挚、语言得体、篇幅简短

一、欢送词的概念

欢送词是指在欢送宾客的隆重场合、茶会或酒宴上，主人或主办方对宾客表示欢送之意的致辞或讲话稿。如果在欢送词中表现出真挚的惜别之情和对再次来访与合作的期待之情，往往会促进和加强双方进一步的交流与合作关系。

二、欢送词的特点

（一）惜别性

欢送词要表达宾客或亲朋远行时的感受，所以依依惜别之情要溢于言表，格调不可过于低沉。尤其是公务交往更应把握好分别时所用言词的分寸。

（二）口语性

同欢迎词一样，口语性也是欢送词的显著特点之一。欢送词使用生活化的语言，会使送别既富有情趣，又自然得体。

三、欢送词的种类

欢送词与欢迎词在分类上基本一致，这里不再加以说明。

四、欢送词的结构与写法

欢送词通常由标题、称谓、正文和落款组成。

（一）标题

欢送词的标题位于首页上方居中位置，包括致辞人、致辞对象或致辞场合、文种组成，可以概括为“×××欢送×××的致辞”或“×××在×××会上的欢送词（致辞）”，也可省略标题中的致辞人，将其置于标题下方。有时只写文种“欢送词”即可。

（二）称谓

在标题的下一行顶格处，写明欢送对象的名称，可以是广泛对象，也可以是具体对象。一般要在称谓前面加上表示尊敬友好的修饰语，如“尊敬的”“敬爱的”“亲爱的”等。有时可以在称谓后面加上有关的职务或头衔。如果是对集体的欢送，称谓应包括所有的欢送对象。

（三）正文

欢送词的正文一般包括开头、主体和结尾三部分。

1. 开头

欢送词的开头要向欢送对象简要表达欢送、惜别和祝福之意。致辞人应说明此时在举行何种欢送仪式，致辞人是以什么身份代表哪些人向宾客表示欢送的。

2. 主体

这是欢送词的核心。致辞人要对欢送对象在学习、工作或相互合作等方面的成绩给予充分的肯定和恰当的评价。如果是公务往来，可以侧重阐述双方合作的历史意义和深远影响，对宾客访问成功或会谈成功表示祝贺与感谢。如果是私人交往，可以侧重回顾彼此的友谊，或对对方在学习、工作方面取得的成就表示祝贺，并且展望前景或表示勉励。

3. 结尾

欢送词的结尾要再次向欢送对象表达真挚的欢送之情和依依惜别之情，祝愿对方一帆风顺，表达期待再次来访、相聚或合作的心愿。

（四）落款

欢送词的落款应当在正文右下方，署致辞单位名称或致辞人姓名，并在署名下一行的相应位置写致辞日期。若需刊载，也可在标题下方署名。

五、欢送词的写作要求

（一）礼节周到，感情要真挚热情

致欢送词时，要注意宾客身份，礼节周到，措辞恰到好处。作为表达欢送之意的社交礼仪致辞，依依惜别之情要溢于言表，以营造一种友好、亲切的气氛。致辞时，情绪要饱满、热情，感情要真挚、诚恳，可以采用带有感情色彩的词语，适当引导带动宾客的情绪，烘托气氛，进一步密切彼此的关系。

（二）语言恰当得体，篇幅简短

欢送词与欢迎词一样，是礼仪性文书，又是口头发表的讲话，因此，措辞要礼貌恰当，语言要亲切得体、简洁平易，尽量口语化。篇幅宜短小精悍、言简意赅，不必长篇大论。

例文

勇做时代和社会的引领者

——在浙江大学2015届本科生毕业典礼上的讲话

亲爱的同学们：

大家下午好！

初夏时节，栀子花开，求是园弥漫着毕业的情怀。今天，同学们在此圆满完成了本科学业，即将迈上更广阔的舞台，开创更为精彩的未来。衷心祝贺你们！

毕业季，我总是轻易被同学们的情绪感染：你们在教学楼前拍照留念的庄重、在大草坪上纵情欢歌的快乐、在启真湖边畅想未来的憧憬、在林间小径细叙情谊的不舍……看着你们年轻的身影，我恍惚觉得自己的青春未曾走远。当年的我，和你们一样在求是园里学习，可能修过同一门课程，可能占过同一个座位，可能读过同一本图书，还可能讨论过同一个话题……然而，那是30年前的时光了。

30年岁月更迭，已经或正在发生无数的沧桑巨变。那时的我们习惯鸿雁传书，现在的你们喜欢刷朋友圈；那时的我们常爱去图书馆翻阅文献，现在的你们随时可以点击玩转数字图书；那时的我们只能在课堂上聆听名师授课讲学，现在的你们则可以通过MOOC体验移动学习；那时的我们刚刚了解了世界，现在的你们视野更加global & international。30年时光流转，亦有不变的执着和永恒的坚守。巍巍浙大，屹立东方，百年求是，创新不止。浙大人对培养未来领导者的追求，对复兴国家民族的担当，对造福人类的关怀，永恒不变。

竺可桢老校长曾寄语浙大人，“我们人生的目的是在能服务，而不在享受”。服务单位、服务社会、服务国家，以天下为己任，这是未来领导者应有的担当。你们这一代青年，比我们当年站在更高的起点，拥有更好的条件，具备更宽的视野，面对更大的空间。希望你们保有“位卑未敢忘忧国”的情怀、“计利当计天下利”的胸襟、“但愿苍生俱饱暖”的风骨，在当前的大好时代中真正干成一番事业。

要成为未来的领导者，不仅要仰望星空，拥有远大的理想抱负，而且要脚踏实地，在实践中走向成功。所谓成功，不在于获取金钱和权势，而在于把自己的事业做到极致，为国为民谋得利益。《尚书》有云：“功崇惟业，业广惟勤。”无志不足以行远，无勤则难以成事。希望你们秉持“咬定青山不放松”的定力、“众里寻他千百度”的勤奋、“不破楼兰终不还”的执着，成为未来各行各业的创新者、领导者。

未来领导者的使命是引领和创造未来。让我们的目光穿越时空，未来 10 年、20 年、30 年，是你们的命运将和实现中华民族伟大复兴的“中国梦”紧紧相连的重要时期，我期待，期待你们在未来的人生舞台上大放光彩：在科学领域，你们不断探索宇宙宏观世界和粒子微观尺度的大自然奥秘，让人们享受更为健康的、更为美好的高品质生活；在工程领域，你们不断创造新的材料、新的能源、新的工艺、新的代码，让人类活动的空间更环保、更安全、更智慧；在社会领域，你们不断建构和平、公正、发展、高效的秩序，让每个人都能实现自己的价值和尊严；在文艺领域，你们不断创作动人的小说、诗歌、音乐、书画，让世界更加精彩，让心灵更加美好……我知道，这些都不只是梦想，你们会通过自己的努力，在未来的某一天，让梦想照进现实。

同学们，世界上所有的相遇，都是久别的重逢；世界上所有的离别，都是为了更好的相遇。现在，又到了离别的时刻，尽管不舍，但我相信四年的缘分，期待未来更为美好的重逢。愿启真湖水的波光常在你们心中荡漾，愿求是精神的光芒照耀你们砥砺前行，愿母校的思念和关注伴随你们奋斗的岁月！

最后，祝你们在未来的日子里幸福、快乐！

谢谢大家！

浙江大学校长：吴朝晖

（资料来源：http://edu.ifeng.com/a/20150706/41126868_0.shtml）

第四节 答谢词

知识要点

➤ 答谢词是在特定的公关礼仪场合，宾客所发表的对主人或主办方的热情接待与帮

助表示感谢的致辞或讲话稿

- 答谢词通常由标题、称谓、正文和落款组成
- 写作答谢词时，要礼节周到、感情真挚、评价适度、篇幅简短、语言精练得体

一、答谢词的概念

答谢词是指在特定的公关礼仪场合，宾客所发表的对主人或主办方的热情接待与帮助表示感谢的致辞或讲话稿。通常，主客双方在交往合作后，宾客对主人给予的接待、安排、欢迎、欢送、祝贺、馈赠和帮助等友好行为要表达感谢之意。这种礼尚往来的礼节行为会加强双方友好融洽的关系，营造一种和谐的氛围。

二、答谢词的种类

根据致谢缘由和内容的不同，答谢词可分为“谢遇型”答谢词和“谢恩型”答谢词。

（1）“谢遇型”答谢词。“谢遇型”答谢词是用来答谢别人款待的致辞。它常用于宾主之间，既可用于欢迎仪式、会见仪式上，与“欢迎词”相对应，也可用于欢送仪式、告别仪式上，与“欢送词”相对应。

（2）“谢恩型”答谢词。“谢恩型”答谢词是用来答谢别人帮助的致辞。它常用于捐赠仪式或某种送别仪式上，表达接受各种形式的馈赠与帮助的谢意。

三、答谢词的结构与写法

答谢词通常由标题、称谓、正文和落款组成。

（一）标题

答谢词的标题位于首页上方居中位置，由致辞人、致辞对象或致辞场合、文种组成，可以概括为“×××在×××会上的答谢词（致辞）”。也可省略标题中的致辞人，将其置于标题下方。有时只写文种“答谢词”即可。

（二）称谓

在标题的下一行顶格处，写明答谢对象的名称，可以是广泛对象，也可以是具体对象。一般要在称谓前面加上表示尊敬友好的修饰语，如“尊敬的”“敬爱的”“亲爱的”等。有时可以在称谓后面加上有关的职务或头衔。如果是对集体的答谢，称谓应该包括所有的答

谢对象。

（三）正文

答谢词的正文一般包括开头、主体和结尾三部分。

1. 开头

致辞人应先对主人的盛情款待表示衷心的感谢。

2. 主体

这是答谢词的核心。首先，致辞人可以选用具有说服力的具体事例或细节，对主人所作的盛情接待与精心安排给予高度评价；其次，颂扬主人的成绩和贡献，对双方的诚意和合作成功给予充分肯定，也可以阐发此行的重要意义和影响；最后，表达自己在做客期间的所见所闻所感，或表明主人给自己留下的美好印象，进而表示巩固发展友谊或加强合作交流的意愿。

3. 结尾

致辞人再次用简短的语言表示感谢，并对双方关系的进一步发展表示诚挚的祝愿。

（四）落款

答谢词的落款应当在正文右下方，署致辞单位名称或致辞人姓名，在署名下一行的相应位置写致辞日期。若需刊载，也可在标题下方署名。

四、答谢词的写作要求

（一）内容要有对应性，可以临场补充发挥

答谢词要与主人的欢迎词、欢送词或有关致辞以及热情接待或帮助的事实相照应，有针对性地表示衷心感谢。当答谢处于对方的“欢迎词”或“欢送词”之后时，最好能引述对方的意见，并融入自己的观点。这样，不仅可以丰富致辞的内涵，而且可巧妙地融洽双方的关系，增强友好的气氛。有时，即使预先准备了答谢词，也可因情因境，临场应变发挥，紧急修改补充，以示对主人的尊重，并圆满表达自己的情谊。

（二）礼节周到，尊重对方风俗习惯

答谢方往往是在异地作客，要礼节周到、入乡随俗，可以提前充分了解当地的民情、风俗，尊重对方习惯。同时注意措辞慎重，避开对方的忌讳，以免发生误会。

（三）感情真挚，评价适度

答谢方在致谢时，态度要坦诚，感情要真挚，用语要热情洋溢、充满真情，以营造一种宾主共欢的融洽氛围。在答谢词中，可以对对方的成绩和贡献或双方的成功合作给予肯定，作出评价，但要适度，要恰如其分，把握分寸，不可故意拔高、无限升华。

（四）篇幅简短，语言要精练得体

答谢词的篇幅要力求简短，致辞要谦逊、得体、礼貌，要使用“感谢”“致谢”等词语，明确表达自己诚挚的谢意。语言要简洁精练，尽可能删除可有可无的字、词、句、段，做到“文约旨丰”。

例文

我们因您而精彩

——给客户的春节感谢词

尊敬的客户：

感谢您一直对我们公司的信任和大力支持，值此春节来临之际，××媒体网对您表示最诚挚的祝福和最衷心的感谢。

在××媒体网的发展历程中，您，尊敬的客户，是您慷慨地给予了我们强大的力量，我们在 2012 年成为中国最大的户外媒体交易平台；是您大方地赋予了我们不断前进的动力，让我们能够在 2014 年往全媒体方向发展；是您毫不吝啬地给予了我们关注以及参与，让我们能够在未来朝着正确的方向前进。真诚地谢谢您，在您的照顾与陪伴下，我们由婴儿茁壮长成青年，积累了一点点的进步，集聚了一滴滴的成就。到今天，我们不仅囊括海量的户外资源，拥有大量优质广告位，以及丰富的广播、电视、报纸、杂志和网络等媒体资源，还囊括了微博、微信和论坛等社交媒体资源。目前，大量的媒体主和广告主不断地涌入平台、为我们注入了更多鲜活的血液。我们也将全力以赴为企业节省 20%投放成本，为媒体公司提供大量真实客户，搭建企业与媒体的阳光交流平台。

我们深知您是我们征途上源源不绝的信心和力量，您是我们事业兴旺发达、长盛不衰的源泉，您是我们彷徨迷茫时的指路灯。您的每一次信任，我们都会铭刻在心；您的每一次参与，我们都会激动不已；您的每一个建议，我们都会视如珍宝。或许，您觉得这些都无足挂齿，但您的每一个细微的举动都促进了我们的成长，我们每向前进一步都是您的功劳，因此我们对您充满了无法言尽的感恩之情。

我们希望在今后的日子里，您能一如既往地鼓励和支持我们。让我们一起在诚信与稳定的市场中合作共赢，取得更加辉煌的成绩。在今后的日子里，我们依然会坚定地秉承自己快乐、激情、挑战、拒绝的企业文化，坚守诚信、创新、协力、包容完美的核心价值观，不断改进不足之处，不断提升自我，踏踏实实地朝成为全中国最大的全媒体交易平台的目标前进。

2015 年，我们将集纳更丰厚的投资基金，积极扩大××媒体网的资源，创建更多高级实用的功能，营建简便完善的服务平台，为您提供更多满意的服务。2015 年，我们期待您诚挚的认可；2015 年，我们期待您宝贵的建议；2015 年，我们期待您的积极参与。是您给了我们创造无限可能的机会，在新的一年，我们也将更加努力，为您节约更多的成本，不辜负您的期望。

亲爱的客户，一天之计在于晨，一年之计在于春。2015 年，让我们继续保持高昂的热情，矫健的步伐，一起携手奔向梦想，一起谱写未来的美好篇章。

再一次感谢您对我们的帮助与支持，恭祝您大展宏图，身体健康，万事如意，阖家幸福。

（资料来源：http://www.chinadmd.com/file/xo3xrxoeczsetpowws3spoxt_1.html，有删改）

第五节 邀请函

知识要点

- 邀请函是单位、团体或个人邀请知名人士、专家、合作单位或亲朋好友等参加某项活动时所发的礼仪性书信
- 邀请函具有适用范围广、态度礼貌友好和符合礼仪规范等特点
- 邀请函通常由标题、称谓、正文和落款组成
- 写作邀请函时，事项要具体明确，语言要礼貌得体，装帧设计要美观大方

一、邀请函的概念

邀请函又称邀请书、邀请信，是单位、团体或个人邀请知名人士、专家、合作单位或亲朋好友等参加某项活动时所发的礼仪性书信。这是在日常的各种社交活动和国际交往中经常使用的一种实用文书，具有社会公关及礼仪功能，既体现了活动主办方的礼仪愿望和友好盛情，表现了对被邀请者的礼貌与尊重，还具有凭证作用。

二、邀请函的特点

（一）适用范围广

邀请函的使用非常灵活，单位、团体或个人都可以发出邀请和接受邀请。它的适用范围也非常广泛，适用于庆典、社交、学术和商务等各种场合，是为纪念、典礼、宴会、酒会、研讨会、座谈会、展销会和订货会等各种重大活动而发出的书面邀请。

（二）态度礼貌友好

作为礼仪文书，礼貌性是邀请函的显著特征，体现在内容的赞美肯定和礼貌用语的规范使用等方面。邀请函更强调双方和谐友好的交往，注重真诚情感的传递。

（三）符合礼仪规范

在一般情况下，邀请有正式与非正式之分。非正式的邀请，通常是以口头形式来表现的。相对而言，它显得要随便一些。而正式的邀请，即采用邀请函的书面形式，既符合礼仪程序与规范，又体现了邀请者的郑重态度和对被邀请者的尊敬。

三、邀请函的结构与写法

邀请函通常由标题、称谓、正文和落款组成。

（一）标题

邀请函的标题一般只写文种“邀请函”即可，字号比通常标题要略大一些。也可以在邀请函之前加事由，如《亚太经济发展论坛邀请函》《关于参加中华民族凝聚力研讨会的邀请函》《沟通无限——中部六省城市信息化高级论坛邀请函》。

（二）称谓

称谓是对被邀请对象的称呼。通常在标题的下一行顶格处，写明被邀请单位、团体名称或个人姓名，一般不宜使用泛称或统称，以示礼貌和尊重。如果被邀请对象是个人，须在姓名前冠以“尊敬的”等敬语，后面加上有关的职务、职称等头衔，也可以用“先生”“女士”等，如“尊敬的××教授”“尊敬的××女士”。

（三）正文

邀请函的正文一般包括开头、主体和结尾三部分。

1. 开头

邀请函的开头通常是向被邀请对象致以简单的问候，如“您好”。然后简要说明举办活动的目的、缘由，也可用简洁的表述融入以下具体的邀请内容中。

2. 主体

这是邀请函的核心内容，须明确告知被邀请对象参加活动的有关事宜。通常要说明礼仪活动的名称、主办单位、时间、地点、活动内容或日程安排，以及其他需要说明的事项等，表明盛情邀请对方的意愿。如果活动内容与具体安排特别详细，通常要另外附纸说明，避免邀请函写得过长。

3. 结尾

邀请函的结尾一般要以常用的邀请惯用语向被邀请对象发出诚挚得体的邀请，如“敬请光临”“欢迎光临”“恭请届时出席”等。也可以常见的祝颂语作结。

（四）落款

邀请函的落款部分应署邀请单位名称或个人姓名，并在下一行相应位置署发函日期。正式邀请函还应加盖邀请单位公章，以示郑重。

四、邀请函的写作要求

（一）格式规范，邀请事项具体明确

写作邀请函，一定要格式规范、要素完备、称谓得体、态度热情真诚。正文的邀请事项务必周详、具体、明确，并反复校对核实，不要遗漏重要信息，使被邀请对象可以有备而来，也会使活动举办方减少一些意想不到的麻烦。

（二）语言礼貌得体，装帧设计美观大方

邀请函应根据场合、内容、对象的不同考虑措辞，行文要达雅兼备，语言既平实明了，又不失庄重雅致，礼貌得体，体现邀请的热情与诚意。邀请函在款式和装帧设计上应美观、大方、精致，符合礼仪文书的行文要求，达到事务与礼仪的完美结合，不可用书信纸或单位的信函纸草草了事。

例文

2015 年会盛典邀请函

尊敬的________先生/女士：

时光流逝，不忘初心。××××××（公司名）倾心编织平台，您是关注和支持的主角。

新年伊始之际，××××××（公司名）满怀感激之情，兹定于 2015 年 1 月 24 日在×××××酒店举办“××××××（公司名）同梦同行”2015 年会盛典，届时将有我们精心准备的节目和丰厚的奖品等待着您，期待您的拨冗莅临！

让我们同叙友谊，共话未来，迎接 2015 年更多的财富、更多的喜悦！

××××公司

2015 年 1 月 10 日

相关链接

链接 1

日常生活礼仪：欢迎和欢送的礼仪

迎送客人是社会交往中常用的礼仪活动。热情友好的欢迎，能使客人心理需求得到满足，产生美好的第一印象；周到礼貌的欢送能给客人留下长远的美好记忆，使整个接待工作有始有终、圆满周密，取得良好的效果。

一、迎送的准备

迎送的准备主要包括以下几个方面：

（1）确定规格。迎送的规格是根据应邀客人的身份、到来的目的、性质和时间长短等综合考虑决定。外事迎送遵循对等的原则。主要迎送人应与来宾的身份对等。上级机关的来宾到来，应由主要领导出面迎送。迎送的隆重程度也因规格而定。

（2）落实人员。隆重的接待迎送，应当建立工作小组，包括：宣传布置、礼仪队伍、食宿安排、交通工具和安全保卫等。

（3）确定场地布置、迎送程序和各种物资用品准备。

二、迎接的程序

迎接的程序主要包括以下几个方面：

（1）迎接。所有迎宾人员和欢迎队伍应提前到车站、码头、机场、迎候客人。

（2）欢迎。客人走下车、船、飞机时，主要迎接人员走上前去欢迎、握手问候，这时有乐队的应当奏欢迎曲。对高级贵宾要安排献花。

（3）介绍。由礼宾工作人员将主人介绍给来宾，再由主人向来宾一一介绍前来欢迎的人员。主人介绍后，由客人向主人一一介绍随同前来的其他客人。介绍后稍事寒暄。

（4）奏国歌（对高级国宾或贵宾）。

（5）讲话。主人先致欢迎词，客人致答谢词。也可以不作讲话，散发书面讲话稿。

（6）群众欢迎。群众手持国旗、彩带欢呼欢迎口号，更隆重的可安排载歌载舞的队伍欢迎。

（7）陪车。客人坐后排右侧，主人坐后排左侧。译员坐前排司机旁边。

（8）下榻。到达目的地后，迅速安排客人到房间下榻，稍事寒暄即可告辞。

三、注意事项

迎送客人应注意以下几个方面：

（1）欢送贵宾，应在车站、机场贵宾室安排贵宾休息。

（2）安排专人办理有关手续。

（3）教育所有人员，要热情、周到、无微不至。

（4）欢送的程序大体与欢迎一样。有些环节就不再重复了。

链接 2

邀请函与请柬的区别

邀请函和请柬的适用范围大致相同，都是以书面形式邀请别人参加某项活动，都具有庄重性和礼仪性的特点。二者之间的主要区别体现在：

（1）邀请函比请柬更正式，适用范围比请柬更广泛。邀请函涉及国家元首互访、大小会议、庆典和报告等社交生活的各个方面，尤其适用于比较正式的会议、晚宴和论坛等，一般发函者多是单位或团体，比较官方；而请柬多用于喜庆之事，而且多为个人使用。

（2）邀请函的内容比请柬更复杂丰富，信息容量更大。邀请函除了要像请柬一样写明活动的时间、地点外，还要介绍活动举行的背景、意义，活动的具体安排等更详细的邀约内容，因而一般采用正式规范的书信体格式，落款处可以加盖公章；请柬的内容要求简洁明了，结构与表述更清晰简洁。

（3）邀请函的措辞及制作比请柬更朴实。邀请函的语言较之请柬更为平实晓畅，较少使用文言词语；邀请函可以有艺术性的装饰，也可以是一张普通的礼仪信函；请柬则制作精美，更人性化。

问题讨论

一、请针对有关例文分析讨论祝词与贺词的异同。

二、致答谢词时，如何使态度显得坦诚真挚？

三、邀请函属于公文“函”吗？试分析二者的不同。

写作实践

一、××学校社团联合会最近举办了第七届学生社团文化节，请以校团委的名义拟写一份祝词。

二、××公司在新春佳节来临之际，准备举办一次大型迎春酒会，请代董事长拟写一份新春祝酒词。

三、在迎新生开学典礼召开之际，请代校领导拟写一份迎新生欢迎词。

四、××学院院长带领酒店管理系部分师生到×××大酒店参观实习，受到了酒店领导和员工的热情欢迎与款待。×××大酒店在师生到来时举行了欢迎会，实习结束后，为师生举行了欢送会。请代酒店总经理分别拟写一份欢迎词、一份欢送词。请代××学院院长拟写一份答谢词。

第七章

会务工作文书

学习目标

会务工作文书是会议涉及的各种文书的总称，是有关会议的重要文件、档案和材料，记载会议的内容和议程。本章主要介绍开幕词、闭幕词、会议报告、会议记录和会议纪要等会务工作文书的写作知识。通过学习，使学生掌握会务工作文书的写作方法与技巧，帮助学生规范写作会务工作文书。

第一节 开幕词

知识要点

- 开幕词是党政机关、企事业单位和社会团体的领导人在会议开幕时所作的讲话
- 开幕词具有宣告性、指导性和鼓舞性等特点
- 开幕词通常由标题、日期、署名、称谓和正文组成
- 写作开幕词时，要掌握会议基本精神，注意营造庄重热烈的会议气氛

一、开幕词的概念

开幕词是党政机关、企事业单位和社会团体的领导人在会议开幕时所作的讲话，旨在宣告会议开始，阐明会议指导思想、宗旨和重要意义，交代会议的任务、要求及有关事项，对会议的进行起着重要的指导作用。

二、开幕词的特点

（一）宣告性

开幕词是会议开始的序曲，是会议内容中必不可少的程序，标志着会议正式开始。之后，会议各项议程才能陆续展开。因此，开幕词具有宣告会议开始的特性。

（二）指导性

开幕词一般要阐明会议的目的、意义、宗旨、任务和议程安排等内容，这对引导会议朝着既定的正确方向顺利进行，保证会议圆满成功，有着重要的意义。

（三）鼓舞性

开幕词带有对会议召开的良好祝愿与希望，并通过向与会者介绍会议的议程和宗旨等，激励与会者的参与意识，调动其开会的积极性。

三、开幕词的结构与写法

开幕词通常由标题、日期、署名、称谓和正文组成。

（一）标题

开幕词的标题通常有两种写法：一是由会议名称和文种“开幕词”组成，如《中国戏剧家协会第四次会员代表大会开幕词》；二是新闻式标题，正标题揭示开幕词的宗旨或中心内容，副标题标明会议名称与“开幕词”，如《我们的文学应该站在世界的前列——中国作家协会第四次代表大会开幕词》。

（二）日期

日期标注于标题的正下方，外加圆括号。

（三）署名

在日期的正下方注明致辞人姓名。

（四）称谓

称谓要根据会议的性质和与会者的实际情况来确定。称谓应顶格书写，后面加冒号，如“各位代表、各位来宾”“朋友们”“各位嘉宾，女士们、先生们”等。

（五）正文

开幕词的正文一般包括开头、主体和结尾三部分。

1. 开头

开头以简洁的语言开门见山地宣布会议开幕，宣布会议名称要写全称，以示庄重。一般只有一句话，如“××大学第九届教职工代表大会隆重开幕”。有时还对会议召开的背景、意义、会议筹备情况、出席会议的人员情况作简要介绍，并对会议的召开表示热烈的祝贺，对与会人员的到来表示热烈的欢迎。

2. 主体

这一部分是开幕词的核心，一般包括以下内容：会议召开的意义和指导思想，会议的性质、目的及任务，会议的主要议程和安排，会议的奋斗目标及深远影响，表达对与会代表的希望和要求，并对会议作出预示性的评价。这一部分要写得条理清晰、重点突出，评议要坚定有力、充满热情，富于鼓舞力量。

3. 结尾

一般包括以下内容：向有关人员表示感谢，用凝练、富有鼓舞性的语言发出号召或表示良好祝愿。写法上常以呼告语另起一段，往往用“预祝大会圆满成功”之类的语句或以振奋人心的号召结束全文。

四、开幕词的写作要求

（一）掌握会议基本精神

开幕词中需要介绍会议的相关情况，只有对会议主题充分了解，才能保证开篇语不跑题。掌握会议基本精神是写好开幕词的基础。

（二）重点突出、详略得当

写作时应该把握会议的性质，掌握会议的主题、精神，了解会议的全面情况，重点阐述会议的意义、任务和要求，而对会议本身的情况，则要概括说明，点到为止。

（三）文字简洁，语言明快、流畅

开幕词要简洁明了、短小精悍，最忌长篇累牍、言不及义；多使用祈使句，表示祝贺和希望；适当口语化，注重与会议气氛和谐融洽。

（四）营造庄重热烈的会议气氛

开幕词除庄重严肃外，还要语气热情友好、感情热烈，且富有号召力和鼓舞性。

例文

在政协崇左市第四届委员会第一次会议开幕会上的讲话

（2016 年 9 月 18 日）

刘有明

各位委员、同志们、朋友们：

中国人民政治协商会议崇左市第四届委员会第一次会议，今天隆重开幕了。这是全市各族人民政治生活中的一件大事、喜事。我代表中共崇左市委，向大会的胜利召开表示热烈的祝贺！

这次大会是在我市决胜全面小康的关键阶段召开的一次重要会议。开好这次大会，对于进一步凝聚全市各族人民的智慧和力量，做好“两篇大文章”，打好“四大攻坚战”，实现“十三五”良好开局和与全国全区同步全面建成小康社会具有十分重要的意义。希望各位委员以高度的政治责任感和使命感，积极参政议政，踊跃建言献策，努力把这次会议开成一次团结、民主、求实、鼓劲的大会。

过去五年，是我市各项工作基础不断夯实、经济社会平稳较快发展的五年。五年来，面对错综复杂的发展环境和经济下行压力增大的严峻形势，全市人民在党中央、国务院和自治区党委、政府的正确领导下，深入贯彻落实党的十八大、十八届三中、四中、五中全会精神和自治区党委重大决策部署，攻坚克难，真抓实干，统筹抓好稳增长、调结构、促改革、惠民生各项工作，全市经济建设、政治建设、文化建设、社会建设、生态文明建设和党的建设都取得新的成效，顺利完成了我市“十二五”规划确定的各项目标任务，为全面建成小康社会打下了坚实的基础。特别是左江花山岩画文化景观成功列入世界遗产名录，南宁—崇左—凭祥对外开放经济带上升为国家发展战略，中越凭祥—同登跨境经济合作区纳入国家“一带一路”总体规划，广西凭祥重点开发开放试验区获国务院批复设立，全市经济发展总体迈进中等收入水平。这是全市各族人民团结拼搏、共同努力的结果，也是全市各级政协组织、广大政协委员和各民主党派、工商联、人民团体、各界人士积极参政议政、团结协作的结果。

五年来，全市各级政协组织和广大政协委员认真贯彻市委的决策部署，高举爱国主义、社会主义旗帜，牢牢把握团结和民主两大主题，认真履行政治协商、民主监督、参政议政职能，在加快推进口岸经济、文化旅游、产业转型升级、城镇化建设、精准扶贫、基础设施建设等重大部署上积极建言献策，特别是积极推动崇左纳入北部湾经济区、珠江—西江经济带建设范围，推动南宁—崇左—凭祥对外开放经济带、广西凭祥重点开发开放试验区上升为国家发展战略，推动南宁至凭祥铁路扩能改造等多个项目列入左右江革命老区振兴规划，为全市经济社会平稳健康发展作出了积极贡献。在这里，我代表中共崇左市委，向全市各级政协组织、全体政协委员，向全市各民主党派、工商联、人民团体和各界人士，致以崇高的敬意和衷心的感谢！

各位委员、同志们、朋友们！今后五年，是崇左抓住机遇、加快发展、赶超跨越、后来居上的重要五年。前不久刚刚召开的市第四次党代会描绘了崇左今后五年发展新蓝图，提出了做好口岸经济、文化旅游发展“两篇大文章”，打好产业转型升级、农村全面脱贫、新型城镇化、基础设施建设“四大攻坚战”的战略任务，明确了实现与全国全区同步全面建成小康社会的宏伟目标和“三个上新台阶”“四个显著提升”的具体目标，体现了国家对崇左发展的新定位新要求，体现了全市各族人民求发展、盼富裕的强烈愿望。

实现新的奋斗目标，需要全市各族人民万众一心、携手奋进，需要最大限度调动一切积极因素、凝聚一切积极力量，形成加快发展、赶超跨越的强大动力。全市各级政协组织和广大政协委员，要坚持中国共产党的领导，切实增强政治意识、大局意识、核心意识、看齐意识，在思想上、政治上、行动上始终与以习近平同志为总书记的党中央保持高度一致，坚定不移地走中国特色社会主义政治发展道路。要围绕党委工作大局，把助力做好“两篇大文章”、打好“四大攻坚战”作为政协履职的主线，聚焦改革发展中的重大问题和群众关切的民生问题，深入调查研究，积极建言献策，为崇左跨越发展献计出力。要创新政协工作方式，积极完善政治协商、民主监督、参政议政机制，把准政治协商的“着重点”，找准民主监督的“着眼点”，不断提高新常态下履职能力和水平，努力在帮助党委科学决策、民主决策、依法决策、精准施策中发挥更大作用。要充分发挥人才荟萃、智力密集、联系面广的优势，加强与海内外的联谊工作，引领社会各界把思想和行动统一到市委确定的目标任务上来，团结一切发展力量，调动一切积极因素，共同为实现中国梦崇左篇章而努力奋斗。

政协工作是党的工作的重要组成部分。全市各级党委要认真贯彻落实中央《关于加强社会主义协商民主建设的意见》，按照自治区党委关于加强社会主义协商民主建设的决策部署，进一步加强和改进对政协工作的领导，把政协工作纳入重要议事日程，定期听取政协党组汇报，及时研究解决政协重大问题。要支持政协按照章程独立自主开展工作，统筹解决政协工作中遇到的重大问题，为政协委员履行职责提供条件、搭建平台，不断巩固和拓展党委重视、政府支持、政协主动、各方配合的政协工作新局面。

这次大会将选举产生政协第四届崇左市委员会领导班子。希望新一届政协领导班子发扬历届政协班子的好经验、好传统，积极探索政协工作新思路新方式，进一步加强自身建设，深入开展“两学一做”学习教育，推进履行职能的制度化、规范化、程序化，全面提高政协工作科学化水平，在全市做好“两篇大文章”、打好“四大攻坚战”中发挥更大的作用。

各位委员、同志们，决胜全面小康的宏伟蓝图鼓舞我们，神圣的历史使命召唤我们。让我们更加紧密地团结在以习近平同志为总书记的党中央周围，同心同德、群策群力，团结拼搏、苦干实干，不断谱写我市政协工作新篇章，为与全国全区同步全面建成小康社会而努力奋斗！

最后，预祝大会圆满成功！

（资料来源：http://czgxw.gov.cn/xwzx/zwyw/201609/t20160919_109683.html）

第二节 闭幕词

知识要点

- 闭幕词是在会议即将结束时，由党政机关、企事业单位和社会团体的主要领导人向全体与会代表所作的总结性讲话
- 闭幕词具有总结性、概括性和号召性等特点
- 闭幕词通常由标题、日期、署名、称谓和正文组成
- 写作闭幕词时，要注意与会议基调保持一致，与开幕词前后呼应

一、闭幕词的概念

闭幕词是在会议即将结束时，由党政机关、企事业单位和社会团体的主要领导人向全体与会代表所作的总结性讲话。闭幕词是对会议作出的正确评价和总结，是向与会者提出贯彻落实大会精神的希望和要求。

闭幕词与开幕词相对应，首尾呼应，显示出会议组织的严密性和有序性。致闭幕词的领导人，和致开幕词的领导人一般不是同一个人，通常与致开幕词者身份相当或略低。

二、闭幕词的特点

（一）总结性

致闭幕词是重要领导人代表会议组织者对会议的重要内容、会议的基本精神和进程进

行简要的总结并作出恰当的评价，使与会人员对会议有更加全面的了解和掌握，以便会后贯彻会议的主要内容和基本精神。

（二）概括性

闭幕词应对会议进展情况、完成的议题、取得的成果、会议精神及会议的意义和深远影响等进行高度概括。因此，闭幕词一般都短小精悍，语言简洁明快。

（三）号召性

为激励参加会议的全体成员实现会议提出的各项任务而奋斗，增强与会人员贯彻会议精神的决心和信心，闭幕词的行文要充满热情，语言要坚定有力，富有号召性和鼓舞性。

三、闭幕词的结构与写法

闭幕词通常由标题、日期、署名、称谓和正文组成。

（一）标题

闭幕词的标题通常有两种写法：一是由会议名称和文种“闭幕词”组成，如《湖南现代物流职业技术学院第三届学代会闭幕词》；二是新闻式标题，正标题揭示闭幕词的宗旨或中心内容，副标题标明会议名称及“闭幕词”，如《贵在落实——政协东台市第十二届委员会第二次会议闭幕词》。

（二）日期

日期标注于标题的正下方，外加圆括号。

（三）署名

在日期的正下方注明致辞人姓名。

（四）称谓

称谓要根据会议的性质和与会者的实际情况来确定，一般跟开幕词相一致。

（五）正文

闭幕词的正文一般包括开头、主体和结尾三部分。

1. 开头

先用概括性的语言对会议作总体评价，然后简要说明大会的经过，强调圆满地完成了预定的任务或会议胜利闭幕，并对有关工作人员为筹备、组织会议所付出的辛勤努力予以肯定和感谢。

2. 主体

一般包括以下三方面内容：一是概述会议的基本情况和通过的重要事项及基本精神；二是评价会议取得的成果、意义和深远影响；三是指出会议主题对今后工作的指导意义，并向与会人员提出贯彻会议决议、精神的希望和要求，增强贯彻会议精神的信心和决心。

3. 结尾

以号召性的语言表明信心，提出希望，表示祝愿等；最后郑重宣布会议闭幕。常用的结束语是“现在，我宣布：××（会议名称的全称）胜利闭幕”。

四、闭幕词的写作要求

（一）要掌握会议情况，与会议的基调保持一致

闭幕词是一些大型会议结束时由有关领导人向会议所作的最后讲话，标志整个会议圆满结束，所以写作时要掌握会议情况，有针对性地对会议内容予以阐述和肯定。

（二）行文要热情洋溢，语言要简洁有力

闭幕词具有总结性和号召性的特点，因此语言要简洁有力，庄重热情，富于感染力，起到激发斗志、增强信念的作用。切忌长篇大论、空话连篇。

（三）要注意与开幕词前后呼应、首尾衔接

致闭幕词是会议的最后一项重要议程，出现在会议即将结束时，因此要与开幕词前后呼应、首尾衔接，显示大会开得很圆满、很成功。

例文

在省政协十一届四次会议闭幕会上的讲话

（2016 年 1 月 27 日）

张连珍

各位委员、同志们：

省政协十一届四次会议圆满完成各项议程，就要闭幕了。这次会议是在全省上下深入学习贯彻中共十八届五中全会精神，按照中共江苏省委十二届十一次全会部署，奋力开启“十三五”新征程的形势下召开的。会议开得圆满成功、取得积极成果，是一次发扬民主、

集思广益、共谋发展的大会，也是一次增强信心、凝聚民心、振奋人心的大会。

会议期间，委员们弘扬优良传统，强化责任担当，认真履行职责，紧紧围绕制定实施“十三五”规划和今年经济社会发展目标任务，着重就推进结构性改革、促进经济持续健康发展，全面深化改革、提升对内对外开放水平，建设文化强省、提高社会文明程度，发展社会事业、保障改善民生，保护生态环境、建设美丽宜居新家园等重要问题，深入协商议政，努力增进共识，积极建言献策，充分展示了政协委员心系发展、情牵民生、尽职尽责的不懈追求，有效发挥了政协作为协商民主重要渠道和专门协商机构的重要作用。

罗志军书记在会议开幕时代表中共江苏省委所作的重要讲话，科学分析了当前我省经济社会发展面临的新形势、新任务，明确指出在新的征程上，全省上下要深入贯彻落实习近平总书记系列重要讲话特别是视察江苏重要讲话精神，坚定不移推进创新发展，使创新真正成为引领江苏发展的第一动力；更大力度推进协调发展，促进江苏经济社会行稳致远；坚持不懈推进绿色发展，着力建设美丽宜居的新家园；更高水平推进开放发展，厚植江苏开放型经济新优势；持之以恒推进共享发展，更好地践行以人民为中心的发展思想。讲话还充分肯定了省政协 2015 年所做的工作和取得的成绩，对政协履行职能提出了紧扣改革发展、积极献计出力，推进协商民主、发挥好重要渠道作用，围绕“强富美高”新江苏建设、广泛汇聚正能量的明确要求。我们一定要认真学习领会，坚决贯彻落实。

刚才大会通过的决议，赞同石泰峰代省长所作的《政府工作报告》，赞同《江苏省国民经济和社会发展第十三个五年规划纲要（草案）》，同意省政协常委会工作报告提出的今年政协工作的总体要求和主要任务。我们要按照会议决议的要求，把为“十三五”时期发展献计出力作为履行职能的主线，突出团结民主两大主题，更好协调关系、汇聚力量、建言献策、服务大局，为把总书记给江苏描绘的宏伟蓝图变成美好现实多作贡献。

一、把握政治方向，努力在统一思想、增进共识上取得新成效。共识是团结统一的基础，人们思想的统一、行动的一致、力量的汇聚，都有赖于共识的形成。“十三五”规划的编制实施，不仅需要研究重大问题、明确目标任务、提出具体措施，还需要赢得广大群众和各界人士的认同、理解和支持，形成广泛的社会共识。要组织和动员广大政协委员深入学习贯彻中共十八大、十八届三中、四中、五中全会和习近平总书记系列重要讲话特别是视察江苏重要讲话精神，深入学习贯彻中共江苏省委十二届十一次全会精神，深刻认识“十二五”时期经济社会发展取得的巨大成就和宝贵经验，深刻理解“十三五”时期经济社会发展的指导思想、基本原则、目标要求、发展理念、重大举措，深刻把握实施“十三五”规划对政协工作提出的新要求新任务，切实把参加政协的各党派团体、各界人士的思想和行动统一到中央和省委的重大决策部署上来，把智慧和力量汇聚到实现全面建成小康社会的目标任务上来。

二、践行发展理念，努力在协商建言、推动落实上谋求新作为。实现“十三五”发展目标任务，必须以新理念引领新发展。要认识新常态、适应新常态、引领新常态，围绕坚持创新、协调、绿色、开放、共享发展理念，针对“十三五”规划实施过程中面临的新形势新任务、遇到的新情况新问题、需要突破的重点领域和关键环节，聚焦实施“八项工程”“七大战略”中的重要课题，深入开展专题协商、对口协商、界别协商、提案办理协商，努力为党委政府科学民主决策建诤言、献良策。要把握好民主监督的方向和原则，围绕“十三五”规划作出的新部署新要求，主动作为，积极开展灵活多样、富有成效的民主监督活动，推动五大发展理念贯穿到江苏发展的全过程、各领域，促进“十三五”规划各项决策部署落地见效。

三、维护团结和谐，努力在协调关系、凝心聚力上实现新发展。全面建成小康社会是造福全省人民的美好事业，也是需要全省各界人士为之付出智慧和力量的事业。政协是大团结大联合的组织。要善于在广泛联谊中增进团结，积极做好团结人、引导人、争取人、感染人的工作，努力把不同党派、不同团体、不同民族、不同阶层、不同信仰的人广泛团结起来，凝聚各方正能量。要善于在协调关系中促进和谐，充分发挥政协联系广泛、代表性强、包容度大的优势，协助党委政府做好理顺情绪、化解矛盾、释疑解惑的工作，努力为“十三五”规划的顺利实施添助力、增合力。要善于在服务群众中凝聚人心，始终坚持以人为本，紧紧抓住涉及群众切身利益的实际问题，多建顺民意的真言，多献如民愿的良策，多办得民心的实事。

四、立足强基固本，努力在提升能力、树好形象上展现新面貌。政协要在助推“十三五”规划的实施中发挥作用、建功立业，必须切实加强自身建设。要坚定理想信念、提高政治把握能力，树立问题导向、提高调查研究能力，突出履职为民、提高联系群众能力，坚持民主协商、提高合作共事能力。要重视发挥民主党派、工商联、无党派人士在政协中的积极作用，努力探索开展界别活动的新方法新途径，注重加强对委员的服务和管理，有效发挥专委会基础性作用，不断增强政协机关政务性服务和统筹协调能力。要严格执行中央八项规定和省委十项规定，自觉践行社会主义核心价值观，以严和实的精神抓好作风建设。广大政协委员要珍惜自身荣誉，勇于担当责任，着力提高能力素质，自觉保持良好形象，努力做到懂政协、会协商、善议政。

各位委员，新起点开启新征程，新目标赋予新使命。让我们紧密团结在以习近平同志为总书记的中共中央周围，高举中国特色社会主义伟大旗帜，在中共江苏省委的领导下，同心同德、开拓创新、求真务实，不断开创政协工作新局面，为建设“强富美高”新江苏、谱写好中国梦的江苏篇章而努力奋斗！

（资料来源：http://www.jszx.gov.cn/bdcms/wwwroot/ldjh/20160127/11903.html）

第三节 会议报告

知识要点

- 会议报告是领导人在会议上对工作、形势或问题，作出介绍、分析、评价或总结，并发表指导意见的书面文稿
- 会议报告具有理论性、针对性、权威性和指导性等特点
- 会议报告通常由标题、日期、署名、称谓和正文组成
- 写作会议报告时，要实事求是、观点鲜明、阐述深刻、条理清楚

一、会议报告的概念

会议报告是领导人在会议上对工作、形势或问题，作出介绍、分析、评价或总结，并发表指导意见的书面文稿。会议报告具有交流思想、通报情况、报告工作、宣传当前党和国家的方针政策及教育、鼓舞群众等作用。许多会议报告经过大会批准通过后，成为下一阶段工作的指导性文件。

二、会议报告的特点

（一）理论性

会议报告是在广泛深入调研、充分占有材料的基础上，纵览全局，找准焦点，围绕实际工作中出现的问题，尤其是那些迫切需要解决的、带有普遍性的、人民群众最关心、最直接的问题进行透彻分析，细致研究，从而抓住问题的关键，对症下药，达到推动各项工作健康发展的目的。所以，在分析研究中，它必须依据有关方针政策，结合实际对所提问题、建议和对策等进行认真研究，反复推敲，从理论和实际相结合的角度来把握哪些是最有价值、最需要解决的问题，充分考虑所提意见的针对性、正确性、合理性、可靠性，使意见和措施能真正有助于解决实际问题。因而，会议报告既注重事实分析，又必须从理论的高度进行归纳概括，从而指导实践。

（二）针对性

会议报告的核心是对实际问题的分析和解决。它一般要总结成绩经验，说明现状和存

在问题、部署工作、规划未来等。它要求在分析的基础上提出解决问题的意见或对策，具有很强的针对性，应在实际工作中行得通，推广得开，能够保证得以贯彻执行。

（三）权威性

会议报告不是以个人名义在大会上讲话，而是代表一级党政机关，因此具有相当的权威性。其报告内容是经过领导班子集体讨论通过的，体现了党政领导集体的意志。

（四）指导性

会议报告是领导人针对前一阶段工作的评价、当前形势的分析和今后工作的部署等内容所发表的看法和意见，对今后的工作具有重要的指导作用。

三、会议报告的种类

根据性质和内容的不同，会议报告可分为工作性会议报告和专题性会议报告。

（1）工作性会议报告。工作性会议报告指领导人在会议上总结前一阶段的工作，分析当前形势，提出今后工作任务和要求的报告。

（2）专题性会议报告。专题性会议报告指领导人在专题会议上，对有关形势、某项工作或专门问题发表自己的看法和意见的报告。

四、会议报告的结构与写法

会议报告通常由标题、日期、署名、称谓和正文组成。

（一）标题

会议报告的标题通常有三种写法：一是直接式标题，即由会议名称和文种组成，如《全国体育产业工作会议报告》《在全国财政反腐倡廉建设工作会议上的工作报告》；二是文章式标题，即根据报告或讲话的主题，拟写一个体现会议主要精神的标题，如《当前的经济形势和今后的经济建设方针》；三是新闻式标题，即正标题揭示报告或讲话的主旨，副标题采用直接式标题，如《凝心聚力促转型，克难攻坚抓提升，全面推进全区经济跨越式发展——全区经济工作会议报告》。

（二）日期

日期标注于标题的正下方，外加圆括号。

（三）署名

在日期的正下方注明报告人姓名。

（四）称谓

称谓可根据报告对象的身份而定，要恰当得体。写法大致有两种情况：一是只写在报告的开头；二是在报告的进程中适当穿插使用，作用是提示听众注意。每次称谓的出现，都标志着讲话进入了一个新层次。

（五）正文

会议报告的正文一般包括开头、主体和结尾三部分。

1. 开头

工作性会议报告的开头要概述前一阶段的工作情况，内容包括对工作的总体评价、任务完成情况和取得成绩的条件等，为后面的报告内容确定基调。需要提请会议审议通过的会议报告，需在开头直接交代代表谁做什么报告，并提请会议审议，如“我受××委托，向大会作报告，请予以审议”，或“我代表××向大会作工作报告，请予审议”。专题性会议报告的开头，或开门见山地提出问题，或说明面临的某项工作任务，或说明会议的指导思想，或阐述会议的重要意义。

2. 主体

根据内容和性质的不同，会议报告的主体部分的写法有所不同。

工作性会议报告的主体通常包括以下三方面的内容：一是工作情况，即简明扼要地陈述工作时间、背景、进展情况、有关政策的执行情况、工作中采取的主要措施、取得的成绩、经验和体会等；二是存在的问题，即总结工作中存在的不足和失误，并分析产生问题的主客观原因，总结教训；三是对今后工作的意见或建议，即分析当前的形势，制定方针和目标，强调工作的中心，拟定相应的措施、方法和步骤。

专题性会议报告的主体要围绕开头提出的中心论题，或进行论述、分析，或提出做好工作的措施和要求，或提出解决问题的见解和主张。专题性会议报告的类型比较多，主体内容也各不相同，因此需要合理安排主体内容，做到中心突出，论证清晰。

3. 结尾

结尾通常是发出号召或提出今后工作的奋斗目标，给人以力量，或总结全文，得出结论，表明态度，提出希望。

五、会议报告的写作要求

（一）要实事求是，观点鲜明

会议报告中无论是对过去工作的概括总结，还是提出今后要完成的任务，都要坚持实事求是的原则。对成绩不夸大，不遗漏，不无中生有，对缺点不掩盖。提出的措施、办法，要切实可行。会议报告的观点要鲜明，重点要突出，以便听众把握会议报告的要领，给他们留下鲜明深刻的印象。

（二）要有针对性，阐述深刻

会议报告是讲给听众听的，因此，起草报告首先要明确会议的内容，了解听众的情况，从而做到有的放矢，解决实际问题。会议报告要做到充分地说明主旨，就必须从理论和事实的有机结合上分析论证，深刻阐述。

（三）要有逻辑性，条理清楚

会议报告正文大多采用小标题式或以段分层式的结构，体现出清晰的思路和严密的逻辑性。这样，既能突出报告的内容要点，又便于听众抓住报告要领。

例文

紧盯目标　奋力拼搏

全面推进乐清“五市六城”建设

——在市委十三届八次全体（扩大）会议上的报告

（2015 年 8 月 5 日）

林晓峰

同志们：

这次市委全会的主要任务是，全面贯彻落实习近平总书记考察浙江时的重要讲话和省委十三届七次全会、温州市委十一届九次全会精神，认真总结 2015 年上半年工作，研究部署下半年任务，审议通过《中共乐清市委关于全面加强基层党组织和基层政权建设的实施意见》，组织动员全市广大党员干部敢于担当、奋力拼搏，强化基层党组织和基层政权建设，加快推进“五市六城”建设，全力开创乐清转型发展、赶超发展新局面。

下面，我代表市委常委会，向全会作报告。

一、真抓实干、赶超发展，上半年工作取得良好成效

2015 年以来，我们坚持以“四个全面”战略布局为统领，深入贯彻落实省委“八八战略”和温州市委“五化战略”“十大举措”决策部署，紧紧围绕“五市六城”建设目标，主动适应新常态，积极应对新挑战，加快转型发展、赶超发展，工作亮点纷呈。

（一）加强市委常委会自身建设，形成凝心聚力、统筹协调的工作格局（略）

（二）综合经济指标全面回升，呈现稳中有进、转中向好的良好态势（略）

（三）“一六五”产业发展计划有力实施，省级工业强市建设持续深化（略）

（四）现代都市建设全面提速，现代服务业加快集聚发展（略）

（五）有效投资紧抓不放，选商引资积极跟进（略）

（六）“五水共治”强力推进，“六城联创”全面展开（略）

（七）重点改革加快推进，社会建设扎实有序（略）

（八）正风肃纪有效落实，基层党建有力推进（略）

二、乘势而上、狠抓落实，圆满完成下半年各项工作任务

新近召开的温州市委十一届九次全会明确提出“要加快推进乐清工业强市、港口大市、旅游名市、现代都市、活力城市建设，不断增强温州大都市区北翼副中心实力”，这充分体现了温州市委对乐清地位的高度重视和对乐清工作的精准指导，我们备受鼓舞，也深感责任重大。在下半年工作中，我们务必要切实增强责任感和使命感，强化政治自觉、思想自觉、行动自觉，坚持以“五市六城”建设统领各项工作，以决战决胜的勇气强化攻坚、狠抓落实，着力以重点工作的有效突破带动整体工作的有力推进，确保圆满完成全年各项目标任务。

（一）以产业做强、企业做大为重点，全力推进工业强市建设（略）

（二）以港区开发、港口开放为重点，全力推进港口大市建设（略）

（三）以龙头带动、联动发展为重点，全力推进旅游名市建设（略）

（四）以规划落实、功能提升为重点，全力推进现代都市建设（略）

（五）以改革推动、创新驱动为重点，全力推进活力城市建设（略）

（六）以五大整治、六大提升为重点，全力推进“六城联创”（略）

（七）以农业现代化、扶贫开发为重点，全力推进城乡统筹协调发展（略）

（八）以有效投资、选商引资为重点，全力增强发展动力

（九）以“五水共治”“三改一拆”“四边三化”为重点，全力打好综合环境整治组合拳（略）

（十）以民生改善、平安创建、法治建设为重点，全力提升人民群众满意度和安全感（略）

三、大抓基层、大抓党建，为“五市六城”建设提供有力保障

党的十八大以来，习近平总书记发表了一系列关于抓好基层基础工作的重要讲话，他指出，“重视抓基层、打基础，任何时候、任何情况下都不能放松”，“要把加强基层党的

建设、巩固党的执政基础作为贯穿社会治理和基层建设的一条红线”。中共中央组织部印发了《浙江省农村基层党建工作经验做法》，省委十三届七次全会审议通过了《全面加强基层党组织和基层政权建设的决定》，温州市委十一届九次全会审议通过了《全面加强基层党组织和基层政权建设的实施意见》。我们一定要深入学习贯彻习近平总书记重要讲话和全国农村基层党建工作座谈会精神，按照省委和温州市委部署要求，自觉站在巩固党的执政基础和执政地位、推进县域治理体系和治理能力现代化的高度，牢固树立大抓基层的鲜明导向，真正把全面从严治党的压力传导到基层、要求落实到基层，不断增强基层党组织的战斗力、凝聚力和执行力，为全面推进“五市六城”建设提供坚强保障。

（一）强化政治意识和责任意识，充分发挥基层党组织的领导核心作用（略）

（二）聚焦战斗力和活力，切实加强基层党组织和基层政权建设（略）

（三）注重实绩导向和能上能下，推进领导班子和干部队伍建设（略）

（四）把纪律和规矩挺在前沿，切实加强党风廉政建设（略）

（五）坚持正面引导、有效管控，打好意识形态领域主动仗（略）

古语云：“不积跬步，无以至千里；不积小流，无以成江海”。做好下半年工作，是圆满收官“十二五”、奠基谋划“十三五”的关键。全市上下务必要深入贯彻习近平总书记考察浙江时提出的“更进一步、更快一步，继续发挥先行和示范作用”的总要求，进一步提振干事创业的精气神，市四套班子领导要带头落实好“两长制”，示范带动全市党员干部奋斗拼搏、争先创优；要进一步树立比学赶超的意识，深入实施“攻坚会战制”，开展加快“五市六城”建设互学互比现场推进活动，营造大干快上的浓厚氛围；要进一步发扬敢于担当的精神，强化政治担当、责任担当，一级为一级担当、一级对一级负责，确保事事有人管、人人有事干；要坚定不移地以“五市六城”建设为统领，在具体上着力、在精准上发力，确保各项工作取得新成效、迈上新台阶。

同志们，“风正潮平，自当扬帆破浪；任重道远，更须快马加鞭”。让我们紧密团结在以习近平同志为总书记的党中央周围，坚定有力地扛起“干在实处永无止境、走在前列要谋新篇”的新使命，强化定力、持续加力，担当破难、狠抓落实，全面推进乐清“五市六城”建设，加快转型发展、赶超发展，全力当好温州“赶超发展排头兵、再创辉煌顶梁柱”！

（资料来源：http://www.doc88.com/p-3147601711804.html）

第四节 会议记录

知识要点

- 会议记录是由会议组织者指定专人，如实、准确地记录会议的组织情况和会议内容的一种书面材料
- 会议记录具有实录性、完整性、规范性和资料性等特点
- 会议记录通常由标题、会议组织情况、会议内容和结尾组成
- 写作会议记录时，要忠于事实，做到准确无误，并与会议纪要相区别

一、会议记录的概念

会议记录是由会议组织者指定专人，如实、准确地记录会议的组织情况和会议内容的一种书面材料。会议记录一般用于比较重要的会议或正式的会议，它要求真实、全面地反映会议的本来面貌。

二、会议记录的特点

（一）实录性

会议记录是会议记录人员随着会议的进程同步记录的，因此，要坚持“发言者怎么说的就怎么记，会议怎么定的就怎么写”的原则，保持“原汁原味”，不允许在记录中加入记录人员个人的观点，不能随意删减、增添、加工或提炼。

（二）完整性

会议记录对会议的时间、地点、出席人、主持人和议程等基本情况，对领导讲话、与会者的发言、讨论和争议、形成的决议和决定等内容，都要完整记录下来。

（三）规范性

在作会议记录时，要使用单位统一的记录专用纸或会议记录本；要按照统一的格式记录；要使用规范的记录符号；要字迹清晰；要会使用规范的速记方法记录。

（四）资料性

会议记录是分析会议进程、研究会议议程的依据；是编写会议简报和撰写会议纪要的重要资料；还可以作为原始资料编入档案长期保存，以备需要时查阅。

三、会议记录的结构与写法

会议记录通常由标题、会议组织情况、会议内容和结尾组成。

（一）标题

会议记录的标题通常由开会单位、会议名称和文种“记录”组成，形式是“××××会议记录”，如《××区干部培训中心第三次办公会议记录》《××公司第六次股东大会记录》。

（二）会议组织情况

会议组织情况的内容主要包括：

1. 会议时间

要写明年、月、日，上午、下午或晚上，×时×分至×时×分。

2. 会议地点

要写清会议室名称。

3. 出席人

根据会议性质、规模和重要程度的不同，出席人一项也有所不同。如果人数不多，可一一写明姓名，人数较多，可只显示身份和人数，如“各院系党总支书记10人”“各部门代表”；如果出席人身份复杂，如既有上级领导，又有本单位各部门主要领导，还有各有关人员，要将主要人员的职务、姓名一一列出，其他有关人员则分类列出。

4. 缺席人

列出姓名并注明缺席原因。

5. 列席人

写明列席人的身份、姓名。

6. 主持人

直接注明“主持人：×××”即可。

7. 记录人

直接注明“记录人：×××”即可。

（三）会议内容

会议内容是会议记录的主体。一般包括以下几方面内容：主持人的开场白、会议议题、会议议程、会议报告和讲话、会议讨论和发言、会议的表决情况、会议决定和决议、会议的遗留问题等。这一部分是了解会议意图的主要依据，是会议成果的综合反映，是日后备查的重要部分，要着重记录。

在记录时，要按照会议的进程记录会议进行情况。先写报告人和发言人的姓名，然后再记录发言的内容。会议记录方法可分为摘要式记录和详细记录两类。

1. 摘要式记录

只记录会议要点和中心内容，多用于一般性会议。

2. 详细记录

要完整地记录会议情况、会上的发言、不同意见、争论和会议决议等内容，尽量记录原话，做到有言必录，主要用于比较重要的会议和重要的发言。

（四）结尾

会议结束，记录完毕，可将主持人宣布的散会一项记入，另起一行，写“散会”二字，也可以略去不记。最后，由主持人和记录人对记录进行认真校核后，在正文的右下方分别签名，以示对此负责。

四、会议记录的写作要求

（一）会议记录要忠于事实

对于会议组织情况和会议进行情况，都必须实事求是地实录，不能夹杂会议记录人的任何个人情感，更不允许有意增删发言内容。

（二）会议记录要准确无误

在记录时，力求把会议内容听准确、记完整。听不准或有疑问，应及时核准。

（三）注意会议记录与会议纪要的区别

会议记录不是公文，而是一种如实记录会议进程和内容的书面材料；会议纪要是在会议记录的基础上，对会议的主要内容及议定的事项，经过摘要整理而形成的指导性文件。

会议记录一般不公开，无须传达或传阅，只作资料存档；会议纪要通常要在一定范围内传达或传阅，要求贯彻执行。

例文

会议记录

时间	2015年6月17日下午16:30—18:00	地点	第三会议室
主持人	张××（总经理）	记录	刘××（办公室秘书）
参会人员	孙××（×部门经理）、张××（×部门经理）、魏××（×部门经理）、刘××（办公室主任）及相关处室负责人		
会议内容	××公司第××次办公会议 一、讨论 （一）关于公司经济合同管理办法 （二）关于公司资金管理办法 （三）关于公司效益工资发放问题 二、决议 （一）会议原则通过总经办提交的公司经济合同管理办法，会议要求总经办根据会议决定进一步修改完善，发文执行。 （二）会议认为计财处提交的公司资金管理办法有利于加强公司资金管理，提高资金使用效率，保障安全生产需要。会议原则通过，计财处修改完善后发文执行。 （三）会议决定对已经下文明确的干部、职工执行新的岗位工资标准，没有下文明确的干部、职工暂维持不变。待三个月考核明确岗位后，一律按新岗位标准发放。 散会。 主持人：张×× 记录人：刘××		

第五节 会议纪要

知识要点

➤ 会议纪要适用于记载会议主要情况和议定事项

- 会议纪要具有纪实性、纪要性和指导性等特点
- 会议纪要通常由标题、正文和落款组成
- 写作会议纪要时，要内容客观真实、重点突出、条理清晰、简明精练

一、会议纪要的概念

会议纪要适用于记载会议主要情况和议定事项。2012 年《党政机关公文处理工作条例》将“会议纪要”改为“纪要”，为统一表述，本节仍采用“会议纪要”。

会议纪要的作用体现在：一是向上级汇报会议情况，以便上级了解情况，指导工作；二是向下级传达会议精神，以便沟通情况、交流经验、统一认识，更好地执行会议的决议。

二、会议纪要的特点

（一）纪实性

会议纪要是根据会议的宗旨，按照会议记录、会议文件材料和会议的活动情况分析归纳，综合加工整理而成的，反映会议基本情况和主要精神的纪实性文件。纪实性是会议纪要的基本特点，也是撰写会议纪要的基本原则。

（二）纪要性

这是会议纪要与会议记录的显著区别。它不是把会议中涉及的所有问题都写出来，而是精其髓、概其要，用极为简洁精练的文字高度概括会议的基本议程、重要情况、研究决定的重大问题和最后形成的决议。行文简明扼要，决不面面俱到、堆砌材料。

（三）指导性

会议纪要所涉及的事项是由与会者讨论并通过的，要求与会各方共同遵守和贯彻执行，它的下发对于进一步推动工作的开展起着指导作用。

三、会议纪要的种类

根据性质和内容的不同，会议纪要可分为办公会议纪要、专题会议纪要和联席会议纪要等。

（1）办公会议纪要。办公会议纪要指用以传达办公会议所研究的工作、议定的事项和布置的任务，要求与会单位和有关方面共同遵守、执行的会议纪要。

（2）专题会议纪要。专题会议纪要指专门记述会议讨论、研究情况与成果的会议纪要。

（3）联席会议纪要。联席会议纪要指不同单位、团体为了解决彼此有关的问题而联合举行会议，在此种会议上形成的会议纪要。

四、会议纪要的结构与写法

会议纪要通常由标题、正文和落款组成。

（一）标题

会议纪要的标题通常有三种写法：一是由会议名称和文种组成，如《全国民事审判工作会议纪要》《全国城市规划工作会议纪要》《全国普通高校艺术教育工作研讨会纪要》；二是由发文机关、会议名称和文种组成，如《××市供电局办公会议纪要》《××省公安厅处长会议纪要》；三是由主标题和副标题组成，如《抓住机遇扩大开放——沿长江五市对外开放研讨会纪要》。

（二）正文

会议纪要的正文一般包括开头、主体和结尾三部分。

1. 开头

一般要写明会议的组成情况，包括会议召开的时间、地点、主持单位，与会人员及会议的议题等。有的还可以写出会议程序或概述会议总的情况。

2. 主体

记载会议主要情况和议定事项，可采用以下三种方法进行叙述：

（1）归纳概括法。归纳概括法是把会议的基本情况、讨论研究的主要问题、与会人员的认识、议定的有关事项等分门别类，进行阐述和说明。这是一种普遍的写法，它有利于突出主要内容，分清主次。

（2）分项叙述法。分项叙述法是将会议的主要内容和议题分成几个大问题，进行分项阐述。这种写法条理清楚，一目了然。

（3）发言提要法。发言提要法是把与会人员具有典型性、代表性的发言加以整理，提炼内容要点和精神实质，然后按照发言顺序或内容类型，分别加以说明，如实反映与会人员的意见。这种写法可以尽量保留发言人谈话的风格，比较客观、具体。

3. 结尾

一般写会议号召和希望，或突出会议的意义，还可写明主办单位对贯彻会议精神的一些要求。有的会议纪要不写专门的结尾。

（三）落款

正文后落款处，应签署发文机关名称和成文日期。

五、会议纪要的写作要求

（一）真实准确地反映会议的各项内容

会议纪要必须如实地反映会议的主要过程、基本精神和会议内容，忠实于会议实际。凡是写入会议纪要的内容，都必须有据可查。撰写者要对会议的有关材料认真加以研究，准确地把握会议主旨和议定事项，它不能离开会议实际搞再创作，不能搞人为的拔高、深化和填平补齐。否则，就会失去其内容的客观真实性，违反会议纪实的要求。

（二）突出重点，条理清晰，简明精练

会议纪要作为会议情况和会议结果的扼要反映，不能照抄会议记录。因此，必须在综合上下工夫。行文时，一是要择其要点，取其精华，围绕会议主旨及主要成果来整理、提炼和概括。重点应放在介绍会议成果，而不是叙述会议的过程，切忌记流水账。二是要对不够系统的零乱材料加以归纳整理，使之有条有理、清晰明白。

（三）使用会议纪要的习惯用语

会议纪要常以“会议”为第三人称记叙会议内容。因此，主体部分应使用“会议认为”“会议提出”“会议决定”“会议要求”“会议希望”“会议号召”“与会者认为”等作为层次或段落的开头语。

例文

第十二届全省本科高校教务处长联席会议纪要

为了认真贯彻落实 2014 年度全国、全省教育工作会议精神，进一步推动高校本科教学工作，2014 年 4 月 27 日，省教育厅在山西农业大学召开了第十二届全省本科高校教务处长联席会，全省 23 所本科高校的教务处处长参加会议。省教育厅副厅长级督学孙世新出席会议并讲话，山西农业大学校长赵春明、副校长张虎芳出席会议。

孙世新在讲话中分析了本科教育改革的重要性和必要性，阐述了深化本科教育教学改革的总体思路，并就如何贯彻落实我省高等教育教学工作的各项工作任务提出了要求。他指出，教务处作为高校教学工作的职能部门，责任重大、使命光荣，要转变教育思想观念，做好相关发展领域的研究工作，把握高等教育发展方向；要实事求是科学定位，特色办学，错位发展，提高质量；要开拓思维，勇于创新，积极推进教育教学改革；要认真履职，做

好参谋助手，积极建言献策，主动推动事业发展。他强调，教育是推动社会发展，实现国家富强、人民幸福的百年大计，希望各位教务处长要带着感情去努力工作，带着信念去从事教育，怀着激情去追寻理想，主动工作，积极作为，为我省高等教育事业发展贡献自己的力量。

会上，省教育厅高等教育处对 2013 年全省本科教学工作作了简要回顾总结，充分肯定了过去一年所取得的成绩。一是在教育部层面的本科教学工程项目有了新的突破；二是扎实推进教育为转型综改服务行动计划和质量工程项目建设；三是规范专业建设，服务山西转型发展；四是集中力量推动创新人才培养、改革和建设工作；五是加强教师队伍建设；六是全面推动质量监控；七是扎实落实高校教学安全管理责任。高教处认真分析了当前高等教育的发展形势，指出了我省高等教育教学工作存在的主要问题，明确了我省高等教育教学改革的重点，指出 2014 年本科教学工作要重点抓好以下工作：一是扎实推进人才培养工作；二是加强高校专业建设，优化专业结构；三是加强高校教学质量保障体系建设；四是重视大学生创新创业工作；五是加强教师教学能力建设；六是加强高等教育研究工作；七是把教学安全贯穿到教学工作全过程。

会上，各高校教务处长围绕教学改革、质量工程建设和改善办学条件等方面的工作进行了座谈交流。太原理工大学投入 800 万元支持质量工程建设，2 000 万元购置实验室设备，并积极推进拔尖创新人才班试点，开办工程科技创新实验班；山西农业大学近年来集中精力一年抓一个重点工作，积极推进教学改革，2014 年研发本科基本数据在线填报系统，积极推进大学生创业能力提升工程，制定专业实践教学标准；山西师范大学研究中学教学模式，推进 3.5+0.5 人才培养模式改革，积极探索以学生为中心的课堂教学改革；山西财经大学紧紧围绕经济管理类主学科，积极调整相关专业，不断优化专业结构；中北大学加大实验室建设投入，三年投入 2 000 万元用于支持基础实验室和示范实验室建设，不断改善实践教学条件；太原科技大学积极推进专业认证，不断加强校企合作，加强实践教学工作；长治医学院加强教师队伍建设，与中南大学合作开办博士课程班，不断提高教师学历水平。在相互交流学习的同时，与会同志研究讨论了即将开展的质量工程三个项目专项检查的工作方案，进一步完善了检查指标体系。

会议要求各校教务处长要超前思考，紧紧把握国家教育改革的方向，积极发挥参谋作用，大力提升服务水平，在加强专业建设、推进教学改革创新、提高教育教学质量和增强高等教育服务经济社会发展的能力等方面积极工作、努力作为、发挥作用，为我省高等教育事业的发展做出贡献。

山西省教育厅

2014 年 5 月 7 日

（资料来源：http://www.sxedu.gov.cn/search/actinfo_show.asp?actid=5249）

相关链接

链接 1

会务工作流程

会议从筹备到善后，有一系列会议秘书工作（也叫会务工作），它是通过秘书部门按一定程序化的安排来实现的。会务工作做得好坏，直接影响会议质量和会议效果。会务工作一般来说可分为会前准备、会中服务、会后整理三个阶段。

一、会前准备工作

主要包括：①拟订会议方案；②确定会议主题与议题；③确定会议名称；④确定会议规模与规格；⑤确定会议时间与会期；⑥明确会议所需设备和工具；⑦明确会议组织机构；⑧确定与会者名单；⑨选择会议地点；⑩安排会议议程和日程；⑪制发会议通知；⑫制作会议证件；⑬准备会议文件材料；⑭安排食住行；⑮制定会议经费预算方案；⑯布置会场；⑰会场检查。

二、会中服务工作

主要包括：①报到及接待工作；②组织签到；③引导座次；④会场管理工作；⑤会议协调工作；⑥做好会议记录；⑦会议信息工作；⑧编写会议简报；⑨做好会议值班保卫工作；⑩做好后勤保障工作。

三、会后整理工作

主要包括：①安排与会人员离会；②撰写会议纪要；③会议的宣传报道；④会务总结工作；⑤催办与反馈工作；⑥会议文书的立卷归档。

链接 2

会场布置的方法

会场布置是会务工作的一项重要的内容。会场的大小和地点是否合适，会场的整体布局是否合理，设备是否齐全，会场营造的气氛是否与会议主题相符，这些都会对会议的效果产生直接的影响。

一、会场布置的方式

1. 相对式

主席台与代表席采取面对面的形式，突出主席台的位置，分为礼堂形、教室形、弦月形，适合大型会议。

2. 全围式

不设专门的主席台，所有与会者均围坐于一起，分为圆形、椭圆形、长方形、多边形，适合日常工作会议。

3. 半围式

介于相对式与全围式之间，设有主席台，但在其正面和两侧安排代表席，形成半围的形状，这样既突出了主席台的地位，又有融洽的氛围，分为马蹄形、T 字形、拱桥形，适合中小型工作会议。

4. 分散式

将会场分为若干个中心，每一个中心都有一个主桌，这种方式分为圆桌形、方桌形、V 字形，适合联欢会、茶话会等。这种座位格局在一定程度上，既能突出主桌的地位和作用，又给与会者提供多个交流的机会，气氛较为轻松和谐。

二、会议座位安排

1. 主席台座次的排列

台上最高领导人就座于主席台前排中央，其他人员按职务高低依先左后右顺序排列。主持人的座位依其职位大小确定，不一定要坐在最后边。报告会或联席会，主席台的座次一般采取报告人和主办单位负责人或联席的各单位负责人相间排列的办法安排。

2. 会场座次的排列

会场座次一般有以下三种安排方法：横排法，即按照会议人员名单，以姓氏笔画或单位名称笔画为序，从左至右横向依次排列；竖排法，即将横排法中从左至右改为从前至后纵向排列；左右排列法，即将横排法中从左至右改为以主席台为中心，向左右两边交错排列。

三、会场气氛的营造

1. 会标

将会议的全称以醒目的标语形式悬挂于主席台前上方，即为会标。会标能体现会议的庄严性，激发与会者的积极参与感。

2. 会徽

即能体现或象征会议精神的图案标志，一般悬挂于会场前上方中央位置。会徽可以是组织已定徽标，如党徽、国徽、团徽和警徽等，也可以向社会公开征集，如北京 2008 年奥运会会徽“中国印”。

3. 灯光

要注意灯光的亮度，一般主席台上的灯光要比台下代表席的灯光亮。

4. 色调

应注意会场内色彩的搭配和整体基调，选择与会议内容相协调的色调，如红、粉、黄、橙亮丽明快，使人感觉热烈辉煌，适合庆典类会议；蓝、绿、紫庄重典雅，使人感觉严肃端正，适合一般工作会议。

5. 旗帜和标语

重要的会议宜在会场内外插一些旗帜以烘托气氛；简洁明快的标语口号能振奋与会者精神，强化会议主题。

6. 花卉

适当的花卉能给人以清新活泼之感，既能点缀会议氛围，又能减轻与会者长时间的疲劳。可根据会议种类的不同而选择不同的花卉，如一般性会议多选择月季、扶桑等花卉，可以使人心情愉快，气氛轻松；比较庄重的会议适宜摆放君子兰、棕榈和万年青等，使人镇静，不易冲动。

问题讨论

一、开幕词与闭幕词的主体内容有何不同？

二、撰写领导讲话时，应注意什么？

三、怎样才能处理好开幕词与会议报告的关系？

四、怎样整理会议记录？

五、写作会议纪要应注意什么？

写作实践

一、中国共产主义青年团××××大学第七次代表大会将于近日召开，请代拟一篇开幕词。

二、阅读下面的材料，请以××学院团委书记的名义，结合材料拟写一篇大会闭幕词。

2014 年 12 月 28 日，××学院召开第九届学生代表大会，全面总结 2014 年学生会、团委会工作，选举产生新一届学生会和团委会。这次大会，是在学院领导的亲切关怀下，在院团委、学生工作处的悉心指导下召开的，这是全体学生政治生活中的一件大事，是振奋精神、开拓进取的一次盛会。

大会主席团由各系学生分会主席等10人组成，与会代表包括38名学生干部代表、80名班级学生代表以及新一届学生会的60名候选人。

大会共有九项议程，主要议题包括：审议通过《与时俱进共建和谐校园》学代会工作报告，审议通过学生干部选举办法及学代会提案总结报告，公布了经本届学代会征集归纳的6项提案，大会差额选举产生了42人的第十届学生会及团委会。

三、假设你是××学院第九届学生会主席，本年度即将结束，学院将于近日召开学生代表大会，要求学生会主席向大会作会议报告。请根据以下材料，结合相关信息撰写这篇会议报告。

学生会工作要点包括：①继续协助团委开展以“建文明校园，做文明学生”为主题的活动；②成立校园督导队，加强对在校学生的纪律检查工作，建立良好的校园环境与秩序，使学生养成文明习惯；③举办第四届大学生网页设计大赛；④举办大学生文化艺术节；⑤筹建外联社。

学生会要认真领会学校领导的指示精神，结合自身实际，在工作中贯彻“以人为本”的理念，与时俱进、开拓创新、脚踏实地，建设有××学院特色的学生会，高质量、高水平地完成各项工作，切实履行自身职责。

四、请为本班近期召开的一次主题班会作会议记录。

第八章

信息传播文书

学习目标

信息传播文书是指借助于相关手段或方式，有目的地将某些信息传播给公众，从而达到其宣传或传播目的的专用文书。本单元主要介绍广告文案、消息、企业主页和倡议书的写作知识。通过学习，使学生掌握信息传播文书的写作方法和技巧，为学生将来走上工作岗位写作信息传播文书打下良好的基础。

第一节 广告文案

知识要点

- 广告文案是指广告活动中有着特定要求的语言文字形式
- 广告文案具有真实性、艺术性和创意性等特点
- 广告文案通常由标题、正文、随文和广告语组成
- 写作广告文案时，要准确规范、言简意赅、讲究手法、把握受众心理

一、广告文案的概念

广告是由商品经营者或服务提供者，借助一定的媒介手段，公开而广泛地向公众传递某一信息或宣传某一事项时的一种方式。广告文案，又称广告文稿，是指广告活动中有着特定要求的语言文字形式。广告文案有狭义和广义之分。广义的广告文案是指通过广告语言、形象和其他因素，对既定的广告主题、广告创意所进行的具体表现，包括标题、正文、

口号的撰写和对广告形象的选择、搭配要求等。狭义的广告文案则指表现广告信息所需的语言与文字部分，主要指标题、正文、随文和广告语等的撰写。这里主要指狭义的广告文案的写作。

二、广告文案的特点

（一）真实性

真实性是广告文案的生命所在。广告文案是用语言文字等形式反映出广告的全部主题和内容，所以，广告文案里的表达内容务必要真实可信，宣传虚假的广告内容是违法行为。我国《广告法》对广告的真实性和制造虚假广告都提出了明确的要求和规定。

（二）艺术性

广告就是通过一定的艺术形式进行生动形象的宣传，所以，广告文案的创作也要运用语言艺术、造型艺术等，通过各种表达技巧，使文字具有美感和感染力，使得公众在享受中被征服。

（三）创意性

创意是一个广告的核心，直接关系到广告活动的成功与否。广告创意就是通过形象塑造、艺术手段和文字撰写等，来共同创造出为主题服务的意境。一个有创意的广告，要努力寻找出它的与众不同之处，加强对商品或服务的发掘，抒发独特的情调，完美地展现出宣传对象的个性，满足公众的审美。

三、广告文案的种类

（1）根据所涉行业的不同，广告文案可分为食品广告文案、医疗广告文案、药品广告文案和金融服务广告文案等。

（2）根据广告目标的不同，广告文案可分为品牌形象广告文案、商品广告文案、公益广告文案和公关广告文案等。

（3）根据广告表现形式的不同，广告文案可分文字广告、物像广告和图文广告等。

（4）根据发布媒体的不同，广告文案可分为印刷媒介广告文案、广播媒介广告文案、电视媒介广告文案和网络媒体广告文案等。

四、广告文案的结构和写法

广告文案通常由标题、正文、随文和广告语组成。

（一）标题

标题是每一则广告中传达最为重要或最能引起公众注意的信息。一般位于广告文案的醒目位置，标题可以起到表现主题、说明含义、强化诱导、促成消费的作用。

1. 标题的类型

（1）单行标题。单行标题是指广告标题只有一行文字，一般直接表明产品的名称、品牌，或点明意义、表明特性等。例如：

喝孔府家酒，做天下文章（孔府家酒广告）

排出毒素，一身轻松（排毒养颜胶囊广告）

（2）双行标题。双行标题一般由引题和正题组成。引题可以交代背景、渲染气氛和引起话题等，正题是将该广告的主题、诉求和观点等直接表达出来。例如：

引题　在高速公路上

正题　只有福特关心您（香港福特六合检修广告）

（3）三行标题。三行标题一般由引题、正题、副题组成。引题可以交代背景、场合和渲染气氛等，正题主要表达该广告的主题、诉求和观点等，副题一般主要是承接主题，可对主题思想作补充说明等。例如：

引题　万科城市花园告诉你

正题　不要把所有的鸡蛋都放在同一只篮子里

副题　购买富有增值潜力的物业，您明智而深远的选择（万科房地产公司武汉城市花园楼盘广告）

广告标题，不论采用哪种形式，在写法上都必须与主题相符，做到题文一致，画龙点睛。此外，还应简明扼要，富有创意。

2. 标题的表现形式

（1）悬念式标题。这种标题常是通过制造悬念，激起消费者对产品进一步了解的欲望。例如：

您的挚友是否不太顺心？（中国电信礼仪电报广告）

下雨时，你唯一能想起的名字（三角雨衣公司广告）

（2）承诺式标题。这种标题常常直接向消费者提供某种利益承诺，具有很大的吸引力。例如：

只要按下快门，剩下的事情由我们来做（柯达相机广告）

GE带来美好生活（通用电器广告）

（3）提问式标题。这种标题常以提问的方式引起消费者的好奇，从而引发其对产品的关注和思考。例如：

吃喝都一样，为啥偏我胖？（大印象减肥茶广告）

谁？……谁占了我的便宜？（中国电信广东分公司手机服务平台广告）

（4）叙述式标题。这种标题常以概括性的语言说明产品特性或企业整体形象等，给消费者留下总体印象。例如：

双汇冷鲜肉，开创中国肉类品牌（双汇冷鲜肉广告）

驾驶乐趣，创新无限（宝马汽车广告）

（5）标语式标题。这种标题常以简洁而又富有号召力的标语口号作为广告标题，能起到很好的传播作用。例如：

成就非凡——马爹利XO（马爹利XO广告）

非常共鸣——健力士啤酒（健力士啤酒广告）

此外，广告标题还有对比式、新闻式和诗歌式等多种表现形式。

（二）正文

正文是对广告信息进行展开说明，对诉求对象进行深入说明的语言或文字内容。在正文中，可以对商品进行解释和证实，也可以对企业、商品、服务的特点及功能进行介绍和说明。广告正文的写作主要有以下几种表现形式：

1. 主观表白式

这种方式常常是广告主体以第一人称的口吻对产品的特色、性能和品质等进行表述。例如：

我们能在全球广泛地存在，根源在于我们的出版物具有全世界的感染力。我们的杂志在世界各地以当地语言发行。作为全世界最广泛阅读的杂志，《读者文摘》有39个版本，以15种语言出版，包括阿拉伯文、中文、印地文和朝鲜文。每个月世界上各个国家有超过1亿人阅读我们的原作及当地和国际版本的精选本。

《读者文摘》年销售量4 000万册，可以列为世界上最大的书籍出版商之一，并且我们还是最大的音乐制品出版商和全球销售商之一。想成为一个成功的全球出版商，你必须了解当地市场，讲当地的语言，遵从当地人的生活习惯。这就是为什么《读者文摘》所有出版物都是全球畅销的原因。这也值得我们自豪。

我们通过杂志、书籍的出版发行及音像产品、旅游和金融业务，成为向全世界提供知识和娱乐方面的领先者。我们还直接或者通过《读者文摘》基金会大力支持向青年人提供艺术和文学学习机会的计划。

《读者文摘》，我们影响全球1亿人。

——美国《读者文摘》企业广告文案

2. 客观陈述式

这种方式常常是以朴素直白的语言陈述有关产品的功能、特点、规格和成分等信息。例如：

全铝V8V VT发动机，最大功率403马力，峰值扭矩565牛·米，0—100公里/小时加速仅为6.8秒，全铝全电子六速自动变速箱（手自一体），Full Time全时四轮驱动系统，Air-Ride/Auto Ride自动感应式空气悬挂，Auto-Leveling车体自动平衡控制系统，StabiliTrak车身稳定系统，ROM防止侧倾翻滚系统，可视倒车辅助系统，8气囊360度安全防护前后排区分多媒体娱乐系统。

——凯迪拉克汽车ESCALADE凯德雷广告文案

3. 代言式

这种方式常常是选用一部分有社会影响力或人气旺盛的演艺人员、运动员和科技人员等为产品做代言。例如：

装房子，买家具，我只来居然之家。（居然之家广告代言人：陈宝国）

——居然之家广告文案

4. 对白式

这种方式常常是利用广告剧情角色之间的对话传递产品或服务的信息。例如：

巴士站篇

女：永远有多远？

男：只要心在跳，永远就会很远很远……

女：你心跳蛮快的嘛。

男：这是个秘密，因为你是我的优乐美。

女：甜蜜地笑。

学校篇

女：你喜欢我什么啊？

男：我喜欢你的优雅、快乐，又美丽。

女：你是在说优乐美奶茶啊。

男：你就是我的优乐美啊。

——优乐美奶茶系列广告文案

5. 故事式

这种方式常常是将广告写成一个完整的故事，通过故事情节，塑造人物形象，并让产品或服务在故事的发展中扮演重要角色，将广告诉求自然融入故事之中。例如：

镜头一：机场全景。东方航空公司的一架飞机正慢慢着陆。

镜头二：特写。飞机在镜头前穿过，“东方航空”的字样、标志出现，从右到左。

镜头三：追拍飞机着陆。

镜头四：机舱内。旅客们陆续站起，离开机舱。一位中年男士站起来，面带笑容走向镜头。

镜头五：机舱内旅客在缓慢移动，男士看机舱外的人，在寻找……

镜头六：镜头透过机舱，推近出口处，一位年轻女士带着一个小女孩在等人。

镜头七：男士手提行李箱，走向女士，拥抱妻子，把女儿举起。放下女儿，男士在衣服口袋里找东西——送女儿的礼物

镜头八：男士面部特写，找不到礼物，男士沮丧、不安。他把礼物丢在机舱里了。

镜头九：这时，一位空姐手拿男士落在机舱里的礼物送还给男士。

镜头十：特写。男士惊喜的表情，女儿高兴地笑脸，妻子喜悦的心情……

镜头十一：飞机起飞。从左到右，出现“东方航空公司”字样。

画外音：东方服务，无微不至。

——东方航空公司广告文案

此外，广告正文还有很多表现形式，如小品式、歌曲式等，正文里也常会出现多种表现形式的交叉使用，使得广告更具表现力和吸引力。

（三）随文

随文，又称附文，是在广告正文之后向公众传达企业名称、地址信息、联系方式及提供的服务等的文字说明。广告随文通常由企业标识、商品标识、联系方式、权威机构认证标识、获奖证明资料和服务承诺等几部分组成。广告随文的写作，主要包括以下几种类型：

1. 信息型

这种随文只包含联系购买的信息，如商品标识、企业名称及联系方式等。例如：

××××集团有限公司

生产地址：×××××××××

免费服务热线：×××××××

邮编：××××××

E-mail：××××××××××

2. 信息与劝导结合型

这种随文既包含购买信息，又比较含蓄地表达出劝导与敦促消费者购买的目的。例如：

即日起至本月底，凡购买任意一款“×××家用净水器”的客户，立享总价八折优惠，并赠送十年主机保修的优惠服务，名额有限，先到先得。

联系电话：××××××××

联系人：×××

3. 信息与表态结合型

这种随文既包含了购买信息，又表达出广告主体的良好意愿。例如：

×××动感单车愿您远离亚健康，拥有好身材！

浙江金华×××运动健身器材有限公司

地址：浙江省金华市×××××××××路

联系电话：××××××××

联系人：×××

（四）广告语

广告语，又称广告口号，是为了加强受众对企业、商品或服务的印象，在广告中长期、反复使用的一种简明的口号文字。广告语主要有以下几种表现形式：

1. 突出商品品牌

这种广告语侧重于利用消费者熟悉的产品品牌进行宣传，突出品牌效应。例如：

如果失去联想，人类将会怎样？（北京联想集团广告）

年年鲜橙多，家家欢乐多（统一鲜橙多广告）

2. 表现产品特点

这种广告语侧重于突出产品本身的特点或闪光点。例如：

滴滴香浓（麦氏咖啡广告）

不同的酷，相同的裤（李维斯牛仔裤广告）

3. 宣传经营理念

这种广告语侧重于宣传产品企业的服务或企业经营理念等。例如：

驾驶乐趣，创新无限（宝马集团公司广告）

健康拉近距离（亚洲制药广告）

4. 体现人文关怀

这种广告语侧重于和消费者进行心灵与情感上的沟通，从而获得消费者的心理认同，突出人文关怀。例如：

阳光活力早享受（伊利早餐奶广告）

让我们快乐健康（喜之郎奶茶广告）

五、广告文案的写作要求

（一）点明主题，准确规范

准确规范是广告文案中最基本的要求。要实现对广告主题和创意的有效表现和对广告信息的有效传播，广告文案的语言就要求表达规范完整，语义要明确，避免产生歧义或误解。也不可滥用“最佳”“最高级”“享誉全球”之类的赞誉之词。语言尽量要通俗化、大众化。

（二）简明精练，言简意赅

广告文案在语言文字的使用上要简明扼要，精练概括。要以尽可能少的文字表达出广告的精髓，实现有效传播。此外，简明精练的文案，有助于吸引受众的注意力和快速记忆。

（三）讲究手法，力求新颖

广告本身需要标新立异，所以广告文案的写作就要求讲究手法。从表现形式上，要尽量突出商品的鲜明特点；从语言表达上，要尽量通过形象生动的语言感染消费者，但同时也要注意遵守汉语的规范性。

（四）把握受众心理

广告文案要能够深入到人性深处，冲击受众的心灵，能够使受众感觉到“看见就是需要的”，感受到广告的冲击力和震撼力。

例文

世界之窗

深圳世界之窗文化旅游景区毗邻锦绣中华与中国民俗文化村，开业于 1994 年，占地 48 万平方米，集世界奇观、自然风光、民俗风情、民间歌舞于一园，再现了一个美妙的世界。园内景区分为世界广场、亚洲区、大洋洲区、非洲区、美洲区、现代科技乐园、雕塑园和国际街等9大景区。景观采用自由比例，或精致微妙，或气势恢宏。埃菲尔铁塔高108米，巍然耸立，游人可乘观光电梯到塔顶，饱览深圳和香港风光。尼亚加拉大瀑布水流飞泻，声势浩大，颇让人有身临美洲之感……每当夜雾降临、华灯初放，由世界民族歌舞组成的大型广场综艺晚会即在世界广场拉开帷幕，把景区活动推向高潮。

广告语：你给我一天时光，我给你一个世界

单位：深圳世界之窗有限公司

电话：×××××××

传真：×××××××

（资料来源：http://www.gongwen123.com/Article/gwcl/xzgs/200811/article_88093.htm）

第二节 消息

知识要点

- 消息是以准确简洁的文字对新近发生的具有新闻价值和重大意义的事实作出及时报道的一种纪实性文书
- 消息具有真实准确、新鲜及时和简明扼要等特点
- 消息通常由标题、电头与署名、导语、主体、背景和结语组成
- 写作消息时，内容要新鲜准确，篇幅要短小精悍，语言要通俗生动

一、消息的概念

消息是以准确简洁的文字对社会生活或重大政治活动中新近发生的具有新闻价值和重大意义的事实作出及时报道的一种纪实性文书，它是目前最广泛应用的一种报道形式。

二、消息的特点

（一）真实准确

真实准确是消息的生命和根基。消息中所涉及的人物、时间、地点、事件、过程或者数据、资料、背景、细节等，都必须真实可信，绝不能夸张虚构，歪曲事实。

（二）新鲜及时

消息的价值在于新鲜快速。消息只有新才能引起读者的重视。消息就是要把新事件、新经验和新问题等及时报道给读者，这样才有价值、有意义，给人以启迪。

（三）简明扼要

简明扼要与新鲜及时是相适应的，同时也是消息这个文种的一大特色。概括而不流于抽象，简短而不陷于疏漏，做到用笔简洁利落，内容集中精练。

三、消息的种类

消息可分为简明消息、动态消息、综合消息、经验消息和评述消息。

（1）简明消息。简明消息又称简讯、快讯或“一句话新闻”。它是对重大突发性事件或社会各领域的要事做出的简明报道。这种消息篇幅短小，一般对细节、过程不做过多要求。

（2）动态消息。动态消息是及时反映国内外正在发生的或新近发生的新闻事实的简短报道。这种消息内容单一、文字简短。

（3）综合消息。综合消息是围绕一个主题，把不同时间、不同地点的事实，经过综合、归纳、概括、提炼而成，是许多动态消息的总结和综合。这种消息纵览全局、点面结合。

（4）经验消息。经验消息是反映事物发展变化的阶段性、经验性或典型性的报道。这种消息揭示事物的本质，具有指导性和启发性。

（5）评述消息。评述消息又称记者评述，或新闻评述。它是以国家的方针政策为依据阐述重大事件，揭示问题本质。这种消息要求观点正确。

四、消息的结构和写法

消息通常由标题、电头与署名、导语、主体、背景和结语组成。

（一）标题

消息的标题是对消息内容的高度概括和浓缩，是消息的重要组成部分。构成消息的标题有引题、正题、副题三部分。

引题，又称眉题，通常交代消息的背景或原因等，起引导和铺垫的作用。引题位于正题之上，字号小于正题。正题，也称主题，揭示消息的核心内容和主要思想，常用黑体大字。副题，又称辅题，位于正题之下，字号最小，用于揭示消息的事实结果，或做正题的补充说明等。

按照不同的组合方式，消息的标题有单行标题、双行标题和多行标题。

1. 单行标题

单行标题只有一个正题，是对消息的内容高度概括，要求做到醒目、简明。例如：

中国力争2030年前在“一带一路”沿线建立30台核电机组

2. 双行标题

双行标题有两种形式：一种是由引题和正题组成；另一种是由正题和副题组成。例如：

放弃大城市和高待遇　为灾后重建奉献青春（引题）

全国众多大学毕业生“毁约”去灾区就业（正题）

3. 多行标题

多行标题包括引题、正题和副题，一般用于内容较多、篇幅较长、意义重大的消息。例如：

吞吐各地证券　迎送海外行家（引题）

上海形成全国最大的证券交易市场（正题）

去年日交易量达800亿元，占全国大半（副题）

总之，消息的标题，力求言简意赅、平易亲切、富有吸引力。标题采用哪种形式，要酌情而定。

（二）电头与署名

电头是消息的重要标志。它有两种形式：一是由消息来源、消息时间和“电”字构成，如“新华社北京4月3日电”，时间只标月日；二是由消息来源构成，如“本报讯”等。

消息的署名大都位于电头之后、导语之前，以“(记者×××)”的形式出现，有的也把署名位于正文之后右下角。

（三）导语

导语是消息的开头部分。导语用极其简洁的语言把消息中最主要的事实和思想概括出来，使读者迅速了解报道的中心内容。

1. 叙述式导语

采用直接叙述的方法，将新闻事实的时间、地点、人物和事件等，简明扼要地写出来。例如：

2016年9月，中国非制造业商务活动指数为53.7%，比8月小幅上升0.2个百分点，连续7个月在53.0%以上景气区间平稳运行，表明非制造业继续保持稳中有升的发展态势。

2. 描写式导语

简洁生动地描绘出所报道消息中的某一精彩画面，突出人物或事件的特点，给读者留下深刻的印象。例如：

每当夜幕降临，×××镇×××村的文化广场上便热闹起来，二胡优美的旋律，演员们有滋有味的唱腔和孩子们的嬉笑声不时传来。前来看演出的大爷大妈们高兴地说："文化广场让咱老百姓乐呵有了去处了。"全区100多个文化广场上，几乎天天洋溢着欢乐的笑声。

3. 提问式导语

在消息的开头，将主要内容用读者关心的方式提出，然后加以解答，这种方式可以引起读者兴趣和思考。例如：

市政工程建设中如何解决令人头疼的"马路拉链"问题？×××市实行了市政建设召集人制度，加强统一管理和协调，并严格规定新建或翻建的马路5年内不得随意挖掘，同时加强监督检查，杜绝"马路拉链"现象。

4. 评论式导语

在消息的开头，先对本消息发表评论，然后再阐述具体事实。这样可以充分揭示消息的本质和意义，以引起重视。例如：

收费与否，不应是衡量一家博物馆成败的关键，参观人数的多寡才是关键。当经济实力不相上下时，比的就是像博物馆那样的软实力。若要国民为博物馆骄傲，博物馆必须首先成为国民文化生活中密不可分的一部分。门票不是大忌，也不应成为障碍。

5. 引语式导语

引用文件、新闻中的关键语句，或消息中人物深刻而富有意义的话语，或诗歌、名言等作为导语。例如：

"杰出科学家和科技人才是国家科技事业发展的决定性因素。"在此期间举行的两院院士大会上，院士们对创新人才培养问题进行了热烈讨论。

6. 对比式导语

将现在和过去的事实进行对比，把消息的主要问题凸显出来。例如：

记者近日走进莲花乡大石沟镇，只见道路宽阔平坦，绿树红花相映，家家户户环境优美。昔日那烟雾缭绕，乱堆乱放、蚊蝇滋生的脏乱差时代一去不复返了。这都是该乡开展城乡环境综合治理，建设节能生态环保新农村试点所取得的成果。

（四）主体

消息主体是消息的骨干部分，也是消息的展开部分。它承接导语，用足够的、典型的、有说服力的材料对新闻内容作具体全面的陈述，以体现全篇的主题思想。概括地讲，主体就是表述和说明新闻主题的主要部分。

在一则消息中，主体部分通常是由一个或几个自然段组成的。一般情况下，主体的前几个自然段解释和深化导语中所涉及的内容，随后的几个自然段则提供同一主题的新的事实、补充新的新闻要素和提供背景。主体部分常见的结构有：

1. 倒金字塔结构

倒金字塔结构是最为常见的消息写作的主体结构。基本格式是：首先，写一个新闻事件中最有新闻价值的部分；其次，在报道主体中按照事件各个要素的重要程度，依次递减写下来，最后面的是最不重要的，犹如倒置的金字塔。例如：

新华社波恩 3 月 20 日电　来访的中国国家女子足球队 20 日晚在波恩附近的欧斯基尔辛与德国国家女足进行了一场友谊赛，结果双方以 2∶2 握手言和。

这场比赛，中德两队各占半场优势，各在占优势的半场攻入两球。上半场，德国队占据了主动，几乎是压着中国队打，她们凭借身材和体力上的优势频频向中国队发起进攻。当比赛进行到 22 分钟时，德国队队员多·菲策恩一记漂亮的头球攻破了中国队的大门。刚过一分钟，德国队队员玛·迈内尔特再接同伴的传球踢进对方的球门。德国队上半场以 2∶0 领先。下半场，中国队的面貌焕然一新，中国队组织有方，传球迅速，失误少，推进快，打得德国队喘不过气来，开场刚几分钟，中国队就将一球送进德国队的大门，十几分钟后，再一次攻破对方大门。

2. 正金字塔结构

此种写作方式刚好与“倒金字塔结构”相反，是以时间发生顺序作为行文结构的写作方式，依序分别介绍开端、过程、结果，采用渐入高潮的方式，将新闻重点摆在文末。例如：

新华社银川 7 月 20 日电　中共中央总书记、国家主席、中央军委主席习近平近日在宁夏考察。夏日的塞上江南，古风新貌，生机盎然。7 月 18 日至 20 日，习近平在宁夏回族自治区党委书记李建华、自治区政府代主席咸辉陪同下，来到固原、银川等地，深入农村、企业、革命传统教育基地，就落实“十三五”规划、推动经济社会发展、推进脱贫攻坚工作进行调研考察。

18 日上午，习近平从固原市六盘山机场一下飞机，就驱车 1 个多小时来到西吉县将台堡，瞻仰红军长征会师纪念碑，参观红军长征会师纪念园、纪念馆……18 日下午，习近平在固原市冒雨考察了两个村的脱贫攻坚工作……

19 日上午，习近平来到银川市金凤区新城清真寺……19 日下午，习近平在银川考察了宁浙创业园和宁东能源化工基地……

考察期间，习近平听取了宁夏回族自治区党委和政府工作汇报，对宁夏经济社会发展取得的成绩和各项工作给予肯定。他希望宁夏在西部大开发中不断闯出新路、创造美好前景。

习近平强调，到 2020 年全面建成小康社会，任何一个地区、任何一个民族都不能落下。要认真落实党中央决策部署，贯彻新发展理念，主动融入国家发展战略，进一步解放思想、真抓实干、奋力前进，努力实现经济繁荣、民族团结、环境优美、人民富裕，确保与全国同步建成全面小康社会。

此外，消息在实际的写作中，也常常是两种结构交叉使用，主要视结构安排的需要而定。

（五）背景

背景，就是背景材料，包括历史背景、社会背景和人物背景等，是对消息中事实产生的环境、条件、原因及与周围事物联系的说明。通过揭示背景材料，可以了解事情的来龙去脉，增加消息的广度和深度。

背景可以写在结尾部分，也可以穿插于主体之中，但不宜过多，否则会喧宾夺主。

（六）结语

结语是消息的最后一部分内容，往往是最后一段。用于阐明事实的意义，使读者加深理解和感受。常见的结语方式有：

1. 总结式

即在结尾处作概括总结。例如：

甘当人梯，提携后学，这是我国科技界的光荣传统。院士们纷纷表示，要积极发现人才、举荐人才、培养人才，在培养创新型人才方面发挥应有的作用。

2. 评论式

即在结尾部分对报道事实加以评论。例如：

动员社会力量合力治污就应当这样新招迭出。当前社会各界已经越来越多从环保角度评判社会经济的发展，社会各界也都有参与治污的强烈愿望。在这种情况下，各级党委政府研究构建保障群众知情权的制度平台，引导社会各界理性参与，监督环境治理，污染才能无处藏身。

3. 展望式

即对消息的发展方向和结果作出判断和预测。例如：

据悉，下一步两市将进一步转变发展理念，创新体制机制，搭建合作平台，健全完善高效的区域合作推进机制和协商机制，着力推进规划、市场体系、文化建设和社会管理等重点领域的一体化进程。建立两市主要领导年会、日常工作联络和相关部门业务合作等制度机制，加强各自市域内中心城区域县市之间、行业之间、部门之间的合作，从决策、协调、执行三个层面推进两市经济建设、政治建设和文化建设等资源共享工程，努力形成全方位、宽领域、多层次区域一体化发展新格局。

五、消息的写作要求

（一）内容要新鲜准确

消息要报道新事件、新情况、新经验和新问题等，有很强的时间性，所以，报道要迅速及时，确保内容新鲜不过时。而且，消息的内容一定要核对无误，确保真实准确，一是对事实的认识要准确，二是对事实的表达要准确。

（二）篇幅要短小精悍

写作消息提倡篇幅要短小精悍，力求篇幅简短而内容丰满。尽量一事一报，少说空话，也可以直截了当、开门见山陈述事实。

（三）语言要通俗生动

消息的语言要简洁明快，力求凝练通俗、形象生动，使之兼具有可读性和趣味性。

例文

海口市加大打假力度

本报讯 （记者杨连成） 最近，海口市工商局焚烧了标值181万元的假冒伪劣商品。这批销毁的商品是海口市打假队今年春节以来查获没收的。由海口市技术监督局、工商、检查等部门组成的打假队去年以来出动了3 500多人次，进行了近200次检查活动，查扣各类假冒酒4万多箱，假冒劣质奶粉、饮料6.5万瓶（袋），捣毁制造假冒商品窝点19个，有效地遏制了制、售假冒伪劣商品的行为。

为使假货无藏身之地，打假队深入全市各商业企业、批发市场，建立质量管理、监督和保证体系。在他们的帮助下，海口生生百货一次清退了108家不合格供货客户、清理销毁3 900多万元假冒伪劣商品，特邀30多位顾客为质量监督员，对投诉商品实行退一赔一。

打假队设立了若干个举报电话，经常在新闻媒体上公布举报情况，对制、售假冒伪劣商品者发现一个，查处一个，曝光一个。

为鼓励和动员消费者参与“打假”，近日，打假队在海口市16家主要商厦门前举办假冒伪劣商品鉴别展览，保护消费者权益成果展示和抵制假货万人签名活动。

（资料来源：http://www.51edu.com/zuowen/xiaoxi/5057095.html）

第三节 企业主页

知识要点

- 企业主页是指企业网站的首页，即被访问网站的第一页，也称为企业的形象页面，是企业的网上门面
- 企业主页具有运用多媒体、突出个性化、良好的导航性和简洁性等特点
- 企业主页的内容通常包括基本内容和常见内容两部分
- 设计企业主页时，要注意媒体手段的适度运用，主页中必须有文字说明，主页设计要美观实用

一、企业主页的概念

企业主页是指企业网站的首页，即被访问网站的第一页。主页也叫 Homepage，已是因特网广大用户熟悉的词语。如果说域名是企业在因特网上的“户口”，那么企业主页就是代表企业形象，在因特网上通行的“名片”。因此，企业主页也称为企业的形象页面，是企业的网上门面。随着电子商务的迅速发展，各企业都十分重视网站的建立，逐渐提高网页的设计水平，尤其是主页的制作，因为它是企业向外发布商务信息的载体。

二、企业主页的特点

（一）运用多媒体

建立电子商务网站，是一种商业行为，首先必须设法吸引和维持浏览者对网站主页的注意力，多媒体的运用必不可少，因此图文并茂是主页的主要特点。

主页里“图”的设计包括动画和图像。动画的特点是耀眼醒目，有良好的动态广告效果，一般可在网页中采用几幅动画。图像的特点是真实直观，对于有代表性的商品可以用

图片展示，效果更好。图片虽然直观，但也不能取代文字，因此，文本仍然是主页里使用量最多的一种信息表达方式。

（二）突出个性化

企业主页是企业在因特网上的门面，在一定程度上也反映了企业文化的特点，为给浏览者留下深刻的印象，主页一般都具有鲜明的个性，在文字、布局、结构、色彩的设计上都会有独特的风格，使浏览者对企业有一个直观印象和总体把握。

（三）良好的导航性

企业一般都想在网站上尽可能多地反映他们所能提供的信息和服务，因此，一个网站往往有数十页、数百页，甚至更多页数的内容，那么主页就承担着非常重要的导航作用，它就像一本书中的目录或索引。主页要对其内容进行科学合理的分类，提炼出关键的词、句，以菜单或卡片的形式，清晰准确地表示出来，帮助用户很快地了解网站，找到自己需要的内容。同时，这些菜单或索引都是链接按钮，可直接快速地实现站点内外信息之间的跳转。良好的导航是对顾客优质的服务。

（四）简洁性

企业主页的篇幅不宜过长，因此，文字或图片都切忌堆砌不必要的内容或编排过于复杂，一般都遵循简洁概括的原则，既便于企业放置更多的内容，又可使浏览者一目了然，很快找到自己需要的内容。

三、企业主页的内容和格式

（一）企业主页的内容

1. 基本内容

（1）网站名称和标志。网站名称和标志指企业在网上的名称和标志。一般都采用图文并茂及动态链接。

（2）企业口号。企业口号指企业宣传品牌、富有表现和号召力的短语。

（3）内容分类与导航。内容分类与导航指索引卡或目录文字，对网站众多内容进行科学合理的分类，便于用户查询。

（4）企业最新推荐。企业最新推荐指向用户的特别推荐，如企业产品、网站更新内容特别信息等。

（5）最新消息。最新消息指新闻内容，以本企业为主，让用户动态地、更深层次地了解公司的发展、产品及服务。

（6）友好链接。友好链接指设置相关知名网站的链接按钮，既体现出与相关网站的友好联系，也为用户跳转站点、获取更多信息提供了方便。

（7）相关链接。相关链接指在主页上对其他子页内容根据需要提炼出有意义的词汇或短语，进行链接设置，既避免过多的细节内容占用主页空间，又便于用户浏览。

（8）通信联络资料。通信联络资料指列出有关电子邮件地址，公关或营业部门的通信地址、电话传真号码，以便用户方便联系。

（9）版权信息。版权信息指简短标出关于主页内容的版权声明，还可以用链接方式带出另外载有详细使用条款的页面，以避免非重要的信息占用主页容量。

2. 其他常见内容

（1）网站地图。设置这个按钮，可链接到网站地图页，便于用户对网站的链接关系有一个总体了解。

（2）总负责人简介。这部分文字简短，其目的是利用名人效应或体现友好界面。

（3）用户登录及新用户注册。

（4）搜索引擎。

（5）主页更新日期。

（6）问卷调查。

（7）招聘信息。

（8）购物车。

（9）折扣及免费品信息。

（10）娱乐信息。

（11）产品目录。

（12）证明（顾客对产品、服务的赞扬，部门的认定等）。

（13）栏目主持人或雇员介绍。

（14）常见问题（用户关于产品及服务的常见问题）。

以上的这些主页内容大多只设链接按钮，相关细节在链接的页面上。为了确保重要内容易于查找，网站主页可在不同的位置重复设置同一页面的链接。

（二）企业主页的格式

企业主页和其他网页不同，它的设计比较注重个性化，而且网站的内容纷繁多样，所以主页的设计没有一个固定的模式，这里只是根据网上常见的一些主页，简要地概括它们的页面布局：一般大致划分为上、下、左、右、中五个部分。如图 8-1 所示：

<table>
<tr><td>企业网站
名称、标志</td><td colspan="2">企业主题句子、图片或广告</td></tr>
<tr><td rowspan="2">内容分类</td><td>导航菜单</td><td rowspan="2">友情链接
……</td></tr>
<tr><td>重要新闻
产品信息
特别信息
……</td></tr>
<tr><td colspan="3">联系方式
版权声明</td></tr>
</table>

图 8-1　企业主页的页面布局

由于主页是在计算机上逐屏显示，一打开主页，左侧和上边的内容就首先进入浏览者的视线，而右边和下侧的内容往往需要滚动屏幕才可以看到，因此，重要的内容一般都放在上边和左侧来显示。中间位置一般安排企业新闻、产品信息等。当然，这样的布局并不是固定的，可以根据不同情况进行调整和改动。

另外，企业主页要求设计美观，所以要合理运用文字、图像、色彩和布局等多种艺术手段，还要考虑到用户使用方便快捷等因素。否则，会影响到用户的浏览和查询，甚至影响到访问的兴趣和情绪。

四、企业主页的写作要求

（一）企业主页文本的编写要求

1. 布局合理

布局合理包括两方面：一是信息分类准确、层次清晰；二是结构美观完整。制作主页时，首先，要安排好结构，确定主页所包括的内容；其次，要对内容进行合理分类归纳；最后，再按照易于浏览和体现风格的需要进行编排，力求合理完美。

2. 中心突出

主页文本应突出体现企业的特点，使浏览者看到主页就能够明白企业的主要业务，这对于一些小企业来说很重要。要做到这一点，就应该突出介绍企业的业务范围和特点，生动全面地展示企业的活动和精神面貌。

3. 文字简洁

主页文字不能太长，否则影响浏览查找的速度，因此，主页文字的编写要求简明扼要，通常以词汇短句为主，不要出现长篇大论。

（二）企业主页的编排要求

1. 媒体手段的运用要适度

主页的设计切忌浮夸虚饰或流于形式，不仅影响页面的视觉效果，还会淹没主题。另外，过多的图像、视频文件还会影响到传输速度，耗费时间。

2. 主页中必须有文字说明

图表图像可以弥补文字的不足，但绝不能取代文字。在制作主页时，必须将图片所反映出的重要信息用文字重复表达一次。

3. 主页设计要求美观实用

个性化的主页设计可以吸引浏览者的注意力，但过度花哨却适得其反。因此，在制作主页时考虑个性化的同时更要考虑美观实用，以便更快捷地为客户提供有价值的信息。

第四节 倡议书

知识要点

- 倡议书是指公开提出某种建议，以期引起人们响应，共同完成某项任务或开展某项公益活动的一种专用书信
- 倡议书具有倡议对象的广泛性、倡议号召的不确定性和倡议范围的公开性等特点
- 倡议书的正文一般包括倡议的背景和目的、内容和要求、决心和希望三部分
- 写作倡议书时，内容要具有一定的先进性、可行性，语言要具有一定的鼓动性

一、倡议书的概念

倡议书是个人或集体公开提出某种建议，以期引起人们响应，共同完成某项任务或开展某项公益活动，树立良好社会风尚时所使用的一种专用书信。一切单位和个人有所倡议时，均可发出倡议书。

二、倡议书的特点

倡议书是公开地发动群众开展竞赛的一种手段，具有以下特点：

（一）倡议书的对象具有广泛性

倡议书不是对某个人、某一团体或某一单位而言的，它往往面向广大群众，或对一个部门的所有人发出，或对一个地区的所有人发出，甚至向全国发出。所以倡议书的对象具有广泛性。

（二）倡议书的号召具有不确定性

倡议书是要求广大群众响应的，只是向广大群众发出号召，提出倡议，但实际上有关人员可以表示响应，也可以不表示响应，因此，倡议书对倡议对象不具有很强的约束力，倡议书的号召力也因此具有一定的不确定性。

（三）倡议书的范围具有公开性

倡议书就是一种广而告之的书信。它就是要让广大的人民群众知道了解，激起更多的人响应，以期在最大的范围内引起共鸣，从而激发广大群众的参与意识，使广大人民群众都参与到某项活动中来，“众人拾柴火焰高”，并完成某项工作。因此，倡议书的范围具有公开性。

三、倡议书的结构与写法

倡议书通常由标题、称谓、正文和落款组成。

（一）标题

倡议书的标题通常有三种写法：一是直接标明文种，即《倡议书》；二是由倡议内容和文种组成，如《诚信考试倡议书》；三是由倡议者名称、倡议内容和文种组成，如《山西财政税务专科学校诚信考试倡议书》。

（二）称谓

倡议书可依据倡议的对象而选用适当的称谓，如“广大的青少年朋友们”“亲爱的同学们”等。有的倡议书也可不用称谓，而在正文中指出。一般顶格写在第二行开头。

（三）正文

倡议书的正文一般包括以下三方面的内容：

1. 倡议的背景和目的

在背景和目的部分要交代清楚倡议活动的原因，以及倡议活动的各种背景事实，并申明发布倡议的目的、意义。只有交代清楚这些要素，人们才会理解和信服，才会自觉地行动，倡议书的发出才能引起广泛的响应，才能吸引更多的群众参与到倡议活动中来。

2. 倡议的内容和要求

这是正文的重点部分。倡议的内容一定要具体化。倡议开展怎样的活动，都做哪些事情，步骤和要求是什么，都要具体。只有具体化，人民群众才容易参与到倡议活动中来，倡议活动才能取得广泛的社会效果。倡议的具体内容一般要分条列项写作，这样才会清晰明确，一目了然，让人民群众容易执行与参与。

3. 倡议的决心和希望

倡议书在结尾通常要表明倡议者的决心和希望或者写出某种建议。倡议书一般不在结尾写表示敬意或祝愿的话。

（四）落款

落款即在正文的右下方写明倡议者单位、集体名称或个人姓名，并署倡议日期。

四、倡议书的写作要求

（一）倡议的内容要具有一定的先进性

倡议的内容要符合时代精神，与国家的路线方针政策相一致。只有选择符合可持续发展和和谐社会的要求，选择广大人民群众比较关心的社会问题提出倡议，使倡议的内容具有一定的时代性与先进性，才会使倡议有坚实的政策基础与广泛的民意基础，倡议才会具有一定的社会意义，倡议的活动才会取得巨大的成功。

（二）倡议的内容要具有一定的可行性

倡议书提出的内容与要求，既要具有一定的先进性，又要具有一定的可行性。具有先进性，倡议活动才有一定的社会效果与社会意义；具有可行性，倡议活动的目标才可能完成与达到。人民群众通过自己的努力，可以完成倡议的要求，达到倡议的目标，才会积极地投身到倡议活动中来。

（三）倡议书的语言要具有一定的鼓动性

倡议书为了获得广大群众的广泛响应与支持，一定要措辞贴切，情感真挚，语言富有激情与鼓动性。只有这样，才能感染、感动广大的人民群众，吸引更多的群众参与到倡议活动中来，从而取得较好的社会效果。

例文

全民参与植树造林共建生态美好家园倡议书

全市广大人民群众、各界朋友们：

春回大地、万木吐绿，我们即将迎来第36个植树节！

植树造林是造福子孙后代的大事，是每个公民应尽的义务，是加强生态建设、维护生态安全的重要举措，也是践行党的群众路线教育实践活动的具体体现。为全力做好2014年春季造林绿化各项工作，建设宜居宜业的生态家园，市委、市政府决定，从3月1日开始，在全市范围内组织开展“植树造林月”活动，努力实现“道路林荫化、农田林网化、村庄园林化、岗坡花果化、林业产业化”的总体目标，掀起春季植树造林新高潮。为此，我们向全市人民发出如下倡议：

一、积极倡导绿色文明，大力宣传全民义务植树的公益性、义务性和法定性，做一名倡导全民义务植树的“绿色传播者”。

二、自觉履行公民植树义务，踊跃参加各种形式的义务植树和造林绿化活动，每人每年植树3~5棵，有条件的单位和村庄要达到“1人1亩林”要求。做一名美化环境的“绿色建设者”。

三、积极参与单位绿化、庭院美化建设，开展植树种草养花活动，通过“见缝插绿”“室内布绿”“墙上挂绿”等多种形式，增加绿色植被，美化人居环境，做一名多养一盆花、多添一份绿的“绿色先行者”。

四、关爱绿色生命，爱惜绿化成果，倡导文明生活，自觉保护身边的一草一木，不践踏草坪，不攀摘树枝花朵，不侵占绿地林地，做一名爱绿、护绿的“绿色护卫者”。

五、关心林业、支持林业、发展林业，积极投身创建国家森林城市建设工程，主动为绿化美化出点子、提建议，做一名建设美丽家园的“绿色谋划者”。

同志们，春天是生机勃发的时节，春天是播种希望的时节，春天是放飞绿色梦想的时节！让我们迅速行动起来，踊跃参加全民义务植树活动，人人争当“植绿、护绿、爱绿、兴绿”的践行者，为将高碑店打造成为环京津地区新的增长极、保北中心城市做出应有的贡献。

高碑店市绿化委员会

2014年2月25日

（资料来源：http://www.gbd123.com/news/city/2884.html，有删改）

相关链接

链接 1

消息和通讯的区别

消息和通讯都属于新闻体裁，都具有新闻性，强调所报道的人物和事件，要具有新闻价值，都必须真实，不能进行艺术虚构，这是二者的相同之处。它们的不同之处在于：

一、从篇幅上看，一条消息一般只写一件事情，通讯则是在一个主题之下，报道事实的全过程，涉及比较多的人物和事件。

二、从表现手法上看，消息通常用叙述的手法，而通讯是采用叙述、描写、抒情、议论相结合的手法。

三、从结构上看，消息一般有比较稳定的结构形式，而通讯的结构形式灵活多变。

四、从时间要求上看，消息的时效性比较强，要迅速及时，而通讯的时间性要求不如消息明显。

链接 2

企业主页设计的要求和技巧

一个企业主页设计的好坏直接影响企业在客户以及消费者心目中的地位。企业主页设计就代表了这家企业的形象，而形象是大众评价一个企业的最重要的标准，所以一定要在企业主页设计上下足功夫。企业主页的设计应注意以下几点：

一、公司的定位和特色要明确标注。任何一家公司的网站，首先需要告诉用户我们是做什么的，这不仅是公司的发展目标，同时也告诉浏览者公司的业务、发展方向、同行中的定位和档次等。这样，用户才会根据自己的需求去挖掘网站的内容。

二、Banner 的设计要合理讲究。Banner 是整个企业主页的核心，它告诉用户企业网站有什么内容，所以 Banner 的设计要讲究，这样用户才更容易找到想要的内容。因此 Banner 的设计要结合企业的行业特征、企业文化，甚至包括企业 logo 的颜色、图形等，都要设计合理。

三、导航条的设计要合理便捷。导航条的设计安排要合理，在用户使用最合适的地方设计不同的导航条，让用户方便寻找和浏览自己需要的信息，所以，它的设计要恰到好处。

四、企业主页网站打开的速度要快速。网站打开的速度直接影响到用户的体验，同时，和你友情交换链接的网站的品位，也体现了自己网站的品位，所以，在友情链接的交换上要下点工夫。

总之，企业主页的设计布置，是一项精细而消耗精力的事。所以，企业一定要结合自身的产品和服务，打造出让用户满意的企业网站。

问题讨论

一、广告正文的写作主要有几种类型？请举例分析你平时所看到的广告分别属于哪种类型？

二、写作消息时，如何抓住消息中“新闻点”？

三、企业主页制作中，如何选择背景颜色、文本颜色和链接颜色？

四、以“诚信考试”为题的倡议书，正文应写什么内容？

写作实践

一、根据以下材料拟写一份完整的广告文案。

800 电话业务又称受话人集中付费业务，是指主叫方不需要付费，而由被叫方集中支付电话费的一种通信方式，因为该业务主叫方是免费的，所以又称“免费电话服务”。

800 电话业务目前在国外非常流行，一些公司把 800 电话业务作为提升服务质量的标志，招揽客户的手段和企业实力的象征。此外，家庭也可以开通 800 电话业务，以方便在外读书的孩子和出门在外的亲人打电话回家。

800 电话业务的适用对象主要有大中型企业，如银行、商店、保险公司、酒店、民航和快餐店等有商业目的的服务企业，特别适合电话订货、购货、咨询介绍、订房和订票等业务使用。

受理地点：××市××××路××号电话营业厅 800 电话受理窗

咨询电话：86671008　8006302111（免费咨询电话）

二、请指出下列文字突出了消息的哪些特点？

消息一：当年美国总统尼克松访华时，飞机是 1972 年 2 月 21 日 11 时 27 分在北京机场着陆。

美国电视台立即播出；2 分钟后，美联社最先发出消息；3 分钟后，法新社发出消息；

4 分钟后，路透社发出消息；5 分钟后，合众国际社发出消息……

消息二：今年春节后民工潮预计将达到 700 万人……

消息三：当年，里根总统遇刺，现场一片混乱、惊慌。拍下这一镜头的是黑人记者汉克·布朗。当第一枪打响时，别人都本能地弯下腰，他却镇定地扛着摄像机……半小时后，在全国播放。

三、请将以下资料加以分析提炼，完成一份企业主页的设计与制作。要求主题突出，布局合理。

××省××××装饰材料有限公司是一家集开采、研发、生产、销售、施工、服务于一体的硅藻泥壁材专业生产型企业。注册商标为“××××”，品牌释义为“×××××”。

××装饰材料有限公司与中国建筑材料科学研究总院建立长期重点技术合作，2014 年 3 月成功挂牌上市，成为中国硅藻泥行业首家股交中心挂牌上市企业。公司总部设于北国春城，下设硅藻泥生产基地两个，地板生产基地、施工培训基地、技术研发中心各一个，截至 2015 年 3 月，该公司销售网络覆盖全国近 33 个省市自治区的 469 个大中城市，开设××纯天然硅藻泥专卖店 800 家以上，品牌囊括建筑装饰工程、纯天然硅藻泥、硅藻砖、净醛石、艺术壁材、自洁功能型外墙材料、三层·多层实木复合地板、纯硅藻泥地板等系列环保装饰装潢材料。

该公司一直以“一切为了健康”为品牌理念，以“成为健康事业领航者”为企业使命，以“健康全人类”为企业发展愿景，以“建设人类绿色美好的家居环境”为品牌己任，建绿色家居航母，数百年品牌形象！

近年来，该公司正以迅猛的速度发展成为环保壁材行业的翘楚品牌。迄今为止，全国上百家终端形象店服务中国各大区域，行业实力规模已稳居中国硅藻泥十大品牌殊荣。

同时，该公司还非常重视慈善事业，热心公益事业。2013 年 4 月 20 日××省青年联合会与青年企业家协会在××举办“心系雅安 情牵灾区”抗震救灾捐款活动。这次活动的所有善款将全部用于雅安地区青少年的资助以及灾后复学的板房。

现在，该公司销售网络覆盖全国近 33 个省市自治区的 469 个大中城市，公司竭诚欢迎大家加盟。该公司一直本着以加盟商的利益为大，抱着互惠互利合作双赢的政策为加盟商服务，共同实现创业梦想。

公司加盟热线：400—×××—××××

公司客服电话：××××—××××××××

公司传真电话：××××—××××××××

四、根据所学知识，为开展某项社会公益性活动，写一份倡议书。

第九章

商务协约文书

学习目标

商务协约文书是在商务往来中双方或多方经过谈判而形成的规定相互权利义务关系或表达其他谈判成果的文书材料。商务协约文书以法律认可的形式保证双方或多方信守承诺，履行各自应该履行的义务，保证了协约双方相互协作的顺利实现。本章重点介绍合同、意向书、协议书、招标书、投标书的写作知识。通过学习，使学生了解商务协约文书的特点及写作规律，掌握商务协约文书的写作方法与技巧，进而帮助学生解决今后商务活动中的实际问题。

第一节 合同

知识要点

- 合同是指平等主体的自然人、法人和其他组织之间设立、变更、终止民事权利义务关系的协议
- 合同具有立约人限定性、协商互利性和约束性等特点
- 合同通常由标题、首部、正文、附则和尾部组成
- 订立合同时，内容要合法，条款要完备，表述要准确

一、合同的概念

合同也被称为契约，是现代法律制度中最重要的法律概念之一，是指平等主体的自然

人、法人和其他组织之间设立、变更、终止民事权利义务关系的协议。依法订立的合同受法律保护。

合同作为一种协议，必须由双方当事人协商一致才能成立。合同当事人作出的意思表示必须合法，这样才能具有法律约束力。合同中所确立的权利义务，必须是当事人依法可以享有的权利和能够承担的义务，这是合同具有法律效力的前提。

二、合同的特点

（一）立约人具有限定性

合同订立人必须是具有法律行为能力者。未成年者、精神病患者、醉酒者和被剥夺政治权利的人，以及丧失语言思维能力的人不能作为立约人。

（二）协商互利性

订立合同时，当事人任何一方不得把自己的意志强加给对方。各方当事人必须平等相待，协商一致，本着自愿、公平、诚信的原则，订立互利互惠的合同。

（三）约束性

依法成立的合同，受法律保护，具有法律约束力，当事人应按条约履行自己的义务，不得擅自变更或者解除合同。否则，应当承担违约责任。

三、合同的种类

（1）根据约定时间的不同，合同可分为短期合同、中期合同、长期合同。

（2）根据形式的不同，合同可分为表格式合同、条款式合同、表格条款结合式合同。

（3）根据内容和效力范围的不同，合同可分为买卖合同、供用（水电气）合同、赠予合同、借款合同、租赁合同、建设工程合同、运输合同、技术合同、保管合同、委托合同和居间合同等。

四、合同的结构与写法

合同通常由标题、首部、正文、附则和尾部组成。

（一）标题

合同的标题即合同名称，一般由合同内容和合同组成，如《装修合同》《买卖合同》《借款合同》。有的标题还需写明标的物，如《农产品订货合同》。

（二）首部

合同的首部一般包括签订合同单位（人）的名称、合同编号、签订地点与时间等。

签订合同单位（人）的名称位于标题的左下方，顶格写“立合同单位”或“立合同人”，然后并列写上双方当事人的单位全称或个人姓名。为了行文方便，在名称后用圆括号注明“以下简称甲方”“以下简称乙方”，或“买方”“卖方”，或“供方”“需方”。不可写“我方”“你方”，以免引起混乱和误解。例如：

订立合同双方：

供货单位：××××服装厂（以下简称甲方）

购货单位：××××商厦（以下简称乙方）

合同编号与签订时间等在合同标题的右下方，分行并列写明合同的编号以及签订的时间、地点等。例如：

供货合同

合同编号：2015—009

签订时间：2015 年 8 月 10 日

签订地点：××××商厦

（三）正文

正文是合同的主体部分，主要内容是对双方的权利和义务进行设定，一般包括开头和主体两部分。

1. 开头

也称引言。表明签订合同的目的或依据。常见的表述如“为了……经双方协商，订立下列条款，以资共同遵守”，或“根据《中华人民共和国合同法》及有关政策规定，经双方协商同意签订本合同，以资共同遵守”。根据不同的合同内容，这部分在写法上可有适当变化。

2. 主体

主体部分是双方协定的基本条款，即当事人应当承担的义务与享受的权利。根据《合同法》的规定，合同的主要条款包括：

（1）标的。标的是合同当事人双方权利和义务共同指向的对象，是合同必备的最基本条款，如货物、劳务、工程项目、劳动成果（指经济活动要达到的目的）等。

标的可以是有形物，也可以是无形物或经济行为。有形物指能够被人类控制和支配的生产、使用、占有和交易的物质，如借款合同的标的是货币和有价证券等。无形物指人类智力劳动的成果，如技术合同中的“技术”，科技成果的“专利权”“知识产权”等。经济行为指合同主体为达到一定的经济目的所进行的活动，包括完成一定的工作，提供一定的劳务等，如高校与保洁公司之间的合同等。

（2）数量和质量。数量和质量是衡量标的的指标，是标的的具体体现。数量是指标的计量，是以数字和计量单位来衡量标的的尺度。质量是标的在质的方面的规定，是标的内在素质和外观形态优劣的标志。数量和质量是计算价款和酬金的依据。

（3）价款或酬金。价款或酬金是取得对方的产品、劳务或智力成果所支付的代价。它以货币数量来表示，如每月工资 1 500 元。承包费用 150 万元，承包期 15 年。价款报酬要约定单价总价，单价总价分别约定。涉及不同品种的货物，每一品种的价格要分别注明，不能只写合同的总价款。

（4）履行的期限、地点和方式。履行期限，指合同履行的时间界限，包括交货的期限和付款的期限等。履行地点和方式，指当事人完成承担义务的地点和方式，这应根据当事人双方的约定而定。履行地点，指在什么地方履行各自承担的义务，如提货、送货、代办托运。履行方式，比如产品买卖合同中，是一次交清还是分期交付；是由供方送货还是需方自提；如果代办托运，选何种运输工具、哪条线路，需不需要派人押运等都应写进合同。涉及分期付款、分批交货的，一定要把每一次、每一批的数量也写清楚，而且计量单位一定要明确。

（5）违约责任。违约责任是对不按合同规定履行义务的制裁措施，这是维护合同双方合法权益的保证。不履行合同应付违约金和赔偿金等。如供方逾期、需方中途退货等都应付违约金、赔偿金；货送错地方，也要自付运费等。

（6）解决争议的方法。这部分主要写明当事人约定的合同争议解决办法。解决争议办法有协商、调解、申请仲裁和向人民法院提起诉讼等多种方式。

（四）附则

合同的附则主要是对合同的有效性方面的说明，包括合同的有效期、签订份数、保存方式和未尽事宜等。如有表格、图纸或其他附件，应在正文后面标注“附件”字样，然后使用序码依次写清附件的名称和份数。例如：

本合同经双方当事人签字后生效。

本合同一式____份，合同双方各执____份保存。

本合同未尽事宜，经双方商定均可补充，对于补充的条文与本合同具有同等效力。

（五）尾部

合同尾部包括署名和日期。

1. 署名

即双方当事人单位名称、法定代表人的签名，并加盖公章或合同专用章。用印要端正、清晰。

2. 日期

以签订合同的日期为准。签约日期关系到合同的效力，必须写清楚。表格式合同常将签订时间、地点写在标题右下方。

五、合同的写作要求

（一）内容要合法

根据《合同法》的规定，如果合同的内容不合法，那么合同就视为无效合同。因此，订立合同须以《合同法》为依据，符合国家法律法规和政策。

（二）条款要完备

合同条款应完备具体，合同一经签订就具有法律约束力，因此不能有缺失遗漏。合同条款越具体，越有利于合同的履行。如购销合同应明确到产品规格、产品质量、技术标准、包装要求、价款、运输方式、交货日期和地点、何种货币结算等，有“章”可循，方能有备无患。

（三）表述要准确

签订合同时，用词造句要准确无误，甚至“咬文嚼字”，对可能出现的争议、可能出现的偏差都要考虑周到，并在条款中加以明确，避免歧义。“大概”“可能”“左右”等模糊词语要尽量避免使用。此外，标点符号的应用也要准确。

例文

租房合同

出租方：____（以下简称甲方）

承租方：____（以下简称乙方）

甲、乙双方就房屋租赁事宜，达成如下协议：

1. 甲方将位于____市____街道____小区____号楼___号的房屋出租给乙方居住使用，

租赁期限自____年____月____日至____年____月____日，计____个月。

2. 本房屋月租金为人民币_____元，按月结算。每月月初_____日内，乙方向甲方支付全月租金。

3. 乙方租赁期间，水费、电费、取暖费、燃气费、物业费，以及其他由乙方居住而产生的费用由乙方负担。租赁结束时，乙方须交清欠费。

4. 乙方同意预交____元作为保证金，合同终止时，当作房租冲抵。

5. 房屋租赁期为，从____年____月____日至____年____月____日。在此期间，任何一方要求终止合同，须提前三个月通知对方，并偿付对方总租金___的违约金；如果甲方转让该房屋，乙方有优先购买权。

6. 因租用该房屋所发生的除土地费、大修费以外的其他费用，由乙方承担。

7. 在承租期间，未经甲方同意，乙方无权转租或转借该房屋；不得改变房屋结构及其用途，由于乙方人为原因造成该房屋及其配套设施损坏的，由乙方承担赔偿责任。

8. 甲方保证该房屋无产权纠纷；乙方因经营需要，要求甲方提供房屋产权证明或其他有关证明材料的，甲方应予以协助。

9. 如发生纠纷，双方协商解决，协商不成，任何一方可向当地人民法院提起诉讼，请求司法解决。

10. 本合同一式____份，甲、乙双方各执____份，自双方签字之日起生效。

甲方：　　　　电话：　　　　　　　　乙方：　　　　电话：

身份证号：　　　　　　　　　　　　　身份证号：

年　　月　　日　　　　　　　　　　　年　　月　　日

（资料来源：http://www.58.com/zufangxieyi/20140217627906.html?PGTID，有删改）

第二节 意向书

知识要点

- 意向书是指在正式签订条约、达成协议之前，表达初步设想的意向性文书
- 意向书具有内容的协商性、目的的意向性和作用的临时性等特点
- 意向书通常由标题、正文和落款组成
- 写作意向书时，态度要平等相待，语言要富有弹性，内容要合理合法

一、意向书的概念

意向书是指当事人双方或多方之间，在对某项事物正式签订条约、达成协议之前，表达初步设想的意向性文书。意向书为进一步正式签订协议奠定了基础，是“协议书”或“合同”的先导，多用于经济技术领域的合作。

二、意向书的特点

（一）内容的协商性

意向书不具有法律效力，是双方初步协商的产物，但具有促使双方进一步协商而签订合同的导向作用。

（二）目的的意向性

意向书的文字比较灵活，条款也比较原则，对关键问题不像合同需要作出具体、准确的表述，只表达原则性意向。

（三）作用的临时性

意向书是阶段性的产物，只在初步接触以后到签订协议或合同这一段时间起作用。一旦签署了协议或合同，合作意向书也就完成了它的历史使命。临时性、短期性是意向书的显著特点。

三、意向书的种类

（1）根据内容的不同，意向书可分为购销意向书、基建意向书、信贷意向书、培训意向书、加工意向书和经营意向书等。

（2）根据形式的不同，意向书可分为条文式意向书、表格式意向书和条文表格结合式意向书等。

四、意向书的结构与写法

意向书通常由标题、正文和落款组成。

（一）标题

意向书的标题通常有两种写法：一是由意向内容和文种组成，如《模具加工合作意向书》；二是由文种直接作为标题，如《意向书》。

（二）正文

意向书正文一般包括前言、主体和结尾三部分。

1. 前言

主要写明双方全称、因何事进行了协商以及合作的指导思想，包括签订意向书的目的、意义，有时可以写明意向书签订的日期、地点等。之后用“双方达成如下意向”等惯用语导出主体。

2. 主体

主要写明双方的意图，初步协商后达成的倾向性认识和比较认同的事项。可参照合同的条款按序排列。或写明生产的规模设想，或写明技术交流的合作构想，或写明产品的销售意图，对于经济效益的估计和以后各方将要开展的工作等均要以精练概括的文字写清楚，各条款内容要相对完整，条款间的界限要明了清楚。另外，要注明意向书的份数，下次洽谈的内容、时间和地点等。

3. 结尾

写明“其他未尽事宜，在签订正式合同时予以补充”等惯用语，以便留有余地。

（三）落款

落款，即双方签名盖章和日期签署。

五、意向书的写作要求

（一）态度要平等相待

意向书双方既不能迁就对方，也不能把自己的要求无原则地强加给对方，意向书应忠实表达双方意愿。

（二）语言要富有弹性

意向书的表述比较原则、笼统，特别是不要随便使用肯定性的词句，要多采用商量的语气，多使用富有弹性的词语，语言平和、灵活，如用“尽可能”“适当”“可”等，绝不要随便使用“必须”“应当”“否则”之类的用语。不把关键问题尤其是数据写得太具体太精确。

（三）内容要合理合法

意向书是签订合同的先导，因此内容要合理合法，符合法律法规。

例文

合作办学意向书

××学院（以下简称甲方）

北京××信息技术有限公司（以下简称乙方）

甲乙双方本着相互合作、共同发展、实现双赢的原则，于 2015 年 12 月 12 日在北京就合作办学事宜进行协商，达成如下意向：

1. 利用乙方信息技术优势，甲方与乙方共同开展计算机软件技术、平面设计专业的招生、教学、管理和就业等工作。

2. 乙方于 2016 年 5 月 31 日前对甲方投入人民币 20 万元至 50 万元，协助支持甲方在平面媒体中成为地区突出品牌学校。

3. 乙方宣传的同时可依据甲方需要将甲方部分现有非计算机类专业同时推广，促进甲方暑期招生工作的开展。

4. 乙方可为甲方提供乙方在北京地区的就业渠道及合作后新开拓的就业渠道。

5. 乙方工作人员可应甲方需要进行工作沟通和内容协助，共同分享经验。

6. 乙方操作过程中所使用的标准化管理体系，可提供甲方参考。

7. 对于甲方计算机专业毕业学员可直升入北京××培训中心，乙方承诺在北京为甲方学员推荐就业。

8. 本意向书一式贰份，双方各执壹份，具有同等效力，由双方代表签字，加盖公章后生效。

9. 本意向书具有参考或记录作用，不具备任何法律效力，双方将根据合作项目的落实情况，在认为必要时正式签订合作协议。

甲方（盖章）：××学院　　　　乙方（盖章）：北京××信息技术有限公司

代表（签字）：　　　　代表（签字）：

日期：　　年　月　日　　　　日期：　　年　月　日

（资料来源：http://www.doc88.com/p-8982231816156.html，有删改）

第三节 协议书

知识要点

- 协议书是当事人双方（或多方）经过协商而签署的具有法律效力的契约性文书
- 协议书具有使用范围广泛、内容原则宽泛和执行时效灵活等特点
- 协议书通常由标题、首部、正文和尾部组成
- 写作协议书时，内容要合规合法，表述要具体明了，双方要平等协商

一、协议书的概念

协议书是当事人双方（或多方）为了解决或预防纠纷，或确立某种法律关系，实现一定的共同利益、愿望，经过协商达成一致后，签署的具有法律效力的契约性文书。协议书对双方当事人都具有约束力，也可以保障各自的合法权益。

二、协议书的特点

（一）使用范围广泛

协议书既可以是国家机关、社会团体、企事业单位之间使用，也可以是个人与单位之间、个人与个人之间使用，广泛应用于社会生活的方方面面。

（二）内容原则宽泛

协议书是双方共同协商的原则性意见，协议书签订以后，往往就有关具体问题还需要签订合同加以补充、完善。

（三）执行时效灵活

协议书执行时效灵活机动，可以是几年，也可以长达十几年。

三、协议书的种类

根据作用的不同，协议书可分为意向式协议书、补充修订式协议书、合同式协议书。

（1）意向式协议书。制作于合同签订之前，为合同签订提供依据参考，是签订合同的

"前奏"或"序曲"。

（2）补充修订式协议书。制作于签订合同之后，即补充修订已签订合同中条款的不足，是合同签订后的"尾声"。

（3）合同式协议书。凡是在《中华人民共和国合同法》规定的 15 种合同形式之外的其他合作形式，均可使用协议书的形式来表现。

四、协议书的结构与写法

协议书通常由标题、首部、正文和尾部组成。

（一）标题

协议书标题一般由表明协议书性质的事由和文种组成，如《拆迁协议书》《合作办学协议书》《就业协议书》。

（二）首部

在标题的左下方，正文之前，并列写明签订协议的双方（或多方）当事人单位名称和法定代表人姓名。为了行文方便，习惯上规定一方为甲方，另一方为乙方，如有第三方，可简称为丙方，并在名称或姓名后面用括号注明。在协议书中不能用我方、你方、他方作为代称。

（三）正文

协议书的正文一般包括前言、主体和结尾三部分。

1. 前言

主要写明双方签订协议的目的、原因、依据和双方"信守"的表态，然后可以使用惯用语，如"现就有关事项达成协议如下"等导入主体部分。

2. 主体

主体是协议的主要条款，要求对协议的有关事项做出明确、全面的说明，尤其要着力写好协议双方的权利和义务。一般应分条列项具体说明，包括双方议定的事项、各自承担的义务、享受的权利、所应得到的报酬、履行条款期限、违反条款的责任处理等，具体项目与合同相似。

3. 结尾

结尾要写明协议一式几份，并标注协议的附件以及有效期限。

（四）尾部

尾部包括协议双方单位名称、法定代表人姓名以及签订协议的日期，并须加盖印章。

五、协议书的写作要求

（一）内容要合规合法

由于协议是一种契约活动，一旦签订，就具有法律效力，因此内容必须遵守国家法律、法规，符合国家政策要求，任何单位和个人都不能以协议为名进行违法活动。

（二）表述要具体明了

协议书和合同一样，要求表达用语清晰、明了，不能语义含糊出现歧义。

（三）双方要平等协商

协议必须是出于当事人的真正自愿，在双方自由表达意志的基础上，经过充分协商而达成协议。同时要体现协作的精神，遵循等价有偿原则，符合价值规律的要求。

例文

购房协议书

售房方（甲方）：　　　　　　　　　　身份证号：

购房方（乙方）：　　　　　　　　　　身份证号：

关于乙方向甲方购房事宜，双方经协商，达成协议如下：

1. 甲方将其拥有独立产权的位于北京市____区____街道的房屋（房屋所有权证编号：____，建筑面积____平方米）以人民币____仟____佰____拾____万____仟____佰____拾____元（￥　　）出售给乙方，乙方愿意以上述价格向甲方认购该房，并以购得的上述房屋向　　银行申请购房抵押贷款，以支付甲方应收的房款。

2. 甲方承诺：

（1）向乙方申请购房贷款银行或贷款银行认可的机构提供符合要求的房屋资料以备查核。

（2）保证对出售的房屋拥有独立产权。如果该房屋为共有房屋，则必须取得其他所有共有人的同意出售书面文件。

（3）保证该出售房屋未予出租，因出租所产生的任何问题由甲方承担并负责解决。

（4）自签订本协议起，保证将该房屋按约定价格售给乙方，期间不得反悔或将房屋出售给第三人。

（5）按照前述业务的需要，及时签订各项合同文件和办理各种手续。

（6）在办理产权过户时，应依要求将房屋产权资料交付贷款银行或贷款银行认可的机构持有。

3. 乙方承诺：

（1）向贷款银行或贷款银行认可的机构提供符合要求的资料以备查核，并依规定支付费用。

（2）保证按原约定价格向甲方购买前述房屋，并及时将贷款所得支付甲方之售房款。

（3）将所购房屋向贷款银行申请抵押贷款。

（4）按照前述业务需要，及时签订各项合同文件和办理各种手续，并承担各项费用。

（5）在办理房屋过户时，应依要求将房屋产权资料交付贷款银行或其认可的机构持有。

4. 本协议以乙方向贷款银行申请购房抵押贷款获得批准为正式生效条件，如果贷款银行认为乙方的借款申请不符合条件而不予批准，则甲、乙双方可以解除本协议，甲方若向乙方收取定金，应如数退还给乙方。

5. 如果贷款银行批准的贷款金额不足申请贷款额的 70%，则乙方有权解除本协议。否则，乙方应履行本协议的有关规定。

6. 违约责任

（1）如果甲方违约，拒绝将房屋出售给乙方，应向乙方赔偿因此受到的损失。

（2）如果乙方违约，贷款申请获准后没有向甲方购买房屋，应向甲方赔偿因此受到的损失。

7. 本协议的定立、履行、接触、变更和争议的解决适用中华人民共和国法律。

8. 本协议自双方签字盖章之日起生效。

9. 本协议一式肆份，双方各执壹份，由乙方交贷款银行或其认可的机构壹份。

10. 特别约定：

甲方：（签字盖章）　　　　　　乙方：（签字盖章）

　　年　月　日　　　　　　　　　年　月　日

（资料来源：http://www.diyifanwen.com/fanwen/hetongyangben/1221823580931172.htm，有删改）

第四节 招标书

知识要点

- 招标书是招标单位按照规定条件发出招标信息，邀请投标人前来投标的一种专用文书
- 招标书具有具体性、规范性和竞争性等特点
- 招标书通常由标题、正文、尾部和附件组成
- 写作招标书时，内容和措辞要周密严谨、简洁清晰、注意礼貌

一、招标书的概念

招标书又称招标通告、招标启事，是招标单位按照规定条件发出招标信息，邀请投标人前来投标的一种专用文书。招标书是招标单位利用投标者之间的竞争达到优选买主或承包方的目的，从而利用和吸收各方优势于一家的交易行为所形成的书面文件。一般通过大众传媒公开，因此也被称为招标广告。

二、招标书的特点

（一）具体性

招标书对征招项目、要求和技术质量指标等内容的表达具有具体性，因此描述要简洁有序、准确明了。不能模棱两可、含糊不清，不允许使用“大概”、“大约”等无法确定的词语，否则会造成理解上的偏差。

（二）规范性

招标书是具有法律效力的文件，因而招标书内容必须符合国家法律法规、国际惯例和行业规范等。

（三）竞争性

招标书发布的目的就是引入竞争者参与投标，因而从投标者中选优的做法决定了招标书具有竞争性，所以招标书不能含有歧视性条款，要体现公平竞争。

三、招标书的种类

（1）根据招标范围的不同，招标书可分为国际招标书、国内招标书。

（2）根据招标内容的不同，招标书可分为工程项目招标书、大宗商品交易招标书、企业承包或租赁招标书、技术项目引进或转让招标书、劳务招标书和科研课题招标书等。

四、招标书的结构与写法

招标书通常由标题、正文、尾部和附件组成。

（一）标题

招标书的标题通常有三种写法：一是由招标单位名称、招标项目名称和文种组成，如《××××学校印刷品服务招标公告》；二是由招标内容、文种组成，如《道路维修改造招标公告》；三是只写文种名称的标题，如《招标书》《招标公告》。

（二）正文

招标书的正文一般包括引言、主体两部分。

1. 引言

要写清楚招标的项目名称、目的和依据等，以便给投标者一个完整清晰的印象，文字要简洁精练。

2. 主体

这是招标书的核心，要详细写明招标的内容、要求及有关事项。主体部分要翔实交代招标方式（公开招标、内部招标、邀请招标）、招标范围、招标程序、招标内容的具体要求，双方签订合同的原则、招标过程中的权力和义务、组织领导和其他注意事项等内容。这一部分通常采用分条叙写的方式，层次要清楚，表达要明确，以便使投标者权衡利弊、抓住机遇，适时投标。

（三）尾部

招标书的尾部应签具招标单位的名称、地址、联系人电话和电子邮箱等，以便投标者参与时进行联系沟通。需要注意的是，如果是面向国际范围内的招标，还需写明招标范围所包括的国家和地区以及使用的货币、付款方式等，以确保招标的顺利进行。

（四）附件

有些专门化的内容，如项目的具体数字、工期一览表、设计和勘探资料及有关项目的各类说明书等，通常作为附件列于文后或作为其他招标文件另发。

五、招标书的写作要求

（一）周密严谨

招标书是签订合同的依据，是一种具有法律效力的文件，内容和措辞要力求周密严谨。

（二）简洁清晰

招标书没有必要长篇大论，只要把所讲的内容简要介绍，突出重点即可，切忌堆砌罗列。

（三）注意礼貌

招标书要遵守平等、诚恳的原则，措辞要诚恳，语气要平和。

例文

×××职业技术学院学生教材公开招标公告

×××职业技术学院就“学生教材”采购项目进行公开招标采购，诚邀符合资质的投标人参加密封投标。

一、项目编号：SXZYGK2016—0012

二、项目名称：学生教材

三、预算金额及报价方式：预算金额 2 000 000 元，本次采购以折扣报价

四、招标内容

1. 本次招标共一包：投标人不得将每包的内容拆开投标，所投包内项目必须完全响应本招标文件所列示内容。

第一包

序　号	货物名称	数　量	单　位	备　注
1	学生教材	1	批	

注：上述表格中未特别标注为“进口产品”字样的，均必须采购国产产品。所采购的货物、服务必须符合国家的强制性标准。

2. 范围包括：货物的供应、运输和售后服务等。具体报价范围、采购范围及所应达

到的具体要求，以本招标文件中商务、技术和服务的相应规定为准。

3. 交货时间：合同签订后按照甲方要求时间供货。

4. 交货地点：×××职业技术学院指定地点。

5. 付款方式：按照合同约定内容在本学期末以最终供货数量如实结算。

五、参与投标的供应商应具备的资格条件

1. 具有独立承担民事责任的能力。

2. 具有良好的商业信誉和健全的财务会计制度。

3. 具有履行合同所必需的设备和专业技术能力。

4. 具有依法缴纳税收和社会保障资金的良好记录。

5. 具有法定教材经营资格（具有新闻出版管理部门或文化系统颁发的中华人民共和国出版物发行或经营许可证）。

6. 投标人在近三年内无违纪违法经营记录（因行贿、盗版等行为被公共媒体曝光或被行业主管部门处罚等）。

7. 法律、行政法规规定的其他条件。

六、供应商索取招标文件须携带的资料

1. 营业执照副本。

2. 税务登记证（国税、地税）副本。

3. 组织机构代码证副本。

4. 法定代表人身份证。

5. 如不是法定代表人请出具法人身份证复印件、法人授权委托书及委托人身份证复印件。

6. 社会保险缴纳证明（投标截止日期前2015年或2016年最后一次投标人缴纳社会保险金证明）、纳税证明（投标截止日期前半年内任意一个月投标人纳税证明）。

7. 具有法定教材经营资格的证明。

（以上资料均须提供加盖单位公章的复印件1套备案）

七、招标文件发布时间及地点

1. 发布时间：2016年6月24日至2016年7月13日。

（北京时间9：00—11：00，14：30—16：30，节假日除外）

2. 发布地点：×××职业技术学院。

八、投标文件递交截止时间

投标文件递交截止时间：2016年7月14日上午9:00前（北京时间）

（投标截止时间之后送达的投标文件无效）

九、开标时间及地点

1. 开标时间：2016 年 7 月 14 日上午 9:00（北京时间）。

2. 开标地点：××市××路 125 号教学楼 4 号会议室。

十、联系人及联系方式

采购单位：×××职业技术学院教务处

联 系 人：×××

电　　话：×××××××

联系地址：××市××路 125 号

采购组织部门：×××职业技术学院校产处

联 系 人：×××

电　　话：×××××××

联系地址：××市××路 125 号

（资料来源：http://www.sxzzy.cn/ggnr.asp?id=389，有删改）

第五节 投标书

知识要点

- 投标书是投标单位按照招标书的条件和要求，向招标单位提交的报价及有关事项说明的文书
- 投标书具有针对性、求实性和合约性等特点
- 投标书通常由标题、称谓、正文、落款和附件组成
- 写作投标书时，内容要集中明确，语言要周密严谨，编制要讲求时效

一、投标书的概念

投标书是投标单位按照招标书的条件和要求，向招标单位提交的报价及有关事项说明的文书。投标书要求密封后邮寄或派专人送到招标单位，故又称标函。它是投标单位在充分领会招标文件，进行认真考察和调查的基础上编制的投标文书，是对招标公告提出要求的响应和承诺，是提供给招标人的备选方案。

二、投标书的特点

（一）针对性

投标书的内容是按照招标书提出的项目、条件和要求准备的，因此，投标书具有很强的针对性。投标者要根据招标人提出的要求和标准编制投标书，这样才能获取中标的机会。

（二）求实性

投标书对投标项目的分析、对己方的介绍、拟采取的措施和承诺等都具有求真求实的特性。投标者必须实事求是，真实地展示自己的资格、能力、条件，不夸大、不虚构。

（三）合约性

投标书以追求合作、签署合同为目的，因此，一旦双方确立各项条件条款，只要不违背我国现行的法律法规，那么这些条件条款就具备合约的性质，招投标双方都必须认真执行。

三、投标书的种类

（1）根据投标方人员组成的不同，投标书分为个人投标书、合伙投标书、集体投标书、全员投标书和企业投标书等。

（2）根据性质和内容的不同，投标书分为工程建设项目投标书、大宗商品交易投标书、企业租赁投标书和劳务投标书等。

四、投标书的结构与写法

投标书通常由标题、称谓、正文、落款和附件组成。

（一）标题

投标书标题通常有四种写法：一是由投标单位、投标项目和文种组成，如《××××建筑公司承建××大厦改扩建项目工程投标书》；二是由项目和文种组成，如《道路维修改造工程项目投标书》《××商品标函》；三是由投标单位和文种组成，如《×××单位投标书》；四是只写文种，如《投标书》《投标说明书》。

（二）称谓

即受文单位名称，在标题下隔行顶格书写招标单位名称，末尾加冒号。

（三）正文

投标书的正文一般包括前言和主体两部分。

1. 前言

简明扼要交代投标的目的、依据或指导思想，表明投标意愿，开宗明义，提纲挈领。

2. 主体

这一部分是投标书的核心，要紧紧围绕招标文件的要求进行表述，充分展现企业的实力和竞争能力，从而取得竞标成功。投标书的内容通常包括：扼要介绍投标企业现状、具备的投标条件、目前所做的工作，以及中标后的承诺、提出总报价限价、完成招标项目时间、明确质量标准和保障措施等。其中，项目标价应写明完成招标项目的总金额、单位金额以及完成项目的分解金额等；完工时间要写的明确具体，即总计需要多少天，到什么时间完成或交货；同时还要明确项目的质量标准以及保证质量的有效措施，这部分采用的数据和提出的措施必须真实准确、切实可行。

（四）落款

投标书落款要写明投标者单位名称、地址、邮编、联系人姓名、电话及电子邮箱等，注明投标时间，加盖单位印章。

（五）附件

投标书的附件根据需要和实际情况而定。附件内容可包括：资格审查文件、工程量清单、投标报价表、分项标价明细表、材料清单、技术规格、有关图纸和表格、担保单位的担保书等。

投标书的正文和附件是相互配合的，如果投标书的内容不是很庞杂，大部分内容可在正文中表述清楚，附件内容就可减少；如果投标书整体内容很多，都写入正文，就会影响正文内容的清晰度，显得层次不清，这时可用多个附件形式承载其内容。正文和附件的内容布局，需要撰写人根据情况而定。

五、投标书的写作要求

（一）内容要集中明确

投标书要紧紧围绕招标文书提出的条件、要求，制定出准确具体的投标方案并予以说明。投标过程要严格遵守国家法律法规，执行国家颁布的技术规范和质量标准。

（二）语言要周密严谨

投标书作为一种具有法律效应的文件，语言使用要力求严密，不允许使用大概、大约等无法确定的词语，不需要委婉陈述。否则，会造成理解上的差异。

（三）编制要讲求时效

投标单位必须确切把握时机，讲求时效，要在规定时限内编制并适时提交投标文书，确保投标有效，实现投标目的。不然，时过境迁，就会贻误良机，使中标的愿望落空。

例文

投标书

××××××：

一、根据已收到的××造船有限公司二期工程海洋工程平台项目工程的招标文件，遵照《××市建设工程招投标管理暂行办法》的规定，我单位经考察现场和研究上述工程招标文件的投标须知、技术规范、图纸、工程量清单和其他有关文件后，愿以人民币（大写）×××万元的总价，按上述技术规范、图纸等的条件承包工程的施工、竣工和保修。

二、一旦中标，我方保证在2012年5月1日开工，并于2013年4月30日竣工。

三、除非另外达成协议并生效，你方的中标通知书及本投标文件将构成约束我们双方的合同。

四、我方明白发包方不一定要接纳最低的投标价的投标或收到的任何投标，也不会解释选择否决任何投标的原因与理由。

五、我方金额为人民币×××万元的投标保证金在接受招标文件时已同时递交。

六、我方确定本投标已考虑发包方或其招标代理单位已向我方发出的关于招标文件的修改通知。

投标单位：××公司（盖章）

单位地址：××××××

邮政编码：××××××

法定代表人：×××（签字）

电话：××××××

开户银行：××××××

银行账号：××××××××××××××××

2014年4月1日

（资料来源：http://china.findlaw.cn/jingjifa/zhaobiaotoubiao/ztbwj/tbs/23119.html，有删改）

相关链接

链接 1

中华人民共和国合同法

中国现行的《中华人民共和国合同法》，于 1999 年 3 月 15 日第九届全国人民代表大会第二次会议通过，1999 年 10 月 1 日正式实施。我国合同法以平等自愿、诚实信用、公共利益、法律约束力为原则而订立的法律，其法律位阶低于《中华人民共和国宪法》和《中华人民共和国民法通则》。合同法是调整平等主体之间的交易关系的法律，它主要规范合同的订立、合同的效力、合同的履行、变更、转让、终止、违反合同的责任及各类有名合同等问题。在我国，合同法并不是一个独立的法律部门，而只是我国民法的重要组成部分。合同法在为经济交易关系提供准则，保护合同当事人的合法权益，维护正常的交易秩序方面具有重大意义，一部好的合同法能够促进一国经济的发展。

链接 2

意向书或备忘录属于合同吗？

企业在商务活动中经常会遇到签订合作意向书或备忘录的情形，那么合作意向书和备忘录是否也属于合同呢？要弄清这个问题，首先就要弄清什么是意向书和备忘录。意向书是在双方正式签订协议之前，表达初步设想的意向性文书。意向书是为进一步正式签订协议打基础的。备忘录最早来源于外交上的往来文书，是外交往来文书的一种。目前企业主要以备忘录记录双方在磋商过程中对某些事项达成一定程度的理解与谅解及一致意见，作为今后进一步磋商达成最终协议的参考，并作为今后双方交易与合作的依据。

我国《合同法》第二条的规定：“本法所称合同是平等主体的自然人、法人、其他组织之间设立、变更、终止民事权利义务关系的协议。”从该条可以看出，是否属于《合同法》上的合同，一是要看是否是平等主体之间签订的；二是要看是否是设立、变更、终止有关民事权利义务关系。也就是说，在认定是否属于合同时，要从主体和内容这两个关键方面进行把握，而不在乎其名称。如果意向书或备忘录具备了合同应当具备的构成要素，就应当认定为合同。

问题讨论

一、试比较合同、意向书与协议书的异同。

二、招标有哪些程序，在招标过程中需要制作哪些文书？

写作实践

一、×××电力公司与×××变压器公司经过协商，欲购买×××型号的变压器两台，每台价格××万元，要求对方两个月内将产品送到××市火车站，运费由对方负担，产品在一年内实行三包，收货时按装箱单验收，对方应负责免费安装；合同签订之日甲方付给对方××万元预付款，余款交货时一次付清。详细技术参数要求达成了一个技术协议作为合同补充。请依据上述情况拟写一份经济合同，未提及部分可适当扩充。

二、×××现有资金 30 万元，想创办一个印刷厂，进行市场调查后，发现资金缺口较大，最后决定与朋友合作共同投资、管理这个项目，双方协商后达成合作意向。请代拟一份合作意向书。

三、张××是大四毕业生，为了积累经验，前往×××公司实习。双方商定，张××在×××公司实习三个月，每个月休息两天，实习期间遵守×××公司的规章制度；×××公司为张××安排业务员岗位，月薪 1 680 元，包吃住。请为他们双方拟写一份实习协议。

四、某高校需要购置 80 台电脑，建设两个机房，现面向社会公开招标，请拟定招标书。

第十章

决策分析文书

学习目标

决策分析文书是参与经济活动的各类团体在工作中使用到的对市场发展现状、人才资源调配和企业未来走向等起决策指导作用的文书。本章重点介绍市场调查报告、市场预测报告、经济活动分析报告、可行性研究报告的写法。通过学习，使学生明确决策分析文书的基本格式，熟练掌握写作方法与技巧，提高他们在经济活动中分析问题和解决问题的能力。

第一节 市场调查报告

知识要点

- 市场调查报告是根据市场调查、收集、记录、整理和分析市场对商品的需求状况，以书面形式反映市场调查内容及工作过程，揭示市场运行的规律、本质并提供调查结论和建议的报告
- 市场调查报告具有针对性、真实性、典型性和时效性等特点
- 市场调查报告通常由标题、正文、附件和落款组成
- 写作市场调查报告时，要求材料客观真实、实事求是，调查资料和观点相统一，突出市场调查的目的，语言简明、准确、易懂

一、市场调查报告的概念

市场调查报告，就是根据市场调查、收集、记录、整理和分析市场对商品的需求状况，以书面形式反映市场调查内容及工作过程，揭示市场运行的规律、本质并提供调查结论和建议的报告。市场调查报告是市场调查研究成果的集中体现，其撰写的好坏将直接影响到整个市场调查研究工作的成果质量。

二、市场调查报告的特点

（一）针对性

市场调查报告是决策机关决策的重要依据之一。决策需要了解市场的不同方面，调查也必须根据需求的不同有针对性地进行，调查报告也必须有的放矢。

（二）真实性

市场调查报告必须从实际出发，通过对真实材料的客观分析，才能得出正确的结论。

（三）典型性

主要表现为两点：一是对调查得来的材料进行科学分析，找出反映市场变化的内在规律；二是报告的结论要准确可靠。

（四）时效性

市场调查报告要及时、迅速、准确地反映、回答现实经济生活中出现的新情况、新问题，突出“快”“新”二字。

三、市场调查报告的种类

（1）根据所涉及内容的不同，市场调查报告可分为综合性市场调查报告和专题性市场调查报告。

（2）根据调查对象的不同，市场调查报告可分为关于市场供求情况的市场调查报告、关于产品情况的市场调查报告、关于消费者情况的市场调查报告、关于销售情况的市场调查报告和有关市场竞争情况的市场调查报告等。

（3）根据表述手法的不同，市场调查报告可分为陈述型市场调查报告和分析型市场调查报告。

四、市场调查报告的结构与写法

从严格意义上说，市场调查报告没有固定不变的格式。不同的市场调查报告写作，主要依据调查的目的、内容、结果及主要用途来决定。一般而言，市场调查报告通常由标题、正文、附件和落款组成。

（一）标题

市场调查报告的标题一般由市场调查内容和文种组成，如《××市居民住宅消费需求调查报告》《关于化妆品市场调查报告》《××产品滞销的调查报告》。标题必须准确揭示调查报告的主题思想，要求简单明了、高度概括、题文相符。

（二）正文

市场调查报告的正文一般包括前言、主体和结尾三部分。

1. 前言

前言是市场调查报告的开头部分，一般说明市场调查的目的和意义，介绍市场调查工作基本概况，包括市场调查的时间、地点、内容和对象以及采用的调查方法、方式。也有的调查报告在前言中先写调查的结论是什么，或直接提出问题等，能增强读者阅读报告的兴趣。

2. 主体

这是市场调查报告中的主要内容，决定调查报告的质量高低和作用大小。主体部分要客观、全面阐述市场调查所获得的材料、数据，说明问题，得出结论，或做深入分析、评论等。具体包括以下三方面内容：

（1）情况介绍。市场调查报告的情况介绍，即对调查所获得的基本情况进行介绍，用叙述和说明相结合的手法，将调查对象的历史和现实情况，如市场占有情况，生产与消费的关系，产品、产量及价格情况等表述清楚。在具体写法上，可以按问题的性质将其归结为几类，采用设立小标题或者撮要显旨的形式；也可以时间为序，或者列示数字、图表或图像等加以说明，力求做到准确和具体，富有条理性，为分析和建议提供依据。

（2）分析预测。市场调查报告的分析预测，即在对调查所获基本情况进行分析的基础上对市场发展趋势作出预测，它直接影响到有关部门和企业领导的决策行为。要采用议论的手法，对调查所获得的资料条分缕析，进行科学的研究和推断，并据以形成符合事物发展变化规律的结论性意见。用语要富于论断性和针对性，做到析理入微、言简意明。

（3）营销建议。这层内容是市场调查报告写作目的和宗旨的体现，要在上文调查情况和分析预测的基础上，提出具体的建议和措施，供决策者参考。要注意建议的针对性和可行性，能够切实解决问题。

3. 结尾

结尾主要是形成市场调查的基本结论，也就是对市场调查的结果作一小结。有时还要提出对策措施，供有关决策者参考。

（三）附件

有的市场调查报告还有附件，附件内容一般是有关调查的统计图表、有关材料出处和参考文献等。

（四）落款

即署名和日期。通常在正文右下方写明撰写报告的单位名称或个人姓名，并标注完整的年月日。如果标题下方已写明日期，文末可省略。

五、市场调查报告的写作要求

（一）材料力求客观真实、实事求是

调查报告必须符合客观实际，引用的材料、数据必须是真实可靠的。要反对弄虚作假，或迎合上级的意图，挑他们喜欢的材料撰写。总之，要用事实来说话。

（二）要做到调查资料和观点相统一

市场调查报告是以调查资料为依据的，即调查报告中所有观点、结论都有大量的调查资料为根据。在撰写过程中，要善于用资料说明观点，用观点概括资料，二者相互统一。切忌调查资料与观点相分离。

（三）要突出市场调查的目的

撰写市场调查报告，必须目的明确、有的放矢，任何市场调查都是为了解决某一问题，或者为了说明某一问题。市场调查报告必须围绕市场调查上述的目的来进行论述。

（四）语言要简明、准确、易懂

调查报告是给人看的，无论是企业负责人，还是其他一般的读者，都不喜欢冗长、乏味、呆板的语言，也不精通过于专业的术语，因此，撰写调查报告语言要力求简单、准确、通俗易懂。

例文

关于××市酒类市场及餐饮市场的调查报告

为了深入了解本市居民在酒类市场的消费情况，特进行此次调查。调查由本市某大学承担，调查时间是2015年7月至8月，调查方式为问卷式访问调查，本次调查选取的样本总数是2 000户。各项调查工作结束后，该大学将调查内容予以总结，其调查报告如下：

一、调查对象的基本情况（具体内容略）

二、调查部分

（一）酒类产品的消费情况

1. 白酒比红酒消费量大

分析其原因，一是白酒除了顾客自己消费以外，用于送礼的较多，而红酒主要用于自己消费；二是商家做广告也多数是白酒广告，红酒的广告很少。这直接导致白酒的市场大于红酒的市场。

2. 白酒消费多元化

（1）购买因素比较鲜明，调查资料显示，消费者关注的因素依次为价格、品牌、质量、包装、广告、酒精度，这样就可以得出结论，生产厂商的合理定价是十分重要的，创名牌、求质量、巧包装、好广告也很重要。

（2）顾客忠诚度调查表明，经常换品牌的消费者占样本总数的32.95%，偶尔换的占43.75%，对新品牌的酒持喜欢态度的占样本总数的32.39%，持无所谓态度的占52.27%，明确表示不喜欢的占3.4%。可以看出，一旦某个品牌在消费者心目中形成，是很难改变的，因此，厂商应在树立企业形象、争创名牌上狠下工夫，这对企业的发展十分重要。

（3）动因分析。主要在于消费者自己的选择，其次是广告宣传，然后是亲友介绍，最后才是营业员推荐。不难发现，怎样吸引消费者的注意力，对于企业来说是关键，怎样做好广告宣传，消费者的口碑如何建立，将直接影响酒类市场的规模。而对于商家来说，营业员的素质也应重视，因为其对酒类产品的销售有着一定的影响作用。

（二）餐饮地点及习惯情况的调查

本次调查主要针对一些饮食消费场所和消费者比较喜欢的饮食进行，调查表明，消费有以下几个重要特点：

消费者认为最好的酒店不是最佳选择，而最常去的酒店往往又不是最好的酒店，消费者最常去的酒店大部分是中档的，这与本市居民的消费水平是相适应的，现将几个主要酒店比较如下：

1. 消费者大多选择在自己工作或住所的周围，有一定的区域性。虽然在酒店的选择上有很大的随机性，但也并非绝对如此，例如，长城酒楼、淮扬酒楼，也有一定的远距离消费者惠顾。

2. 消费者追求时尚消费，如对手抓龙虾、糖醋排骨、糖醋里脊、宫爆鸡丁的消费比较多，特别是手抓龙虾，在调查样本总数中约占 26.14%，以绝对优势占领餐饮类市场。

3. 近年来，海鲜与火锅成为市民饮食市场的两个亮点，市场潜力很大，目前的消费量也很大。调查显示，表示喜欢海鲜的占样本总数的 60.8%，喜欢火锅的约占 51.14%，在对季节的调查中，喜欢在夏季吃火锅的约有 81.83%，在冬天的约为 36.93%，火锅不但在冬季有很大的市场，在夏季也有较大的市场潜力。目前，本市的火锅店和海鲜馆遍布街头，形成居民消费的一大景观和特色。

4. 以上地点是本市居民主要餐饮场所，在这些场所居民主要会选用本地品牌白酒、啤酒，需求量一般依就餐规模、人数、节日不同而有高低差异，白酒价格和饭菜价格基本持平，啤酒价格为饭菜价格的 60%。

三、结论

（一）本市的居民消费水平还不算太高，属于中等消费水平，城市居民的月平均收入在 3 500 元左右，相当一部分居民还没有达到小康水平。

（二）居民在酒类产品消费上主要是用于自己消费，并且以白酒居多，红酒的消费比较少，用于个人消费的酒品，无论是白酒还是红酒，其品牌以家乡酒为主。

（三）消费者在买酒时多注重酒的价格、质量、包装和宣传，也有相当一部分消费者持无所谓的态度。对新牌子的酒认知度较高。

（四）对酒店的消费，主要集中在中档消费水平上，火锅和海鲜的消费潜力较大，并且已经有相当大的消费市场。

调研组成员：张××、刘×、陈××、王×（××大学××学院××级）

2015 年 8 月 30 日

第二节 市场预测报告

知识要点

- 市场预测报告就是在市场调查的基础上，综合调查的材料，用科学的方法估计和预测未来市场的趋势，从而为有关部门和企业提供信息，以改善经营管理，促使产销对路，提高经济效益的一种文书

- 市场预测报告具有预见性、科学性和针对性等特点
- 市场预测报告通常由标题、正文、附件和落款组成
- 写作市场预测报告时，对预测的介绍要明确，要阐明预测所用方法，材料与内容要建立有机联系，语言要准确

一、市场预测报告的概念

市场预测报告就是在市场调查的基础上，综合调查的材料，用科学的方法估计和预测未来市场的趋势，从而为有关部门和企业提供信息，以改善经营管理，促使产销对路，提高经济效益的一种文书。此类报告与市场调查报告的区别主要在于市场调查报告侧重于调查过程的严密性、逻辑性和系统性，而市场预测报告则侧重于预测的预见性、科学性和针对性。

二、市场预测报告的特点

（一）预见性

市场预测报告的性质是对市场未来的发展趋势作出预见性的判断，它是在深入分析市场既往历史和现状的基础上的合理判断，目的是将市场需求的不确定性极小化，使预测结果和未来的实际情况的偏差概率达到最小化。

（二）科学性

市场预测报告在内容上必须占据充分翔实的资料，并运用科学的预测理论和预测方法，以周密的调查研究为基础，充分搜集各种真实可靠的数据资料，才能找出预测对象的客观运行规律，得出合乎实际的结论，从而有效地指导人们的实践。

（三）针对性

市场预测的内容十分广泛，每一次市场调查和预测，只能针对某一具体的经济活动或某一产品的发展前景，因此，市场预测报告的针对性很强。选定的预测对象愈明确，市场预测报告的现实指导意义就愈大。

三、市场预测报告的种类

（1）根据预测范围的不同，市场预测报告可分为宏观市场预测报告和微观市场预测

报告。

（2）根据预测时间的不同，市场预测报告可分为长期、中期和短期预测报告。

（3）根据预测方法的不同，市场预测报告可分为定量预测报告和定性预测报告。

四、市场预测报告的结构与写法

市场预测报告通常由标题、正文、附件和落款组成。

（一）标题

市场预测报告的标题一般由市场预测内容和文种组成，如《2014 年中国餐饮市场分析与 2015 前景预测报告》《关于××品牌实木家具在太原市的市场推广预测报告》。

（二）正文

市场预测报告的正文一般包括前言、主体和结尾三部分。

1. 前言

这一部分要求以简短扼要的文字，说明预测的主旨，或概括介绍全文的主要内容，也可以将预测的结果先提到这个部分来写，以引起读者的注意。

2. 主体

市场预测报告的主体是市场预测报告的核心部分，一般包括现状、预测和建议三部分。

（1）现状。预测的特点就是根据过去和现在预测未来。所以，写市场预测报告，首先要从收集到的材料中选择有代表性的资料、数据来说明经济活动的历史和现状，为下文预测分析提供依据。

（2）预测。利用资料数据进行科学的定性分析和定量分析，从而预测经济活动的趋势和规律，是市场预测报告的重点所在。这部分应该在调查研究或科学实验取得资料数据的基础上，对材料进行认真分析研究，再经过判断推理，从中找出发展变化的规律。

（3）建议。为适应经济活动未来的发展变化，为领导决策提供有价值的、值得参考的建议，是写市场预测报告的目的。因此，这个部分必须根据预测分析的结果，提出切合实际的具体建议。

3. 结尾

结尾部分可以总结预测结论，提出展望，鼓舞人心，或照应前言或重申观点，以加深认识。

（三）附件

附件主要包括图、表等数据材料，以及其他具体的辅助材料。

（四）落款

即署名和日期。通常在正文右下方写明撰写报告的单位名称或个人姓名，并标注完整的年月日。如果文前已写明日期，文末可省略。

五、市场预测报告的写作要求

（一）对预测的介绍要明确

市场预测报告中要明确预测的时间、地点、范围、对象。因为没有放之四海而皆准的预测，一切都将随时间、地点、条件、对象的变化而变化。

（二）阐明预测所用方法

预测所采用的方法需要在正文之前交代清楚。这是因为每一种预测方法都有它的长处，也都有它的局限与不足。言明自身的预测方法，则可使预测报告的阅读者知晓报告的缺欠所在。

（三）材料与内容要建立有机联系

任何预测都是来源于认真调查的基础之上，在写作中，从实际内容到文字表述，应特别注意材料与内容之间建立起有机的、非人为的联系。这样，市场预测报告才具有可信性，才能被人们所接受。内容与预测之间的牵强附会，自然缺乏说服力，文字表述上的含混不清，也会使阅读者顿生疑窦，不敢轻易接受你的预测结果。

（四）语言要准确，表意要清晰确定

预测报告的科学性和针对性决定了其写作上的严谨性，所以报告的语言要准确到位，表意要清晰确定，以免读者产生歧义。切忌使用具有不确定性的语言，或者是文学性的语言。

例文

2014 年中国餐饮市场分析与 2015 前景预测报告

2015 年 2 月 15 日，中国烹饪协会发布的《2014 年度中国餐饮市场分析和 2015 前景预测报告》显示，2014 年，国民经济在新常态下保持增长平稳、结构优化、质量提升、民

生改善的态势。在此良好的宏观经济背景下，全国餐饮市场结束增速不断下滑的颓态，出现企稳回升的势头，向新常态下可持续发展阶段迈进。

一、2014 年全国餐饮业发展与市场运行特点

1. 餐饮市场发展概况（具体内容略）

（1）整体市场稳中回暖

（2）区域市场大部好转

（3）行业景气用工需求均低迷

2. 餐饮行业发展特点（具体内容略）

（1）政策优化继续促进行业发展

（2）大众需求旺盛带动市场回升

（3）餐饮企业多管齐下各显神通

（4）餐饮 O2O 大热改变消费模式

（5）本土品牌与国际巨头存差距

二、2015 年餐饮市场前景预测

当前中国经济正处于从投资型驱动向消费型驱动转型的换档期，第三产业占比不断提升，城镇化规模和质量稳步推进，餐饮业充满发展潜力和机会。不过，竞争加剧、企业微利已成为餐饮行业无法改变的事实，并将长期维持。全行业仍需摆正思想认识，在新常态下顺应形势练内功，创新驱动谋发展。

1. 行业发展环境将得到进一步优化

中央对于深化改革的决心是不容置疑的，深化改革将具有空前的广度、力度和深度。继去年商务部出台《加快发展大众化餐饮的指导意见》后，中央将继续以坚定的决心通过一系列调控政策，优化餐饮产业结构，加快制定支持大众化餐饮发展的财政、税收、金融政策，清理不合理收费，减轻企业负担，营造良好发展环境，为加快发展大众化餐饮保驾护航，从而实现保障和改善人民生活、扩大内需、促进就业的现实需要，推动餐饮业向现代生活服务业转型升级，促进餐饮业可持续健康发展。

2. 新常态新形势新发展

针对消费者消费偏好、消费习惯、消费方式的新变化，以及市场需求的新要求，餐饮服务大众化、个性化、多元化成为市场主体。而且，餐饮企业应在追逐“盈利”的同时，找回“产品和服务”这一餐饮行业的本质。消费者在一波一波强烈的宣传攻势下逐渐回归理性，利用互联网进行噱头营销已经不起推敲，提高产品和服务质量、加强自身管理水平依然是增强企业竞争力的正理。此外，在餐饮 O2O 飞速发展的今天，餐饮企业还应适时调整商业模式和服务模式，与时俱进，以立于不败之地。

经过 2014 年“找方向”之后，餐饮业逐步进入“修炼内功，提高管理水平，常态化下可持续发展”的阶段，整个餐饮产业组织也将显现出“三小三大”的新特征，即小店面大后台、小产品大市场、小群体大众化。

3. 企业扩张势头逐渐恢复

前两年餐饮市场陷入最艰难困境，餐饮企业也随之收缩放缓扩张速度，有的甚至关闭部分业绩不佳的门店。阵痛期过后，企业开始摩拳擦掌，不仅海底捞、小南国和吉野家等国内餐企，麦当劳、赛百味和星巴克等国际知名品牌也都计划在 2015 年之后逐步加快新开店步伐，刚上市的呷哺呷哺、外婆家和必胜客等还打算拓展区域市场、扩大版图布局，而眉州东坡、永和大王还计划在海外市场树立品牌形象。

4. 资本引进来，中餐走出去

随着中国餐饮市场逐渐回归理性，资本市场纷纷涉足投资。弘毅投资基金、CVC、路易威登集团旗下的私募股权基金都已在 2014 年完成对国内餐饮的投资。并且，越来越多的国际餐饮企业也开始关注中国餐饮，希望可以进一步发掘中国大陆市场。2015 年伊始，美国著名的中餐连锁企业 Panda 集团就与金鹰商贸集团有限公司达成协议，希望可以开展餐饮业务合作。Panda 集团在美国拥有包括 Panda Express（2013 年 QSR 排名第 22 位）、Panda Inn 和 Hibachi-San 等多个餐饮品牌。

在引入资本的同时，中国餐饮还在加速“走出去”。通过海外交流考察、赴海外投资开店、参与中餐烹饪技艺国际交流展示和参加国际烹饪技艺赛事等一系列活动，积极向世界宣传推广中华餐饮文化。另外，2015 年中餐世界申遗工作将重新启动，餐饮中国梦的实现将会更近一步。

2015 年是中国餐饮业落实“十二五”目标的收官之年，也是巩固行业转型成效，迈向餐饮收入 3 万亿元新阶段的关键时期。走满足大众需求、适应市场变化、提升盈利水平的理性发展之路，就是餐饮业未来发展的“新常态”。预计 2015 年春节餐饮市场将迎来开门红，让我们拭目以待。

（资料来源：http://www.linkshop.com.cn/web/archives/2015/318847.shtml，有删改）

第三节 经济活动分析报告

知识要点

- 经济活动分析报告是金融企业根据相关数据材料，对经济领域或企业的经济活动状况进行分析考察，对企业财务状况、理财过程和经营成果作出正确的评价，为报表使用者提供决策依据的一种书面报告
- 经济活动分析报告具有分析性、说明性和目的性等特点
- 经济活动分析报告通常由标题、正文和落款组成
- 写作经济活动分析报告时，要做到情况清楚、表现多样、语言简练、数字准确

一、经济活动分析报告的概念

经济活动分析报告是金融企业根据会计报表计划指标、会计核算和统计资料等数据材料，对经济领域或企业的经济活动状况有重点、有针对性地进行分析考察，对企业财务状况、理财过程和经营成果作出正确的评价，为报表使用者提供决策依据的一种书面报告。经济活动分析报告具有评价过去的经营业绩、衡量目前的财务状况和预测未来的发展趋势的作用。

二、经济活动分析报告的特点

（一）分析性

经济活动分析报告要将各种数据进行定量、定性、定时的分析，还要从不同的侧面、角度对宏观和微观的、全面和局部的、有利和不利的因素进行深入的分析和比较说明，综合地反映出一个时期的经济、金融形势，以及银行或工商企业的经营活动情况。

（二）说明性

报告中必须对所涉及的经济现象、特征、指标和数据等进行详细的说明，以此揭示经济活动的变化规律，为银行工作者提供管理的依据。

（三）目的性

写分析报告的最终目的在于准确地指出经济活动存在的得失，从中寻找提高银行经济效益的最佳途径，使经济活动沿着正确的方向发展。

三、经济活动分析报告的种类

（1）根据分析时间的不同，经济活动分析报告可分为事前、事中、事后分析报告。

（2）根据金融业务性质的不同，经济活动分析报告可分为经济、金融形势的分析报告、工商企业的经济活动分析报告、银行资金活动的分析报告和银行财务状况的分析报告等。

四、经济活动分析报告的结构与写法

经济活动分析报告没有固定格式，结构安排也相对比较灵活，由经济活动分析的目的、需要决定。经济活动分析报告通常由标题、正文和落款组成。

（一）标题

全面分析报告的标题，一般要写明单位、时间、分析内容和文种四项内容，如《××商场 2014 年 1 月份销售情况分析》；专题分析报告的标题，一般是揭示分析报告的主要内容与范围，如《产品库存积压的原因何在》；部门分析报告的标题，一定要标明部门，如《××市建工系统企业 2014 年主要经济指标的分析》。

（二）正文

经济活动分析报告的正文一般包括前言、主体和结尾三部分。

1. 前言

前言部分往往针对分析的问题，或简要介绍被分析对象经济活动的基本情况，如评价产销形势、计划指标及指标完成情况；或交代分析的目的、起因；或指出存在的问题等。应开门见山、直截了当。

2. 主体

这部分集中反映着经济活动的分析过程及其结果，是报告的核心部分，主要阐释经济活动"怎么样""为什么这样"及"应该怎么办"的问题。体现在结构上即表现为"基本情况—原因分析—对策建议"这三个相互关联的层次。

（1）基本情况。一般采用对比、分解、综合的方法，运用大量数据说明经济指标的完成和变化情况及其存在的问题，展示经济活动的基本情况。有时还可列出表格并叙述说明。

（2）原因分析。如果是全面分析报告，要对各项重要的经济指标逐项进行分析；如果是专题分析报告，要对该专题的内容和要点展开分析；如果是部门分析报告，要抓住几个主要经济指标或一两个重点问题进行分析。

（3）对策建议。这部分应以主体部分为基础，抓住要害，有针对性地提出切实可行的建议或措施，观点要鲜明，切忌模棱两可，意见要中肯，措施要有的放矢。

3. 结尾

大多数经济活动分析报告在写完对策建议后自然作结，不再有单独结尾，行文上显得干净利落。有些经济活动分析报告则有独立的结尾，或者总结回顾以照应前言，或者预测前景以展望未来，或者补充说明，使内容更加全面。不管哪种写法，都要简短精粹，切合需要。

（三）落款

即署名和日期。通常在正文右下方写明撰写报告的单位名称或个人姓名，并标注完整的年月日。如标题已标示单位或个人姓名，只写日期即可。

五、经济活动分析报告的写作要求

（一）情况要清楚

以经济数据作为主要的分析依据，还要根据经济数据“顺藤摸瓜”，深入实践调查研究，把指标数据的分析和掌握具体情况紧密联系起来，相互印证和补充，才能去粗取精，去伪存真，使分析的结果既能正确说明问题，又能有效解决问题。

（二）表现要多样

经济活动分析报告虽然是使用文字语言描述，使用数字语言表述经济现象数量变化过程及变化规律，不仅要用文字说明数字，还要应用分析表格列示，集中、直观、有序地显示数据，便于观察对比分析，易看易懂。还可以在必要的位置绘制精美的分析图形，使文字、表格、图形相辅相成，给人们清晰、明了、确切的感觉。

（三）语言要简练

经济活动分析报告是用文字语言进行描述的，它阐明了经济现象变化过程和规律及发展趋势。在描述过程中的语言要言简意赅，实事求是、恰如其分地表现经济现象的变化过程及结果，以最精练的文字表现出最丰富的意思，以朴实自然的文笔描述出事物的本质特点，做到用语通顺简洁、生动流利、描述准确、观点鲜明。

（四）数字要准确

经济活动分析报告是用经济数据作为分析的主要依据，通过分析掌握经济现象数量变化和错综复杂的数量关系，采用的数据必须准确、客观、具有代表性，才能得出符合客观实际的结论。

例文

武汉××船务公司2015年一季度经济活动分析报告

我公司根据2015年第一季度实际运营情况进行了细致的数据统计。现分析总结如下：

一、各项经济指标运行情况分析

（一）责任成本指标

1～3月累计责任成本1 510万元，为计划进度（1 550万元）的97.42%，实绩比计划节约40万元。

（二）安全、货运质量指标

1～3月累计交通事故损失金额3万元，为计划进度（32.34万元）的9.28%，与去年同期比减少1万元；1～3月无货运质量事故，无货主投诉，货差损赔偿金额为零。

（三）船舶效率指标

1～3月累计完成拖轮船产量64 185吨千米/千瓦，为计划计度（60 480吨千米/千瓦）的106.13%，超进度3 705吨千米/千瓦；与去年同期比，增加740吨千米/千瓦，增幅1.17%。

1～3月累计完成驳船船产量3 986吨千米/吨，为计划进度（3 950吨千米/吨）的100.91%，超进度36吨千米/吨；与去年同期比，增加35吨千米/千瓦，增幅0.89%。

1～3月累计完成驳船营运率97.78%，为计划进度（96.1%）的101.75%，超进度1.75个百分点；与去年同期比，增幅1.17%。

（四）燃油消耗指标

1～3月燃油企业单耗实绩2.94千克/千吨千米，与计划进度（2.98千克/千吨千米）比，降低了0.04千克/千吨千米；与去年同期比下降了0.24%，降幅7.66%。1～3月累计非生产量用油345吨，为计划进度（488吨）的70.7%；与去年同期比少耗73吨，降幅17.46%。

1～3月累计燃料油占总耗量的比例59.79%，为计划进度（57%）的104.89%，超进度4.89个百分点。

从一季度指标运行情况看，可概括为“三增、三降、一稳定”，即：拖轮船产量、燃料油占总耗量的比例、驳船营运率增长，责任成本、非生产用油、企业单耗降低，安全稳定。

二、一季度经济指标监控的主要做法

（一）全面贯彻落实公司“两会”精神，积极筹备我公司“两会”，并在我公司“两会”上分解下达了各单位、船舶年度经济指标，配套制定了武汉××船务公司2015年经济责任制方案，提交“两会”讨论通过，为全年的经济指标运行和经济责任制考核，奠定了坚实的基础。

（二）紧密结合企业经济形势，针对今年油价高企、货源不足、运价下滑的严峻形势，公司将责任成本控制放在突出地位，在各项成本指标分解过程中，所有箭头向下，并低于去年同口径水平的10%。

（三）狠抓主题不松劲。在安全质量连续一年来稳定的情况下，公司把安全工作始终作为工作的主题，常抓不懈，一季度重点抓了“百日安全无事故活动”的巩固提高，以及冬季防滑、防搁浅和防碰撞等，确保了一季度安全局面的稳定，促进了其他指标的平稳运行。

（四）结合管船公司安全工作实际，创新制定了《武汉××船务公司领导安全责任制实施方案》，将安全管理责任、单船建设、推进SMS工作分片包干到公司各位领导，形成了纵向到底、横向到边的安全管理责任网络。

（五）加强各项指标运行的动态监控与管理，及时发现经济运行中出现的问题，并采取措施加以解决。

三、一季度经济运行中存在的主要问题

（一）成本控制压力没有缓解，主要体现在：

1. 随着二季度生产投入的增加，各项安全生产费用和人工成本也将随之上升，加上燃油成本居高不下，运价上涨困难，企业效益压力更大，控本增效将是企业的重要举措，因此，各项成本的控制压力将更加突出。

2. 为了进一步向内挖潜，半年工作会后上级调整指标的趋势仍然存在。

3. 海损杂支，船舶修理费都有上年下转，并在今年成本中消化，控制压力比较突出。

（二）燃油指标压力将会显现

1. 劣质油一季度掺燃比完成较好，因为6 000匹拖轮未上线所致，随着生产投入增加，该项指标的控制压力就会显现。

2. 非生产用油指标控制较好，是因为一季度港作船的减少所致。

3. 单耗水平取决于货源的组织水平，如果货源不对流，空队现象以及小运转增加，对单耗产生直接影响，控制难度相当大。

（三）安全隐患犹存。我公司船舶均为老旧船，设备隐患较多，加上航道秩序混乱，不安全、不可控因素越来越多，对船舶航行安全构成很重的压力。

（四）部分船船舶水电费出现异常。3月有4艘船舶水电费出现异常，严重超进度，为了查清水电费超进度的原因，责成经监处、计财处认真调查，并作出处理，今后财务对船舶的水电费进账，要登记明细，方便考核、查询和对账。

四、下一步工作

（一）认清形势，转变观念，保持清醒头脑。目前，我们面临三大压力：一是公司效益指标欠进度；二是成本压力日益突出；三是维修费不足，对船舶设备养护造成空前压力。我公司要加强科学管理，作好半年工作会指标调整的准备。

（二）强化责任意识。各指标处室负责人是本部门指标的第一责任人，要求各部门紧盯目标，加强责任，严密监控，实施目标管理。

（三）经监处要加大运行质量监控。加强指标动态监控，月度严格考核。对指标出现异常情况的部门、单位，要督办分析，并要求指标管理部门写出书面分析材料报分管领导和公司领导，及时处理解决。

武汉××船务公司

2015年4月

（资料来源：http://www.suibi8.com/baogao/38009.html，有删改）

第四节 可行性研究报告

知识要点

- 可行性研究报告是从事一种经济活动（投资）之前，双方从经济、技术、生产、供销直到社会环境、法律等各种因素进行具体调查、研究、分析，确定项目是否可行，为决策者和主管机关审批的上报文件
- 可行性研究报告具有科学性、详备性和程序性等特点
- 可行性研究报告通常由标题、正文、附件和落款组成
- 写作可行性研究报告时，要做到调查客观公正，内容深度达标，保证时效性

一、可行性研究报告的概念

可行性研究报告是从事一种经济活动（投资）之前，双方要从经济、技术、生产、供销直到社会环境、法律等各种因素进行具体调查、研究、分析，确定有利和不利的因素、

项目是否可行，估计成功率大小、经济效益和社会效果程度，为决策者和主管机关审批的上报文件。在投资管理中，可行性研究是指对拟建项目有关的自然、社会、经济和技术等进行调研、分析比较以及预测建成后的社会经济效益。

二、可行性研究报告的特点

（一）科学性

可行性研究报告的科学性，首先体现在可行性研究的过程中，即整个过程的每一步力求客观全面；其次体现在分析中，即用正确的理论和依据相关政策来研究问题；最后体现在对可行性研究报告的审批过程中，这种审批过程，对科学的决策起到了重要的保证作用。

（二）详备性

一般来说，关于一个项目的报告应从它的自主创新、环境条件、市场前景、资金状况、原材料供应、技术工艺、生产规模和员工素质等诸多方面，进行必要性、适应性、可靠性和先进性等多角度的研究，将每一种数据展现出来，进行比较、甄别、权衡、评价。

（三）程序性

为保证决策的科学正确，一定要有可行性研究这个过程，最后的获批也一定要经过相关的法定程序。在写作上，有些需要加上封面，按照不同的内容性质而分章分节地逐一说明。

三、可行性研究报告的种类

根据用途的不同，可行性研究报告可分为以下五类：

（1）用于企业融资、对外招商合作的可行性研究报告。此类研究报告通常要求市场分析准确、投资方案合理，并提供竞争分析、营销计划、管理方案和技术研发等实际运作方案。

（2）用于国家发展和改革委立项的可行性研究报告。此类报告是根据《中华人民共和国行政许可法》和《中华人民共和国国务院令》而编写的，是大型基础设施项目立项的基础文件，发改委根据可行性研究报告进行核准、备案或批复，决定某个项目是否实施。

（3）用于银行贷款的可行性研究报告。商业银行在进行风险评估时，需要项目方出具详细的可行性研究报告，对于国家开发银行等国内银行，该报告由甲级资质单位出具，通常不需要再组织专家评审，部分银行的贷款可行性研究报告不需要资质，但要求融资方案合理、分析正确、信息全面。另外，在申请国家的相关政策支持资金、工商注册时往往也需要编写可行性研究报告，该文件类似用于银行贷款的可行性研究报告。

（4）用于进口设备免税用的可行性研究报告。如果同时满足进口设备所生产的产品符合国家产业目录中的鼓励条目，且进口设备在国家不予免税进口商品目录之外这两个条件，就可以去国家有关主管部门申请对进口设备进行免税，按要求提交进口设备免税用的可行性研究报告。

（5）用于境外投资项目核准的可行性研究报告。企业在实施走出去战略，对国外矿产资源和其他产业投资时，需要编写可行性研究报告报给国家发展和改革委或省发改委，需要申请中国进出口银行境外投资重点项目信贷支持时，也需要可行性研究报告。

在上述五种可行性研究报告中，用于国家发展和改革委立项的可行性研究报告、用于银行贷款的可行性研究报告、用于进口设备免税用的可行性研究报告准入门槛最高，需要编写单位拥有工程咨询资质，该资质由国家发展和改革委员会颁发，分为甲级、乙级、丙级三个等级，其中甲级资质最高，全国具备工程咨询甲级资质的单位有几十家。

四、可行性研究报告的结构与写法

可行性研究报告通常由标题、正文、附件和落款组成。

（一）标题

可行性研究报告的标题通常有两种写法：一是由事由和文种组成，如《关于兴建××电子仪器厂的可行性研究报告》；二是由编写单位、项目名称和文种组成，如《××省交通银行关于新建××市××区居民点的可行性研究报告》。

（二）正文

可行性研究报告的正文一般包括前言、主体和结尾三部分。

1. 前言

这部分主要写明项目名称、项目主办单位及负责人、可行性研究工作实施单位、可行性研究项目的技术负责人、经济负责人及相关参与人员。另外还要说明可行性研究的总体情况、项目提出的背景和依据和实施项目的意义等。

2. 主体

这部分主要针对项目的可行性展开研究分析，要求以系统分析为主要方法，以经济效益为核心，围绕影响项目的各种因素，运用大量的事实论证项目是否可行。由于各类投资项目可行性研究的内容及侧重点因行业特点而差异很大，一般应包括以下内容：

（1）投资的必要性。在投资必要性的论证上，一是要做好投资环境的分析，对构成投资环境的各种要素进行全面的分析论证，二是要做好市场研究，包括市场供求预测、竞争力分析、价格分析、市场定位及营销策略论证。

（2）技术的可行性。主要从项目实施的技术角度，合理设计技术方案，并进行比选和评价。对于工业项目，可行性研究的技术论证应达到能够比较明确地提出设备清单的深度；对于各种非工业项目，技术方案的论证也应达到目前工程方案初步设计的深度，以便与国际惯例接轨。

（3）财务的可行性。主要从项目及投资者的角度，设计合理财务方案，从企业理财的角度进行资本预算，评价项目的财务盈利能力，进行投资决策，并从融资主体（企业）的角度评价股东投资收益、现金流量计划及债务清偿能力。

（4）组织可行性。制定合理的项目实施进度计划、设计合理的组织机构、选择经验丰富的管理人员、建立良好的协作关系和制定合适的培训计划等，保证项目顺利执行。

（5）经济可行性。主要从资源配置的角度衡量项目的价值，评价项目在实现区域经济发展目标、有效配置经济资源、增加供应、创造就业、改善环境和提高人民生活等方面的效益。

（6）社会可行性。主要分析项目对社会的影响，包括政治体制、方针政策、经济结构、法律道德、宗教民族、妇女儿童及社会稳定性等。

（7）风险因素及对策。主要对项目的市场风险、技术风险、财务风险、组织风险、法律风险、经济及社会风险等风险因素进行评价，制定规避风险的对策，为项目全过程的风险管理提供依据。

3. 结尾

这部分内容是作者根据所陈述事实和研究分析，确定投资少、成本低、利润高、综合效益好的项目方案，是向主管方或投资方最终的汇报结果。

（三）附件

某些具体数据或原始资料可以作为主体的附件，如统计图表、设计图表和专项说明材料等。

（四）落款

落款包括项目可行性研究方、负责人及相关人员的签字盖章和时间。

五、可行性研究报告的写作要求

（一）必须基于客观公正的立场进行调查研究，做好基础资料的收集工作

对于收集的基础资料，要按照客观实际情况进行论证评价，从客观数据出发，如实地反映客观经济规律，通过科学分析，得出项目是否可行的结论。

（二）内容深度必须达到国家规定的标准

可行性研究报告的写作要合乎国家标准，基本内容要完整。一要做到先论证，后决策；二要处理好项目建议书、可行性研究、评估这三个阶段的关系；三要将调查研究贯彻始终；四要多方案比较，择优选取。

（三）要保证设计单位的工作周期

为保证可行性研究的工作质量，应给咨询设计单位足够的工作周期，防止因各种原因的不负责任或草率行事。

例文

浙江省绿色食品“151”发展计划项目可行性报告

一、项目名称及负责单位

项目名称：浙江省绿色食品“151”发展计划项目

负责单位：浙江省×××局

浙江省××办公室

二、项目背景（具体内容略）

当前，随着农业发展进入新的阶段，农产品的质量安全工作已经提上各级政府重要议事日程。省党代会明确提出要建设生态更优化、山川更秀美、环境更安全、经济更发达的“绿色浙江”的宏伟的目标。发展绿色食品产业是进一步贯彻落实省党代会精神的具体行动，是建设“绿色浙江”，打造绿色浙江农业和农产品质量安全工作的重要组成部分，并起着积极的示范带动作用。对于提高我省农产品在国际—国内两个市场的竞争力、帮助广大农民增收、促进农业增效、推进我省传统农业向现代农业的转变具有十分重要的意义。

三、项目建设的意义（具体内容略）

（一）发展绿色食品是贯彻落实省党代会精神的具体行动。

（二）食品是发展效益农业、增加农业收入的有效手段。

（三）发展绿色食品是保护生态环境、实现农业可持续发展的需要。

四、项目主要内容（具体内容略）

浙江省绿色食品“151”发展计划，即建设一个中心（浙江省绿色食品展示交易中心），制定五项规程（五个绿色食品的地方性生产操作规程），制定一个规划（浙江省绿色食品区域发展规划）。

（一）绿色食品展示交易中心

（二）制定五项绿色食品的地方性生产操作规程

（三）制定浙江省绿色食品区域发展规划

五、项目资金预算（具体内容略）

该项目资金预算 270 万元。

六、项目预期效益

浙江省绿色食品“151”发展计划的实施，必将推动我省的绿色食品产业加快发展，成为打造“绿色浙江农业”、实现可持续发展战略的重要载体。通过项目计划实施，预计在 “十三五”期间，可建成 100 个以上绿色食品生产基地，创建 10 余个绿色食品示范县，引导和示范我省绿色食品产业的快速发展。到“十三五”期末，可有 200 个以上产品获得绿色食品标志，全省优质名牌农产品基本达到绿色食品要求，绿色食品实物总量达到 50 万吨，销售收入 20 亿元，利润 3 亿元，出口创汇 5 000 万美元。同时，实施浙江省绿色食品“151”发展计划，在促进农业结构战略性调整、农民增收、农业增效方面，对于保护生态环境、满足人们对食物的更高要求、提高农产品质量安全、增强农产品竞争力都具有重要的现实意义和战略意义，具有良好的经济效益、社会效益和生态效益。

七、结论

浙江省绿色食品“151”发展计划项目，符合国家政策要求和行业总体规划，属于国家政策优先支持的领域和范围，也是我省绿色食品事业发展的迫切需要。实施浙江省绿色食品“151”发展计划，是认真落实省党代会精神的具体行动，是建设“绿色浙江”、打造绿色浙江农业和农产品安全工作的重要组成部分。发展绿色食品符合农产品发展方向，是引导和促进农业结构战略性调整和一项有效措施，是积极应对入世挑战的重要工作。项目目标明确，方案切实可行。

浙江省××局　浙江省×××办公室

2015 年 3 月

（资料来源：http://www.diyifanwen.com/baogaozongjie/gongzuojihua/065420221229868.htm，有删改）

相关链接

链接 1

2014 年我国市场调查公司排名前五名

一、益普索中国

【总部：北京】

【网址：http://www.ipsos.com.cn/】

益普索（Ipsos）是全球领先的市场研究集团，于 1975 年成立于法国巴黎，1999 年在巴黎上市，是全球唯一由研究专业人士拥有并管理的市场研究集团。益普索于 2000 年进入中国，为中国最大的市场研究公司，营业额超过 10 亿元人民币。

二、TNS 中国（北京特恩斯市场研究咨询有限公司）

【总部：北京】

【网址：http://www.tns-global.com.cn/China/】

TNS 是 Kantar 集团的一员，Kantar 集团是全球最大的洞察、信息和咨询集团之一。2013 年 5 月 13 日，TNS 收购新华信国际信息咨询（北京）有限公司。在 2009 年，TNS 定制研究和 Research International 宣布合并，成为全球最大的定制化市场研究公司，而 Research International 在华的合资公司——华南国际市场研究有限公司（Research International China）也被并入 TNS 中国旗下。

三、央视市场研究股份有限公司（CVSC-TNSRESEARCH，CTR）

【总部：北京】

【网址：http://www.ctrchina.cn/ctrwebsite/cn/】

CTR 成立于 1995 年，是中国最大的市场调查和媒介研究公司，是中国国际电视总公司和世界领先的市场研究集团 TNS 共同组建的股份制合资企业。CTR 的产品与服务包括：提供 360° 品牌与产品的营销传播监测、精准洞察品牌与产品策略、目标消费者行为和生活形态的追踪分析等服务。CTR 拥有逾 530 名全职专业研究及服务人员，监测网络覆盖中国近 500 个城市。

四、AC 尼尔森中国

【总部：上海】

【网址：http://www.cn.nielsen.com/site/index.shtml】

尼尔森控股（纽约证券交易所股票代码：NLSN）是全球首屈一指的咨询和监测公司，提供全球领先的市场营销和消费者资讯、电视和其他媒体监测、在线研究、移动媒体监测、商业展览服务及其他相关服务。AC 尼尔森 1984 年开始进入中国。1994 年，AC 尼尔森通过收购调查研究集团（Survey Research Group）步入亚太市场。2001 年，AC 尼尔森成为 VNU 集团的一部分。

五、零点研究咨询集团

【总部：北京】

【网址：http://www.horizon-china.com/cn/index.html】

零点研究咨询集团 1992 年成立，早期以民意调查起家，在中国国内拥有较高的知名度。零点调查集中其在专业调研、策略咨询、背景数据方面的优势，借助透过长期协作关系确立的行业资源协作网，建立了公共事务、IT 和电信、金融、汽车、房地产、家电、快速消费品、烟草和电力研究中心商业服务十个专业研究事业部。

链接 2

开展可行性研究的基本思路及方法

一、宏观经济环境信息分析

（一）基于 PEST 分析模型从政治法律环境、经济环境、社会文化环境和技术环境四个方面分析行业的发展环境，帮助企业了解行业发展环境现状及发展趋势。

（二）行业主要上下游产业的供给与需求情况、主要原材料的价格变化及影响因素。

（三）行业的竞争格局、竞争趋势；与国外企业在技术研发方面的差距；跨国公司在中国市场的投资布局。

二、微观市场环境分析

行业当前的市场容量、市场规模、发展速度和竞争状况；主要企业规模、财务状况、技术研发、营销状况、投资与并购情况、产品种类及市场占有情况等；消费者及下游产业对产品的购买需求规模、议价能力和需求特征等；行业产品进出口市场现状与前景；产品销售状况、需求状况、价格变化、技术研发状况、产品主要的销售渠道变化影响等；主要企业的重点分布区域、客户聚集区域、产业集群、产业地区投资迁移变化。

三、行业发展关键因素和发展预测

分析影响行业发展的主要敏感因素及影响力；预测行业未来五年的发展趋势；该行业的进入机会及投资风险；为企业制定行业市场战略、预估行业风险提供参考方法。

可行性研究的方法是融合工程、技术、经济、管理、财务和法律等专业知识和分析方法加以运用，并在实践中不断总结和创新而形成的方法体系。主要数据资料来源有查询往年资料、发放问卷、集体商讨、数据共享、比较研究和专业人士把关等。

可行性研究的方法体系包括：(1) 哲学方法。哲学方法是关于认识世界、改造世界、探索实现主观世界与客观世界相一致的最一般的方法。(2) 逻辑方法。逻辑方法是用概念、判断、推理和假说等逻辑思维形式，对事物进行归纳、演绎、综合。(3) 专业方法。专业方法是各门学科中常用的研究方法。研究的专业方法具有综合性、专业性、创新性的特点。

问题讨论

一、分析讨论四种报告的异同之处和写作侧重点。

二、结合专业知识讨论市场调查报告在财务专业学生创业实践中的作用。

三、结合“英国脱离欧盟”事件，讨论经济活动分析的作用。

写作实践

一、如何结合当地经济社会发展现状和特点，开展市场调查和经济活动分析。

二、就某一件大学生喜欢的日常用品开展市场预测。

三、针对所在学校某一新办专业进行可行性研究报告分析。

四、请根据最近三年当地的社会经济发展现状，简要分析本专业毕业生的就业前景。

第十一章

财经文书

学习目标

财经专业文书是国家机关、企事业单位、社会团体或个人按照国家有关的经济政策、法规，以经济现象、经济工作为反映对象，记录、加工和传播有关经济信息，为解决经济活动中的实际问题而撰写的具有一定体式的专业文书。本章主要介绍财务分析报告、税收分析报告、信贷计划执行情况分析报告、审计报告、资产评估报告的写作知识和方法。通过学习，使学生了解并熟悉财经专业文书的写作方法与技巧，具备一定的参与经济活动、记录经济信息、解决实际问题的能力。

第一节 财务分析报告

知识要点

- 财务分析报告是指企业以相关资料为依据，对报告期内财务状况和经营成果进行分析后，反映经营过程中的优缺点及发展态势，为改进财务管理工作和优化经济决策提供重要财务信息而编写的书面文字报告
- 财务分析报告具有分析性、检验性、参考性和剖析性等特点
- 财务分析报告通常由标题、正文和落款组成
- 在写作财务分析报告时，要做到内容全面、论证有力、行文流畅和客观真实等

一、财务分析报告的概念

财务分析报告是指企业以财务报表及其他相关资料为主要依据，对企业报告期内财务状况和经营成果进行分析后，反映企业在经营过程中生产、资金和效益等方面的优缺点及发展态势，为改进企业财务管理工作和优化经济决策提供重要财务信息而编写的结论性的书面文字报告。

二、财务分析报告的特点

（一）分析性

整篇财务分析报告是建立在财务分析的基础上，运用科学的分析方法对本单位的财务活动进行分析。

（二）检验性

通过对本企业的财务活动进行分析，可以检验本企业的日常财务活动是否遵守党和国家的方针、政策，是否遵守有关财经制度和财经纪律，从而为决策者调整经营方向和提高管理水平服务。

（三）参考性

政府主管部门、企业管理层及上级主管部门以及财税银行、投资者等相关单位或部门往往以企业财务分析报告中的有关指标和数字来评价企业的业绩，并据此为依据来调整各项指标或追加投资等，因而财务分析报告的目的是向这些相关单位或投资者报送、公布本企业财务状况的总体概况，为他们提供有关参考信息。

（四）剖析性

财务分析报告对本企业的财务活动应实事求是地进行分析，对本企业经营业绩、资金和效益等方面的优势进行重点突出说明的同时，也要科学地剖析企业目前所存在的问题或将要发生的不良态势，以及需要面对的经营风险和财务风险程度，以便企业决策者及时商讨对策，调整经营策略，从而使企业的生产经营活动实现良性运行。

三、财务分析报告的种类

（1）根据报告的主从关系，财务分析报告可分为主报告和辅助报告。

（2）根据所反映资金运动方式的不同，财务分析报告可分为动态财务分析报告和静态财务分析报告。

（3）根据所反映财务活动内容的不同，财务分析报告可分为资金变动情况报告、资产变动情况报告、利润及利润分配情况报告、负债变动情况报告、税务完成情况报告、股份变动情况报告等。

（4）根据报告内容与作用对象的不同，财务分析报告可分为对内财务分析报告和对外财务分析报告。

四、财务分析报告的结构与写法

财务分析报告通常由标题、正文和落款组成。

（一）标题

标题一般由企业名称、报告期、报告内容和文种组成，如《××公司××年财务状况分析报告》。但并不是所有的标题都由这三项要素组成，视财务分析报告的需要和当时的具体情况而定。有的标题可以以其中的某些要素组成，如《××年度企业效益情况分析》。有些标题为了突出重点，也可以以报告中的主要陈述观点作为标题，如《关于盘活企业流动资产的意见》《关于适度利用负债资金发展生产的建议》，但这种标题形式常用于专项财务分析报告。

（二）正文

财务分析报告的正文一般包括前言、主体和结尾三部分。

1. 前言

包括报告概述、依据、原则和意义等内容。概述主要是分析对象的基本情况和财务活动情况，以及取得的主要成绩和存在的不足，对过去一年财务状况作简单的回顾。接着对报告所遵循的依据和原则作出说明，为报告期财务状况作出简单的评价并分析其意义所在。在前言的最后，会用恰当的方式和语言将前言过渡到主体，为主体展开分析做铺垫。

2. 主体

这是报告的主要分析部分，包括企业报告期的基本财务状况和经营成果、总结工作中取得的成绩和指标的完成情况及增减变动情况。这一部分要用文字加数据对比分析，分析要有力度、深度和说服力。

3. 结尾

这部分包括评价与建议，改进措施与未来展望。报告在评价主要成绩的同时要有针对性地提出具体的改进措施和建议，还可以从财务发展趋势方面提出预见性的意见。

（三）落款

落款要在正文之后写明撰写财务分析报告的单位或部门全称，加盖印章，并标注成文日期。

五、财务分析报告的写作要求

（一）内容要全面，有针对性

财务分析报告所反映的内容要全面总括说明整个企业的总体财务状况及经营成果。全面反映的同时也要有针对性和侧重点。

（二）要充分运用数据进行论述，提高说服力

在财务分析报告中仅用文字难以分析到本质，而应通过对企业财务报表及其他相关资料进行整理分析后，提炼一些数据加以说明，利用数据进行比较和分析，可以提高说服力，可以将问题解释得更透彻、更深入。

（三）数据及有关文字表述要符合财务分析报告的精神

财务分析报告中大量的数据主要来源于财务报表，不仅要用报表中有关正确和关联数据来比较分析，而且所采集的数据要能对报告的主要精神或论点起说明解释作用。

（四）行文流畅、条理清楚、排列有序

报告中文字表述要合乎语言逻辑、自然流畅、有条有理、观点明确、论据充分、论证有力，逐条加以分析论证。

（五）客观、真实、及时、准确

报告要建立在客观公正和实事求是的基础上，是通过调查研究后编写出来的，编写应该及时准确，不得拖延。

例文

××建筑公司 2015 年度财务分析报告

本公司 2014 年度由于生产任务不足，导致公司未能完成总公司下达的产值、资金上交和利润等各项指标。今年年初，公司领导班子及时调整了经营策略，在进一步强化内部管理的同时狠抓承接生产任务工作，出现了可喜的变化。

一、产值情况

本年度实现施工产值 36 000 万元，占全年计划完成施工产值（30 000 万元）的 120%，比去年同期（25 000 万元）增长了 144%，并且今年尚有未完的跨年度工作量 4 000 万元。

二、成本情况

本年度实际成本为 31 500 万元，本年实际成本降低率为 9.51%，比年初计划成本降低 8.5%，比去年同期降低了 5.48%。

（一）人工费：此项费用全年为 4 441.50 万元，占总成本的 14.10%，比去年同期下降了 1.05%。此项费用下降主要是由于企业进行了职工及民工班组工资制度的改革，扩大计件面，以包干计件工资为主，提高了他们的积极性，从而也提高了劳动效率。

（二）材料费：此项费用全年为 19.782 万元，占总成本的 62.8%，比去年同期下降了 2.8%。此项费用下降是由于企业加强了对材料采购的管理。企业对项目部的材料采购价实行网上指导管理，一方面网上公布了当前主要材料采购的指导价；另一方面有利于价格优势在网上的查询和资源共享。

（三）机械使用费：此项费用全年为 2 961 万元，占总成本的 9.4%，比去年同期下降了 0.9%。此项费用下降主要是由于在大型混凝土浇铸方面应用先进的设备，采用了先进的技术，利用高科技节约成本。

（四）其他直接费：此项费用全年为 1 291.5 万元，占总成本的 4.1%，比去年同期下降了 0.3%。此项费用下降主要是由于加强了对各项目部门的管理，比如材料的合理堆放等。

（五）管理费用：此项费用全年为 3 024 万元，占总成本的 9.6%，比去年同期下降了 0.43%。此项费用下降幅度虽然不大，但企业在控制内部业务费用支出的同时，为了适应竞争以有利于工程中标而加大了对工程投标费用的开支等。

三、利润情况

本年度实现利润 3 312 万元，超额完成年初下达的计划利润（2 600 万元），达到本企业历史最好水平。（暂时扣除企业所得税）

四、资金情况

（一）全年收取建设单位工程款项共 32 600 万元，收款率达 90.56%，拖欠工程款为 3 400 万元。

（二）上交国家营业税收 1 188 万元，比去年同期多上交 363 万元。

（三）上交总公司今年度上级管理费 200 万元。

（四）全年职工工资已全部发放，其中上交国家社保组织资金 205 万元。

（五）流动资金周转天数为 25 天一次，比去年快两天。造成流动资金周转不快的主要原因是工程款回收慢且力度不够。

（六）全年支付所购置的固定资产基金 660 万元，比去年增加 260 万元。

（七）公司的生产运转情况良好，虽然欠付部分材料款，但不影响生产施工。

五、工作建议

（一）本年度收取工程款率不高，建议加大资金收取力度，以免以后造成坏账、呆账。

（二）流动资金周转速度较慢，建议公司灵活调度资金，加大对重点项目的支持力度。

（三）建议加强对材料领料的管理工作，以免造成不必要的浪费。

××建筑工程公司

2016 年 1 月 20 日

第二节 税收分析报告

知识要点

- 税收分析报告是指税务机关对经济税源调查资料进行分析，对税收政策执行及税收征收管理活动做出评估和预测，为编制税收计划、完善征管措施等提供依据时所撰写的相关书面报告
- 税收分析报告具有客观性、专业性和独特性等特点
- 税收分析报告通常由标题、正文、附件和落款组成
- 写作税收分析报告时，要做到言之有物、实事求是、目标明确、内容真实

一、税收分析报告的概念

税收分析报告是指税务机关运用各种科学的手段和方法，对大量的经济税源调查资料进行综合统计分析，对税收政策执行及税收征收管理活动做出客观地评估和预测，找出引起税收增减变化的原因，揭示影响税收收入进度的因素，预测税收发展的趋势，为编制税收计划、完善征管措施、开展纳税评估以及实施税务稽查提供依据时所撰写的相关书面报告。

二、税收分析报告的特点

（一）客观性

税收分析报告是建立在客观事实和准确数据的基础上，运用科学的方法对税收情况进

行的分析。报告以大量的统计调查材料为基础，以数字为主要语言，并以统计表和其他统计分析方法直观地反映经济及税收的各种复杂联系，具有很强的客观性。

（二）专业性

税收分析报告以税收统计数据为主体，应用专业的分析方法，如对比分析法、分组分析法、因数分析法和平均分析法等一系列方法，来计算税收规模、构成、水平、速度和比例关系等，并在量的研究基础上揭示出经济及税收的内在联系和规律性，这就形成了专业的研究领域和独特的分析方法。

（三）独特性

税收分析报告的基本表达方式是以事实来叙述，让数字来说话，在开展中议论，在议论中分析，实话实说、就事论事。结构上脉络清晰、层次分明，一般是先摆事实和数据，以事实阐述道理、说明问题，最后提出建议、办法和措施。

三、税收分析报告的结构与写法

税收分析报告通常由标题、正文、附件和落款组成。

（一）标题

标题一般由单位名称、研究期限、分析内容和文种组成，如《××市国税局关于2014年税收计划执行情况的分析报告》。

（二）正文

税收分析报告的正文一般包括前言、主体和结尾三部分。

1. 前言

前言主要介绍税收分析的背景、宏观政策等，有时也对报告所遵循的依据和原则作出简要说明，为主体展开分析做铺垫。

2. 主体

主体是报告的主要分析部分，主要以具体数据为客观依据，检验在规定时间内完成的税收成绩，根据同期税收增加或减少的情况，抓住问题的主要方面分析其中存在的问题，并分析其成因。有些税收分析面对的范围较大，可采用分税种、分时段、分增减和同比环比等情况进行分别分析。

3. 结尾

结尾包括评价与建议，改进和措施。税收分析报告根据纳税情况要有针对性地提出具体的改进措施和建议，还可以从对企事业单位及居民收入方面提出建议，以供领导及相关方参考。

（三）附件

税收分析报告中经常会使用到大量的数据和表格，这些表格可在文章结束后以附件的形式列出，一目了然。

（四）落款

落款要在正文之后写明撰写税收分析报告的单位或部门全称，加盖印章，并标注成文日期。

四、税收分析报告的写作要求

（一）言之有物，不尚空谈

税收分析报告要从客观事实出发，以事实和数据为基础，让事实来说明观点，避免空洞无物。税收分析报告写作前，首先要收集丰富的材料，深入实际，掌握了解情况，为写作打好扎实基础，其次要认真整理选材，深刻研究分析，得出正确观点。

（二）实事求是，反映真理

税收分析报告必须具备真实性。要尊重事实、坚持真理。材料、情况真实，数据准确，分析、说明科学，符合客观事物的本来面目。

（三）目标明确，有的放矢

写作目的要明确，要领会大的政策精神、领导意图和工作重点，抓住热点、难点、焦点和疑点。

（四）分析综合，内容真切

税收分析报告必须有真实贴切的内容，不仅反映现象，更要抓住本质。关键是要提出问题、分析问题、解决问题，这也是税收分析报告中心思想得到表现的基本过程。

例文

2013年上半年税收收入情况分析

（税政司　2013年7月）

一、上半年税收收入增长的总体情况

2013年1～6月，全国税收总收入完成59 260.61亿元，同比增长7.9%。

（一）上半年税收收入增长的主要特点

一是与去年同期相比，税收收入增速总体回落。1～6月税收总收入增速比去年同期回落1.9个百分点。二是主体税种收入增速普遍回落。1～6月国内增值税、消费税、企业所得税同比分别增长6.6%、3.6%和14.2%，比去年同期增速分别回落1.5个、8.1个和3.1个百分点。三是房地产保有环节的税收收入增速回落，交易环节的税收收入增长较快。1～6月房产税、城镇土地使用税同比分别增长11%和8%，比去年同期增速分别回落19.1个和23.1个百分点。房地产营业税、契税同比分别增长45.7%和39.8%。四是进口税收增速明显回落。1～6月进口货物增值税和消费税同比分别下降17.1%和16%，比去年同期增速分别回落24.5个和22.9个百分点。五是二季度以来，各月税收收入增长速度逐步提高。4～6月各月增速分别为7.9%、8.3%和12.9%。

（二）上半年税收收入增速回落的原因分析

与去年同期相比，上半年税收收入增速回落的主要原因：一是国内经济增速回落，导致与经济指标密切相关的税种收入增速放缓。1～5月规模以上工业增加值增长9.4%，比去年同期增速回落1.3个百分点；1～5月社会消费品零售总额增长12.6%，比去年同期增速回落1.9个百分点。二是价格总水平涨幅回落使得以现价计算的税收收入增速回落。1～5月全国居民消费价格总水平同比上涨2.4%，比去年同期回落1.1个百分点，工业生产者出厂价格同比下降2.1%，比去年同期降幅加深1.8个百分点。三是房产税有关优惠政策及土地购置面积负增长使得房地产保有环节税收收入有较大回落。1～5月房地产开发企业土地购置面积同比下降13.1%。四是一般贸易进口额增速大幅回落。1～6月一般贸易进口额同比增长3%，比去年同期增速回落4.8个百分点。五是结构性减税政策使一些主体税种都有不同程度减收。如免征部分鲜活肉蛋产品增值税的政策等，使得增值税等相关税种收入减少。

二、主要税种收入情况（具体内容略）

（一）国内增值税

（二）国内消费税

（三）进口货物增值税、消费税

（四）出口货物退增值税、消费税

（五）营业税

（六）企业所得税

（七）个人所得税

三、其他税种收入情况

（一）房产税

（二）证券交易印花税

（三）城镇土地使用税

（四）车辆购置税

（五）关税

（六）契税

（资料来源：http://s2s.mof.gov.cn/zhengwuxinxi/gongzuodongtai/201307/t20130726_969687.html）

第三节 信贷计划执行情况分析报告

知识要点

- 信贷计划执行情况分析报告是指根据规定计划期内银行信贷资金的来源和数量，以及信贷资金运用的方向和数量，对信贷计划的执行情况进行分析，并以此写成的报告文书
- 信贷计划执行情况分析报告具有总结性、客观性和服务性等特点
- 信贷计划执行情况分析报告通常由标题、主送机关、正文、附件和落款组成
- 写作信贷计划执行情况分析报告时，要依据实际数据分析，抓住主要矛盾，叙述简明有说服力

一、信贷计划执行情况分析报告的概念

信贷计划执行情况分析报告是指根据规定计划期内银行信贷资金的来源和数量，以及信贷资金运用的方向和数量，对信贷计划的执行情况进行分析，查摆问题，查明原因，寻找对策，并以此写成的报告文书。

二、信贷计划执行情况分析报告的特点

（一）总结性

信贷计划执行情况分析报告是分析一段时期内信贷任务的完成情况，与工作总结相类似。它由信贷计划的执行部门向上级机关进行汇报总结，对自我完成情况进行客观评述，对出现的问题进行归纳，并提出建议和措施。

（二）客观性

信贷计划执行情况分析报告中所使用到的数据和客观事实必须准确严格，是在客观数据基础上的分析总结。

（三）服务性

信贷计划执行情况分析报告还可以对国家有关部门、银行和上级机关指定新的经济政策提供有力依据，对信贷面向范围的资金情况有一定的指向作用，对促进经济社会发展有一定的服务性作用。

三、信贷计划执行情况分析报告的结构与写法

信贷计划执行情况分析报告通常由标题、主送机关、正文、附件和落款组成。

（一）标题

信贷计划执行情况分析报告一般由单位名称、时间、文种组成，如《××银行 2015 年度信贷计划执行情况的分析报告》《2014 年××信用社信贷计划执行情况分析报告》等。

（二）主送单位

主送单位是分析报告呈送的对象，需清楚写明单位全称，例如，××银行××分行等。

（三）正文

信贷计划执行情况分析报告的正文一般包括前言、主体和结尾三部分。

1. 前言

前言一般要写明此次报告所涉及的信贷计划执行的时间、内容、范围，还可以将工作成绩进行简要概括，然后往往用“现将情况（结果）报告如下”等语句过渡下文。

2. 主体

信贷计划执行情况分析报告的主体部分主要包括基本情况和存在问题。基本情况写明

信贷计划执行的具体内容、发放收回贷款金额、同比比值、资金流向和资金使用行业等。存在问题是分析报告的重要部分，要根据经济政策，对照执行情况中的具体数字，认真分析其中原因，仔细查摆问题，找出自身工作的不足之处。

3. 结尾

结尾主要包括处理意见或建议。在查明问题的基础上，根据有关政策和规定，按照上级要求，对下一期的信贷计划作出适当调整，对自身工作方法进行不断完善。

（四）附件

在正文之后，可将文中不便罗列的数据以表格形式在附件里写明，作为报告文字说明部分的补充和佐证。

（五）落款

写明报告撰写单位的名称和日期。

四、信贷计划执行情况分析报告写作要求

（一）分析要依据实际数据

信贷计划的执行情况是错综复杂的，要真正把握其演变的规律性，就必须通过对各种数据的了解、对照、计算来发现问题、剖析矛盾，从而对信贷活动有一个正确评价。同时，为了更好地确立今后的信贷发展方向，还需要对经济政策进行有效把握。

（二）抓住主要矛盾，解决重点问题

信贷计划的执行涉及面很广，内容繁多，撰写分析报告有时不一定能面面俱到，而要从分析报告的目的出发，围绕中心，抓住主要矛盾，深入分析，解决重点问题。只有这样才能提出切实可行的建议和办法。

（三）叙述要简明，有说服力

撰写信贷计划执行情况分析报告，叙述问题要简明扼要、观点明确、建议可行，具有较强的说服力。只有这样，才能对实际工作起指导作用。

例文

××银行2015年度信贷计划执行情况分析报告

××市人民政府金融工作局：

根据贵局《关于报送2015年度金融机构增加信贷投放支持经济建设情况的通知》(×金函〔2015〕×号)要求，现将××银行2015年度信贷计划执行情况分析如下：

一、存款稳步增长，贷款投放大幅提高

我行截至2015年年末，贷款余额×万元，与去年同期相比增长×万元，增长率46.25%，其中，中小企业贷款×万元，同比增长×万元，增长率346.15%；存款余额×万元，与去年同期相比增长×万元，增长率18.18%。

二、积极服务"三农"、小微企业，支持地方经济发展

(一)根据××地方经济的特点，结合我行的实际，努力打造一个信誉良好、服务专业、运营稳健的专业化地方银行。同时建立责任明确、激励有力、运行高效的经营机制，立足社区银行零售银行的定位，坚持走特色服务、稳健多维的发展理念，以特色化经营、专业化服务为市场营销的基础，形成"小而优"的产品和服务体系，建立适应社区经济金融需要的业务，持续增长方式和盈利，实现客户、股东、银行价值的持续增长。

(二)我行以诚信专业、务实高效的服务理念，为地方小微企业及"三农"提供专业的金融服务，加大对地方"三农"的支持力度，满足本地"三农"经济增长需求。2015年度贷款增长迅速的主要原因是由于××区域市场经济的迅速发展，加大企业的融资需求，全年共发放涉农贷款×笔，金额×万元，占贷款比例的79%。与2014年同期相比增加×笔，金额增长×万元，有效地缓解了"三农"融资难的问题。确保完成涉农贷款的"两个不低于"的工作要求，在做好服务小微企业信贷支持的同时，不断完成小微企业金融服务的"六项机制"和"四单原则"，从机制上、服务上加强深化"三农"服务的力度。

(三)不断创新金融产品，为"三农"经济提供多元化的服务。2015年，我行根据"三农"经济的特点，不断推出新的金融产品(如"××""××""××"等信贷产品)，为"三农"经济提供了多层次、全方位的服务，确保服务"三农"经济不留死角，并取得了良好的经济效益和社会声誉。

三、下一步工作计划

根据2015年信贷计划执行情况，我行根据宏观经济形势及市场需求，结合我行的自身实际情况，制订出如下工作计划：

(一)多方筹措资金，拓宽资金来源，推进乡镇网点建设，向下延伸服务渠道。

(二)加强与当地政府、银监部门等有关部门的联系，为业务顺利发展打好基础。

（三）继续做好内控制度建设和风险防范工作。

（四）加强信贷风险防范，把好贷款准入关。

（五）建立绩效考核体系，从业务发展的实际需要出发，加强岗位绩效考核力度。

（六）扎实开展流程化管理工作，努力打造制度全覆盖，责任明确、制约有力、运行高效的运营模式。

××银行××市支行

2015 年 12 月

第四节 审计报告

知识要点

- 审计报告是审计人员根据独立审计准则的要求，在实施了必要的审计程序后出具的，用于对被审计单位年度报表发表审计意见的书面文件
- 审计报告具有总结性、答复性和公正性等特点
- 国家审计报告通常由标题、主送机关、正文、附件和落款组成
- 写作审计报告时，要做到评价客观公正，内容重点突出，数据真实准确，语言简明严密

一、审计报告的概念

审计报告是审计人员根据独立审计准则的要求，在实施了必要的审计程序后出具的，用于对被审计单位年度报表发表审计意见的书面文件。审计报告是审计中的最后环节，审计人员在对约定事项实施了必要的审计程序，确认作为发表审计意见根据的审计证据已得到充分的搜集和鉴定后，审计人员根据对审计证据的综合和判断形成审计结论，并以书面形式向委托人就被审单位的财务状况和经营成果发表审计意见。

二、审计报告的特点

（一）总结性

审计报告是汇报审计任务完成情况及其结果的工作总结。审计小组完成一个单位（项目）的审计任务后，都要总结工作，向审计机关或授权单位书面汇报审计的对象、审计的

范围、审计的重点、审计的方式、所用的时间和审计的结果等，也就是行业内俗成的“交账”。

（二）答复性

审计报告是递交给交办或委办单位的关于审计结果的答复，是说明审计结果及审计意见的书面文件。把浩繁复杂的经济活动中的合法与违法分清，并据此作出恰如其分的结论。

（三）公正性

无论是国家审计机关的审计人员还是注册会计师，他们写出的审计报告都具有原来的会计人员以外的第三者身份所作的公正性质。

三、审计报告的种类

（1）根据审计报告编制主体的不同，审计报告可分为国家审计报告和独立审计报告。

（2）根据审计报告使用目的的不同，审计报告可分为公布目的的审计报告和非公布目的的审计报告。

（3）根据审计报告格式的不同，审计报告可分为标准审计报告和非标准审计报告。

（4）根据审计内容和范围的不同，审计报告分为财政财务审计报告、财经法纪审计报告和经济效益审计报告。

（5）根据审计工作性质和要求的不同，审计报告分为标准审计报告、一般审计报告和特殊审计报告。

四、审计报告的结构与写法

（一）国家审计报告的结构与写法

国家审计报告通常由标题、主送机关、正文、附件和落款组成。

1. 标题

一般由审计对象、时间、范围、内容和文种组成，如《关于××公司2015年度财务收支情况的审计报告》《关于××公司2014年财务决算的审计报告》。

2. 主送机关

即审计报告的受文单位，要写明全称或规范简称，如××市审计局、××进出口公司等。

3. 正文

国家审计报告的正文一般包括前言、主体和结尾三部分。

（1）前言。前言即审计报告的开头，一般包括以下内容：审计的依据、对象、时间、内容、范围和方式等。然后往往用“现将审计情况（结果）报告如下”或“现将该厂的评估结果报告如下”等语句过渡下文。

（2）主体。国家审计报告的主体部分主要包括基本情况和存在问题。一般包括被审单位的性质、规模、经营范围、相关项目的财务经济情况及规定指标完成的情况等，如在流通企业的利润审计中，有主营业务收入、支出的情况、其他业务利润收支的情况和营业外收支的情况等。存在问题是审计报告的最重要部分，主要写明查证核实了哪些问题、这些问题的性质、造成的不良影响、经济损失程度及后果等。

（3）结尾。结尾主要包括处理意见或建议。在查明问题的基础上，引证有关法律、法规、规章和具有普遍约束力的决定、命令的条款。同时根据其问题的性质，作出具体、明确的处理意见，如调整有关账目、没收非法所得、补交税金和处以罚款等。对严重违反财经纪律的，甚至触犯国家法律的人，应追究其经济责任，或建议行政管理部门进行处理，或建议提交有关司法部门审理。

4. 附件

主要是将查证出问题的证明材料如有关凭证、账表和证据的影印件等，作为审计报告文字说明部分的补充和佐证，附在正文之后，这也是审计报告结论的依据。

5. 落款

写明审计机构的名称、审计人员的姓名以及审计报告的写作日期，年、月、日必须写全称。

（二）独立审计报告的结构与写法

独立审计报告通常由标题、收件人、正文、附件和落款组成。

1. 标题

独立审计报告的标题统一规范为《审计报告》。

2. 收件人

收件人指审计业务的委托人。审计报告应当载明收件人的全称。

3. 正文

正文包括范围段和意见段。

（1）范围段。范围段应当说明以下内容：①已审计会计报表的名称，反映的日期或时间；②会计责任与审计责任；③审计的依据，即“中国注册会计师独立审计准则”；④已实施的主要审计程序。

（2）意见段。意见段应当说明以下内容：①会计报表编制是否符合《企业会计准则》和国家其他有关财务会计法规的规定；②会计报表在所有重大方面是否公允地反映了被审计单位资产负债表的财务状况和审计期间的经营成果、资金变动情况；③会计处理方法的选用是否遵循了一贯性原则。

当注册会计师出具保留意见、否定意见或拒绝表示意见的审计报告时，应当在范围段与意见段之间增加说明段。在说明段中，应当清楚地说明所持意见的理由。

当注册会计师出具无保留意见的审计报告时，如果认为必要，可以在意见段之后增加对重要重项的说明。

4. 附件

注册会计师在出具审计报告时，应同时附送已审计的被审计单位的会计报表作为附件。

5. 落款

落款应由注册会计师签名、盖章且加盖会计师事务所公章，并标明会计师事务所的地址，最后写明日期。

五、审计报告的写作要求

（一）评价意见客观公正

评价意见的客观公正是审计报告的价值所在。在审计报告中，对任何的评价、提出的意见都应以法规政策和事实为依据。尤其是对于存在的问题，必须找到其违背的法规政策条文规定加以明确。应以诚信为本，不弄虚作假，形成良好的行业之风。

（二）报告内容重点突出

在审计中，有些单位或个人可能问题较多，这些问题有大有小，有主有次。在撰写报告时必须抓住主要事实，重大的问题着重反映，充分揭示；对于一些次要的、影响并不大的、问题较轻的事实则可简要带过，或略而不提。

（三）事实数据真实准确

确凿无误的事实和数据资料是审计人员作出正确评价、出示意见的依据，也是审计报告真实有效的保证，故在撰写报告时，必须反复计算、认真核实有关的数据资料，做到准确无误，没有疑义。

（四）语言表达简明严密

审计报告的写作表达方面，一是要注重行文简明和直截了当。要善于归纳概括事实，而不必对事实作周到详尽的阐述，更不能涉及与内容不相干的话题。二是要注重行文条理清晰、内在联系严密。在审计报告中，一般不采用比喻、夸张的修辞手法，也不讲究辞藻的华丽，而多用些规范的、得体易懂的专业术语。

例文

××公司财务会计报表审计报告

×审字〔2016〕第1号

××公司股东：

根据董事会的授权，我们受托于××公司对其自2015年1月至2015年12月的财务会计报表及相关资料进行了审计。我们的责任是在实施审计工作的基础上对以上财务报表及相关资料发表审计意见。现将具体审计情况报告如下：

一、基本情况

（一）被审计企业基本情况

××集团总公司成立于19××年×月，是在××基础上组建的××制企业，以××为主业的××企业集团。集团总公司注册资本为××××万元。集团总公司注册地址：××××。法定代表人：××。经营范围：×××。

××集团总公司总部机构下设××部等×个职能部门，共拥有××家全资或控股子企业，其中××公司为上市公司。截至2014年年末，集团共拥有职工××××人，其中：在岗职工××××人，离退休××人。

（二）被审计企业负责人基本情况

本次被审计企业负责人××于××年××月被任命为××集团总公司原总经理（董事长），××年××月被任命为××集团总公司党委书记。

二、审计实施情况（具体内容略）

（一）审计范围的实施

（二）审计人员组成及审计分工实施

三、被审计企业基本财务状况

通过审计，我们发现2015年1月至2015年12月，集团总公司资产、负债及所有者权益的项目和结构都发生了很大变化，财务状况前后对比明显好转。集团总公司 2015 年 1 月 1 日（审计期初）资产总额××万元，负债总额××万元，所有者权益××万元；2015 年 12 月 31 日（审计期末）资产总额××万元，负债总额××万元，所有者权益××万元。此期间资产增加××万元，增幅为×%，负债增加××万元，增幅为×%，所有者权益增加××万元，增幅为×%。主要变化原因是××等。

（一）资产

资产的变化主要是：流动资产增加××万元，增幅为×%，其中，货币资金增加××万元，应收款项增加××万元，存货增加××万元；长期投资增加××万元，固定资产净值增加××万元，在建工程增加××万元等。

（二）负债

负债变化主要是：短期借款增加××万元，应付账款增加××万元，应付账款增加××万元，其他应付款增加××万元，长期借款增加××万元，其他长期负债增加××万元等。

（三）所有者权益

所有者权益的主要变化是：

实收资本增加××万元，主要是×××。

资本公积增加××万元，主要是×××。

盈余公积减少××万元，主要是×××。

未分配利润增加××万元，由××形成。

从以上数据可以看出，在××同志担任董事长期间，集团总公司的财务状况发生了很大变化，在资产总额、负债总额和所有者权益方面均有体现，所有者权益增幅达到×%，国有资本保值增值结果明显。

四、审计中发现的主要问题

（一）会计信息方面

××公司××年××月在未与客户签订销售合同、产品也未办理出库手续的情况下，确认产品销售收入××万元，同时结转产品销售成本××万元。

上述事项不符合：《企业会计制度》，企业应当在发出商品、提供劳务，同时收讫价款或者取得索取价款的凭据时，确认产品销售收入实现。（需要详细说明问题所违反的规定。）

（二）重大经营决策方面

××集团在未充分论证国家产业政策、市场竞争态势以及自身承受能力的情况下，投资成立某公司，由于过分追求市场占有率，采用短债长投方式，超能力快速扩张，加之经营管理不善，导致该项目自 200×年实施以来连年亏损，累计亏损近××亿元。同时，200×年年末，某集团及所属某公司对其提供担保达××亿元，使某公司背上了沉重的债务负担。

上述事项不符合：《企业国有资本与财务管理暂行办法》第二十二条企业对外投资必须符合国家产业政策和企业发展战略，做好可行性研究，纳入财务预算管理，并明确投资项目决策者和实施者应当承担的责任。

五、相关建议

（一）应将企业改革的重点放在完善内部控制管理机制、规范企业法人治理结构方面。

（二）尊重企业法人财产权，规范运作所属企业的改制、重组工作。要在法律架构内进行重组，要有齐全的法律文件，而且业务关系在法律上要规范化。

（三）规范关联交易，提高同业竞争水平。

（四）严格执行财务总监制度，强化日常财务监督。目前各子企业基本配备了财务总监，对企业的运营实施监控。要建立内部统一财务管理控制制度，加强对预算结果的考核，更重要的是要体现在日常管理中，特别是对应收账款管理、供应商管理以及存货管理要从抓好现金流开始，实现日常管理制度化。

六、附件

附件一：会计报表（包括资产负债表、利润表）

附件二：主要审计事项调整表

附件三：审计调整事项说明

北京×××会计师事务所　中国注册会计师　×××

中国注册会计师　×××

中国注册会计师　×××

2016 年 1 月

第五节 资产评估报告

知识要点

- 资产评估报告是由资产评估机构受权对被评估单位的资产按照有关法规，运用科学的评估方法和原则，对特定的资产进行价值评估，并就其评估结果写成的书面报告
- 资产评估报告具有公正性、真实性、科学性、独立性和有效性等特点
- 资产评估报告通常由标题、委托单位名称、正文、附件和落款组成
- 在写作资产评估报告时，要做到内容要全面具体，表述要真实、客观、准确，内

容安排要详略得当

一、资产评估报告的概念

资产评估报告是由资产评估机构（如审计师事务所、资产评估事务所、会计师事务所）受权对被评估单位的资产（包括固定资产、流动资产、无形资产及其他资产）按照有关法规、制度、规定，运用科学的评估方法，遵循独立、客观和科学的原则，依据统一尺度对特定的资产进行公正、合理、真实的价值评估，并就其评估结果写成的书面报告。

二、资产评估报告的特点

（一）公正性

资产评估工作是由委托和被委托方签订资产评估委托协议后，由资产评估机构指派评估小组或工作人员，对被评估资产进行调查、核实、评定。评估人员要遵守国家的法律，以《国有资产评估管理办法》和《关于加强专利资产管理工作若干问题的通知》等法规为准则。

（二）真实性

评估报告所依据的数据资料必须客观可靠，对数据资料的分析应当实事求是。评估人员在评估过程中，必须进行核实、调查，以求客观、真实地反映资产的实际情况。

（三）科学性

资产评估是一个评判、估算和推测资产现值的过程，具有较强的预测性，评估人员的知识、经验和能力以及环境，对评估结果有很大影响，这就要求评估过程中必须采用科学的评估规范、标准、程序和方法，以保证评估结论的准确和合理，能经得起不同评估机构的检验。

（四）独立性

资产评估报告的独立性，关键是评估机构和评估人员的社会性。评估机构和评估人员要依据国家制定的法规、政策和可靠的数据资料独立行使权力，不受任何外部因素的干扰，对被评估的资产作出完全独立的评定。

（五）有效性

评估机构具有合法的资格，评估人员具有合格的身份、条件，评估中所运用的数据资料真实可靠，评估的规范、程序和方法也合乎法律要求。

三、资产评估报告的种类

根据内容的不同，资产评估报告可分为单一型资产评估报告和综合型资产评估报告。

（1）单一型资产评估报告是资产评估机构向委托单位报告单项资产评估工作结果的一种报告。它是对每个具有可确定存在的形态的房产一项一项地进行评估，其评估的范围包括固定资产、流动资产、房地产、无形资产和整体资产评估等。

（2）综合型资产评估报告是评估机构向委托单位报告综合资产评估工作和结果的一种报告。综合资产评估是根据评估单位整体资产盈利能力和投资环境等因素，对资产进行综合评估。

四、资产评估报告的结构与写法

资产评估报告的结构和内容应根据委托方的要求、工作情况和所采用的评估方法来确定，通常由标题、委托单位名称、正文、附件和落款组成。

（一）标题

标题一般由被评估单位的名称、资产评估的内容范围和文种三部分组成，如《关于××公司固定资产实有情况的评估报告》。

（二）委托单位名称

一般要列明详细的委托单位或委托人名称，不能用简称。

（三）正文

资产评估报告的正文一般包括前言、主体和结尾三部分。

1. 前言

前言部分通常包括如下内容：一是进行评估的依据。如接受谁的委托，对谁的资产进行评估；同时说明依据什么法律、法规和规定进行评估，作价的依据和资料来源是什么。二是评估的目的。即说明是股份制改造、资产抵押、拍卖，还是进行中外合资、国内联营、承包、租赁。评估目的影响着评估准确和评估方法的选择。三是评估的基准日和评估的资产项目名称。即根据资产业务情况所选定的评估计价日期。如对××资产的评估，评估的基准日期为何日，何时起作为计价的开始。另外，有的前言部分还将对资产评估总的情况作简要的说明。前言部分结束，常用“现将评估结果报告如下”等语过渡下文。

2. 主体

主体部分是对资产评估具体情况的说明。主要写明各类资产的分布、实有情况、原有的账面净值、评估后的各项价值、增值或减值数额、增值率或减值的百分比、增值或减值的原因、评估后资产负债情况、评估使用的方法和计算公式等内容。在写作中，项目繁多的可用表格式列出，再用文字作简要说明；内容多的还可以根据各类资产分成若干部分来写，每一部分用小标题加以说明。

3. 结尾

结尾是对全文作概要的评估结论（有的结论如在主体中陈述，则无须再作重复），并请被评估单位在无异议的情况下，送有关国有资产管理局或其他主管部门审核确认。

（四）附件

附件的基本内容有以下几项：

（1）作为评估依据的主要文件，如合同、协议、法律条文的复制件。

（2）财产清单及各类资产评估明细表。

（3）委托单位提供的有关财务会计报表及有关资料。

（4）评估后资产价格情况增减说明等。

（五）落款

落款要写明评估机构负责人、评估项目负责人、参加评估人员的姓名，并加盖印章。姓名之下写明评估机构名称并加盖公章。最后署明日期。

五、资产评估报告写作要求

（一）反映内容要全面具体

资产评估报告要全面反映整个评估过程，对资产的分布、数量、原有价值、评估原则、评估方法和计算标准等都应作全面、具体的反映。切忌马虎了事、疏漏相关内容，引起不必要的怀疑和争执。更不能故意断章取义、隐瞒事实、混淆内容，贬损资产评估报告的完整性和详尽性。

（二）表述内容要真实、客观、准确

对资产价值的评估要真实、客观、准确，做到评估有原则、计算有依据、方法合理、

数据准确、写作规范、评价客观，这样的资产评估报告才具有真实性、公正性。切忌从主观出发，凭个人感情去夸大或缩小某些内容，在作出评价时模棱两可、含糊不清。而应不唯上、不唯权、不唯钱、只唯实，维护评估报告的公正性和诚信性。

（三）内容组织要详略得当

在评估时，对一些大的项目、重要的项目应做具体的文字说明，对一些小的项目如流动资产下的各项内容则可用表格将具体的数额、金额填入其中，做到简洁、明了，有详有略，主次分明。切忌头尾相同、轻重一致，让读者把不住中心，从而影响评估报告的质量。

例文

关于××的资产评估报告（摘要）

××××报字〔2015〕第9号

××资产评估有限公司接受×××的委托，根据国家有关资产评估的规定，本着客观、独立、公正、科学的原则，按照公认的资产评估方法，对资产占有方提供的全部资产和负债进行了评估。本公司的评估人员按照必要的评估程序对委托评估的资产实施了实地勘查、市场调查与询价，对委估资产在2015年3月25日所表现的市场价值作出了公允反映。现将资产评估情况及评估结果报告如下：

一、委托方与资产占有方简介

（一）委托方

名称：××××　住所：××市××区××街××号　投资人姓名：×××

经营范围：电线、电缆的加工、销售。

（二）资产占有方

本次评估的委托方为×××，也即本次评估的资产占有方。

二、评估目的

为委托方企业改制（了解企业价值），提供价值参考依据。

三、评估范围与对象

委托方提供的全部资产和负债。包括流动资产、固定资产及全部负债，评估对象为审计确认的全部资产。

四、评估基准日

本项目资产评估的基准日是2015年3月25日。

五、评估原则（略）

六、评估依据 （略）

七、评估方法

（一）根据资产评估的目的及资产实际状况，本次评估采用重置成本法进行评估。具体如下：

1. 对现金、银行存款以盘点和银行对账的审核核实数为评估值；

2. 对应收账款、其他应收账款以核实账面值剔除坏账后的价值作为评估值；

3. 对存货以盘点核实数按重置价计算评估值。本次评估对原材料、产成品以账面价值作为评估值；

4. 对固定资产采用重置成本法；

5. 对负债以核实账面值剔除可免除部分后的价值作为评估值。根据企业提供的资产明细清单，逐一进行了核对，做到账表相符，同时通过对有关的合同、法律权属证明及会计凭证审查核实对其权属予以确认。

（二）在此基础上，组织专业工程技术人员逐一进行现场勘察和核实，最后进行价值评估。

1. 重置全价的确定。对机器设备直接在网上查询有关报价资料或根据专用设备报价手册等资料，考虑运杂费、安装调试费用和资金成本等相关的合理费用，确定其重置价值。

2. 成新率的确定。对使用中的机器设备按现场勘察成新率（分别按设备的不同部位或相关参数进行现场勘察、技术鉴定）参照机器设备经济使用年限、理论成新率综合确定其成新率。

3. 评估值的确定。将重置全价和成新率相乘，得出评估值。

八、评估过程

评估过程分三个阶段进行：

（一）接受委托

评估小组进入工作现场后，首先进行以下工作：

1. 向委托方了解总体方案，明确评估目的，明确评估的范围和对象；

2. 与委托方签署资产评估业务约定书；

3. 与委托方共同选定评估基准日。

（二）资产清查

评估人员进入现场后，首先指导企业清查资产，然后对企业提供的各类资产原始评估明细表进行核查，对表中漏填、误填的项目要求企业进行修改和补充，请企业在修正后的原始明细表上盖章，作为评估的原始依据。

（三）评定估算及汇总审核

评估小组对从调查现场收集的资料进行分析，并搜集市场价格资料，进行评估。

1. 对资产进行分析、计算和评估。

2. 撰写报告。

3. 公司内部审核，出具资产评估报告书。

九、评估结论

根据国家有关资产评估的法律和国家其他有关部门的法规与规定，本着独立、公正、科学和客观的原则及必要的评估程序，对本项目资产占有方提供的全部资产和负债进行了评估，根据以上评估工作，得出如下评估结论：委托方2015年3月25日企业净资产价值为××××××××元（详细情况见评估明细表）。

十、特别事项说明（略）

十一、评估报告提出日期

本报告书提交委托方的时间为：2015年3月26日。

注册资产评估师：×××

注册资产评估师：×××

××资产评估有限公司

二〇一五年三月二十五日

（资料来源：http://www.csmayi.cn/show/44276.html，有删改）

相关链接

链接1

税收分析中存在的问题与解决措施

一、目前税收分析中存在的问题

目前，税收分析工作中存在的主要问题有：分析手段和方法较为单一；综合性分析和多方案预测少；数据信息质量需提高；税收分析人员综合素质有待提高等。

二、解决以上问题的一些措施

1. 税收分析与宏观的经济税源变化相结合。要注重经济发展情况对税收的影响，要对其进行总量、构成、发展趋势分析，预测经济发展情况对税源变化的相应影响；要注重能源和原材料价格变化对税收的影响；新税收政策措施对税收的影响等，要做到“跳出税收、分析税收”，提出针对性的措施。

2. 税收分析与税收计划管理相结合。通过对税收与经济关系的分析，掌握历史时期税收弹性和税负水平，能够从宏观上把握税收经济动态，找出影响税收收入增减变化的主要因素，为制订合理的税收计划提供科学依据。

3. 税收分析与新综合征管软件的数据运用相结合。要充分利用综合软件提供的平台，认真采集、梳理、研究相关数据，加强对各类数据的综合运用，把数据变为会说话的分析。

4. 税收分析与税收征管相结合。一方面通过税收分析，揭示组织收入中存在的问题。另一方面通过对重点企业和行业进行微观税收分析，利用有价值的涉税信息，对纳税人在一定时期内的纳税情况进行综合分析、审核、评价、判定。

5. 税收分析与培养高素质的计会队伍相结合。建立一支既懂经济理论知识、税收业务知识，又熟悉经济税源情况变化、熟悉统计分析基本理论和方法的税收分析队伍，加强对管理人员的专业能力、宏观经济掌握能力、综合分析能力的培训，提高管理人员的综合素质。

6. 税收分析与部门协作配合相结合。税务机关上下级之间和同级各个部门间要相互协作和信息沟通，建立一个全方位、多层次的工作机制。

链接 2

资产评估报告的编制程序

编制资产评估报告是完成评估工作的一个重要环节。为了使评估报告能够准确地反映评估工作情况和结果，应当有步骤地对评估资料进行整理、分析，在充分酝酿的基础上，编写出符合要求的评估报告。编制资产评估报告的基本程序是：

一、分类、整理评估资料

评估资料是编制资产评估报告的基础。一个较复杂的评估项目，会形成大量的有关评估对象的背景资料、技术鉴定资料、分析计算资料。对于评估资料，应由评估小组按工作的分工情况进行分类和整理，包括对评估资料的审核、评估依据的说明、评估的结果和意见，最后形成分类的有关评估材料。

二、分析、讨论评估资料

在对评估资料进行分类整理的基础上，评估小组及有关人员应对评估的情况和初步的结论进行讨论、分析，纠正可能存在的计算差错或不合理的估价，进行必要的调整。在充分讨论的基础上形成正确的评估结论。

三、编写评估报告草案

评估小组负责人应总结评估资料的分析、讨论意见，汇总各类评估资料，按要求编写评估报告的草案。应对评估报告的草案进行复核，并征求委托人的意见，然后进行修改补充。

四、编制正式评估报告

评估报告草案经修改后应提交给审计机构的基础负责人审核，必要时应组织有关专家会审，然后提出正式评估报告，并由审计机构签署。

问题讨论

一、分析讨论财务分析报告和税收分析报告的写作侧重点。

二、结合国家最新信贷政策（银行存贷款利率），讨论其与信贷计划执行情况的关系。

三、讨论审计报告和资产评估报告的异同之处。

写作实践

一、结合财税专业特点开展财务分析报告、税收分析报告的写作。

二、结合学生实训，根据实训地信贷机关（银行、信用社）的有关数据，尝试开展上一年度的信贷计划执行情况分析。

三、了解有关审计流程和有关政策，逐步掌握对审计报告和资产评估报告的写作方式，尝试独立开展这两种报告的写作。

参考文献

[1] 毛燕敏，李永宏. 应用文写作[M]. 北京：高等教育出版社，2012.
[2] 何建民，刘珍杰. 应用写作（第二版）[M]. 北京：中国电力出版社，2011.
[3] 邱宣煌. 财经应用文写作[M]. 大连：东北财经大学出版社，2011.
[4] 张小乐. 实用商务文书写作[M]. 北京：北京首都经济贸易大学出版社，2017.
[5] 杨文丰. 财经写作[M]. 北京：中国人民大学出版社，2014.
[6] 郝全梅. 秘书应用写作[M]. 上海：华东师范大学出版社，2013.
[7] 常靖. 常用文书写作技巧研究[M]. 北京：中国商业出版社，2014.
[8] 李笑. 广告文案一本通[M]. 北京：经济管理出版社，2014.
[9] 冯英健. 网络营销基础与实践（第 5 版）[M]. 北京：清华大学出版社，2016.
[10] 孙秀秋. 应用写作（第四版）[M]. 北京：中国人民大学出版社，2014.
[11] 傅宏宇. 财经应用文写作（第二版）[M]. 北京：北京大学出版社，2013.
[12] 刘金同，张寿贤. 应用文写作教程（第三版）[M]. 北京：清华大学出版社，2014.
[13] 中共中央办公厅，国务院办公厅. 党政机关公文处理工作条例. 2012.
[14] 国家质量监督检验检疫总局，中国国家标准化管理委员会. 党政机关公文格式. 2012.